챗GPT
업무 사용
매뉴얼

챗GPT 업무 사용 매뉴얼

초판 1쇄 발행 2023년 5월 8일
초판 3쇄 발행 2024년 5월 13일

지은이 박경수

펴낸이 조기흠
총괄 이수동 / **책임편집** 박의성 / **기획편집** 최진, 유지윤, 이지은, 김혜성, 박소현, 전세정
마케팅 박태규, 홍태형, 임은희, 김예인, 김선영 / **제작** 박성우, 김정우
디자인 필요한 디자인

펴낸곳 한빛비즈(주) / **주소** 서울시 서대문구 연희로2길 62 4층
전화 02-325-5506 / **팩스** 02-326-1566
등록 2008년 1월 14일 제 25100-2017-000062호

ISBN 979-11-5784-662-7 13320

이 책에 대한 의견이나 오탈자 및 잘못된 내용은 출판사 홈페이지나 아래 이메일로 알려주십시오.
파본은 구매처에서 교환하실 수 있습니다.
책값은 뒤표지에 표시되어 있습니다.

⌂ hanbitbiz.com ✉ hanbitbiz@hanbit.co.kr ❚ facebook.com/hanbitbiz
Ⓝ post.naver.com/hanbit_biz ▶ youtube.com/한빛비즈 ⊚ instagram.com/hanbitbi

지금 하지 않으면 할 수 없는 일이 있습니다.
책으로 펴내고 싶은 아이디어나 원고를 메일(hanbitbiz@hanbit.co.kr)로 보내주세요.
한빛비즈는 여러분의 소중한 경험과 지식을 기다리고 있습니다.

챗GPT 업무 사용 매뉴얼

박경수 지음

업무 최적화
프롬프트
최다 수록

따라만 해도
업무가 확장되는
챗GPT 입문

한빛비즈
Hanbit Biz, Inc.

목차

챗GPT 질문 입력 가이드

* 이 책은 GPT-3.5를 기반으로 하는 챗GPT PLUS(유료)를 활용한 챗GPT 사용 리포트이자 업무 가이드입니다.

* 챗GPT는 홈페이지(https://chat.openai.com/chat) 로그인 후 별도의 절차 없이 사용할 수 있습니다. 하단의 입력창에 한글이든 영어든 엑셀 차트든 질문(프롬프트)을 입력하면 챗GPT가 실제로 대화하듯 요청한 답변을 보여줍니다.

프롬프트 키포인트1. 구체적인 상황 설명

핵심에 다가갈 수 있는 답변을 원한다면 어떤 대상을 묘사하듯 상황을 구체적으로 설정해 질문해보세요. 그렇다고 너무 많이 생각할 필요는 없습니다. 챗GPT는 알아서 질문의 맥락을 파악합니다.

프롬프트 키포인트2. 조건 설정

제품의 콘셉트나 기획서 등에 관해 질문한다면 원하는 항목(조건)이 있을 거예요. 질문할 때 그런 항목들을 먼저 알려준다면 챗GPT에게 실망하는 일이 줄어듭니다.

프롬프트 키포인트3. 질문 하나에 너무 많은 내용 넣지 않기

챗GPT는 만능이 아닙니다. 원하는 게 많으면 많을수록 항목별 답변의 분량도 적어지고 깊이도 낮아집니다.

프롬프트 키포인트4. 단계별 학습

단계별 학습 후 핵심 질문을 던진다면 원하는 방향과 수준의 답변을 끌어낼 수 있습니다. 제품의 콘셉트를 물어본다면 제품 트렌드나 고객 니즈, 해당 제품에 대한 질문을 한 후에 제품 콘셉트를 물어보면 좋은 대답을 얻을 수 있습니다.

프롬프트 키포인트5. 역할 설정

보고서 피드백, 상담 관련 질문 시 챗GPT에게 역할을 부여하면 챗GPT는 그 역할에 맞는 답변을 줍니다.

프롬프트 키포인트6. 새 대화창에서 질문하기

챗GPT의 GPT는 Generative Pre-trained Transformer(생성형 사전학습 트렌스포머)의 약자입니다. 이름 그대로 사전학습을 하기 때문에 기존 대화창이 아닌 새 대화창에서 동일한 질문을 해도 다른 답변을 얻게 됩니다. 마찬가지로 동 시간대에 다른 컴퓨터로 같은 질문을 해도 답변이 다릅니다.

프롬프트 키포인트7. 영어로 질문하기

한국어를 많이 학습하긴 했지만 챗GPT가 아직은 영어에 더 능숙합니다. 우리가 한국어로 번역해 사용하는 용어 중 챗GPT가 아직 알아듣지 못하는 단어는 영어로 질문해야 더 높은 품질의 답을 얻을 수 있습니다.

챗GPT 업무 적용 가이드

어떤 업무일까?

업무를 정의하고 중요도와 난이도를 파악합니다. 이후 챗GPT에서 무엇을 어떻게 얻을 수 있는지 가이드라인을 제시합니다.

어떤 질문을 해야 할까?

챗GPT에 입력할 질문을 단계별로 살펴봅니다. 다양한 레벨의 질문을 통해 챗GPT의 답변을 보완하고 업그레이드할 수 있습니다.

챗GPT 답변에서 확인해야 할 사항

챗GPT가 내놓은 답변에 대한 검증과 실제 업무에 적용할 때 주의해야 할 사항을 소개하고, 챗GPT의 답변을 업무에 어떻게 적용할 수 있을지 안내합니다.

챗GPT 프롬프트 리스트

지금까지 챗GPT에게 물어본 다양한 질문을 정리합니다. 다양한 업무에서 변형하여 사용할 수 있는 질문 리스트는 시행착오를 줄여줘 챗GPT의 활용도를 높여줍니다.

들어가며.
나에게 최적화된 '나만의' 비서이자 친구, 챗GPT

챗GPT는 기존 AI와 달리 사람들에게 빠르게 스며들고 있습니다. 최근 몇 년간 4차 산업혁명이 우리 일상을 부산스럽게 만들었죠? 사람들은 AI, 빅데이터, IoT 등 새로운 기술이 사회를 굉장히 혁신적으로 바꿀 거라고 말했습니다. 분명 우리는 기술의 혜택으로 과거보다 더 나은 사회에서 살고 있지만, 정작 '업무'에 대해서는 그 혜택이 크게 와 닿지는 않습니다. 어쩌면 이미 그런 기술들이 서서히 스며들어서 일수도 있습니다.

그런데 챗GPT는 분위기가 다릅니다. 기술 부서 혹은 기술을 활용해 제품이나 서비스를 만드는 사람이 아니더라도 '바로', '직접' 자신들의 일상에 활용할 수 있어 확산 속도가 빠를뿐만 아니라, 이를 활용한 다양한 수익 모델, 업무 적용 방법들이 공개되고 있습니다. 이뿐인가요? 카카오, 네이버, 구글 등 국내외 업체들이 생성형 AI 기술이 탑재된 서비스를 출시하고 있습니다.

챗GPT는 기존에 적용한 GPT-3.5 언어 모델을 GPT-4.0으로 진화시켜 추론 능력이 향상되었습니다. 챗GPT를 출시한 오픈AI의 알트먼 CEO 는 "GPT-3.5와 GPT-4.0의 가장 큰 차이점 중 하나는 더 나은 추론을 할 수 있는 새로운 능력"이라고 말합니다.[1] 이제는 AI가 더 사람처럼 말하고 사고하는 능력을 가지게 된 것이죠. 빌 게이츠는 챗GPT에 대해 "그래픽 사용자 인터페이스GUI 이후 가장 중요한 기술 발전"이라고 말했습니다.[2] 놀랍게도 그가 혁명적이라고 말한 기술은 GUI와 챗GPT 딱 두 개입니다.

이 책은 다양한 분야에 영향을 미치고 있는 챗GPT가 실제 업무에는 어떻게 활용될 수 있는지를 보여주고 있습니다. 회사에는 R&D, 마케팅, 영업, 전략 등 다양한 업무가 존재하는데, 이런 분야에서 챗GPT에게 어떤 식으로 도움을 받을 수 있는지 실무 관점에서 직접 챗GPT를 활용해봤습니다.

이 책은 크게 5개의 장으로 구성되어 있습니다. 챗GPT를 가장 쉽게 적용할 수 있는 업무가 무엇인지부터 시장분석과 신사업 매출 추정, 고객분석, 제품 출시, 이슈 파악, 비전 설정, 보고서 작성 등, 직장생활을 하면서 경험하게 되는 다양한 업무에 챗GPT를 적용해보고 그 결과를 제시했습니다.

핵심은 챗GPT에게 어떤 식으로 질문(프롬프트)을 하고 결과를 어떻게 활용해야 하는지, 활용 시 주의할 사항은 무엇인지 파악하는 것입니다. 그래서 어떤 업무에 챗GPT를 적용할 수 있는지, 해당 업무를 위해 어떤 질문을 해야 하는지, 챗GPT의 답변을 활용할 때 무엇을 고려해야 하는지를 다

---

1 https://www.chosun.com/economy/tech_it/2023/03/21/QMAHVEMXWBE6POC5D6CFPO5
   EOM/?utm_source=naver&utm_medium=referral&utm_campaign=naver-news
2 https://www.hankookilbo.com/News/Read/A2023032205320005244?did=NA

양한 예시를 통해 소개하고 있습니다. 마지막에 제공하는 질문 리스트는 챗GPT를 나에게 최적화된 비서로 훈련하는 비법이 될 것입니다. 또한 시행착오를 줄이기 위해 챗GPT를 사용하면 좋은 업무뿐만 아니라 사용하지 말아야 할 업무에 대해서도 소개하고 있습니다.

업무를 하기 전부터 머리가 아파오고 짜증이 나기 시작할 때, 챗GPT는 분명 좋은 비서이자 친구가 될 수 있습니다. 거짓정보 제공 등 챗GPT의 단점도 많지만, 잘 활용한다면 불필요한 회의를 하지 않아도 됩니다.

챗GPT는 나에게 '최적화'된 답변을 내놓는다는 것이 가장 큰 장점입니다. 개인 노트북으로 챗GPT를 활용할 때와 회사 데스크탑으로 챗GPT를 활용할 때, 챗GPT는 똑같은 대답을 내놓지 않습니다. 챗GPT는 내가 검색하고 입력한 데이터를 학습하기 때문입니다. 챗GPT의 이름 그대로, '사전학습'이 나만을 위한 비서가 되어주는 특징이 되는 것이죠. 챗GPT는 계속 진화하기 때문에 언젠가는 모든 업무에서 활용이 가능할 것입니다.

이 책에서는 GPT-3.5 언어 모델이 적용된 챗GPT PLUS(유료 버전)를 활용했습니다. PLUS 구독자는 GPT-4.0 기반의 챗GPT를 이용해볼 수 있어 4.0 기반 챗GPT에게 3.5와의 차이를 물었습니다. 큰 차이점은 모델의 크기와 성능입니다. 좀 더 빠르고, 정확하고, 다양한 맥락을 이해할 수 있다고 하네요.

GPT-3.5 Turbo와 GPT-4.0 사이의 가장 큰 차이점은 모델의 크기와 성능입니다. GPT-4.0은 GPT-3.5 Turbo보다 더 크고 더 나은 성능을 가진 언어 모델입니다. 이것은 GPT-4.0이 더 많은 학습 데이터와 더 복잡한 문제를 처리할 수 있게 해줍니다.

더 구체적으로, GPT-4.0은 다음과 같은 향상된 기능을 제공합니다:

1. 더 나은 문맥 이해력: GPT-4.0은 더 긴 문장과 문맥을 처리할 수 있어, 이전 버전보다 더 자연스러운 대화를 제공합니다.

2. 더 정확한 정보 처리: GPT-4.0은 더 많은 정보를 학습할 수 있기 때문에, 사용자의 질문에 대해 더 정확한 답변을 제공할 수 있습니다.

3. 더 빠른 학습 속도: GPT-4.0은 이전 버전보다 빠르게 학습하고 적응할 수 있습니다. 이로 인해 사용자의 피드백에 더 잘 반응하고, 향상된 결과를 제공할 수 있습니다.

하지만, GPT-4.0의 향상된 성능에도 불구하고, 여전히 데이터셋과 학습 방식의 한계로 인해 완벽하지 않습니다. 그러므로 일부 질문에 대해 부정확한 답변을 제공할 수도 있습니다.

하지만 질문의 방식은 변하지 않습니다. 좋은 질문을 던진다면, 챗GPT의 언어 모델이 어떤 버전이든, 챗GPT는 앞으로 여러분에게 더 최적화된 '나만의 비서이자 친구'가 되어줍니다. 그 비서는 여러분의 업무 방식과 성과에서 혁신을 만들어낼 것입니다. 이 책이 힘들고 짜증 나고 머리를 지끈지끈 아프게 하는 업무의 여정을 효과적으로 안내하는 친절한 나침반이 되기를 바랍니다.

1. 이메일 작성 및 교정

어떤 업무일까?

회사에서는 사내외로 다양한 이메일을 보내게 됩니다. 그런데 이메일 보내는 일을 어려워하는 사람들이 생각보다 많습니다. 뭔가 요청하거나 부탁하는 경우는 더더욱 그렇죠. 그뿐인가요? 의사결정을 해야 하는 내용을 담을 때는 업무 시간 내내 글을 썼다, 지웠다를 반복합니다. 단순한 안부 메일조차 생각보다 쓰기가 쉽지 않습니다.

어떤 질문을 해야 할까?

1. 외부 전문가 자문을 위한 인터뷰 요청 메일 ——————

업무를 하다 보면 전문가들이 가지고 있는 다양한 노하우를 파악하기 위해 인터뷰를 해야 할 때가 많습니다. 이런 요청에 익숙하지 않다면 이메일을 어떻게 써야 할지 고민하다 시간을 허비하게 되죠. '인터뷰에 응해주지 않으면 어쩌지…' 하는 걱정부터 들고요. 이런 상황에서 챗GPT를 활용해볼 수 있습니다. 챗GPT에게 간단하게 물어봤습니다.

"외부 전문가에게 인터뷰를 요청하는 메일을 보내려고 하는데, 어떻게 써야 해?"

안녕하세요.

저희는 [회사/기관명]입니다. [외부 전문가의 이름]님께서는 그동안 [관련 분야] 분야에서 뛰어난 성과를 내셨으며, 저희는 이번에 [프로젝트/이벤트/인터뷰 등]를 위해 [외부 전문가의 이름]님께서 경험과 전문성을 공유해 주셨으면 하는 바람으로 연락을 드립니다.

[외부 전문가의 이름]님이 가지고 있는 지식과 경험은 [관련 분야] 분야에서 많은 도움이 될 것으로 생각합니다. 저희와 함께 [프로젝트/이벤트/인터뷰 등]에 대해 조언과 견해를 나누어 주시면 감사하겠습니다.

[외부 전문가의 이름]님께서는 혹시 시간을 내어 [인터뷰/콘퍼런스 등]에 참여해 주실 수 있는지 여부를 알려주시면 감사하겠습니다. 또한, [인터뷰/콘퍼런스 등] 일정이 어떻게 되는지도 함께 알려주시면 감사하겠습니다.

감사합니다.

[회사/기관명] 드림

비즈니스 이메일 양식에 맞춰 정중하게 부탁하는 메일을 작성해줬습니다. 회사명, 인터뷰 대상자, 인터뷰 내용을 쓰지 않았는데도 이를 고려해 작성해줬습니다. 신입사원이나 외부 미팅을 요청해본 경험이 없는 사람에게는 많은 참고가 될 것으로 봅니다.

이번에는 조금 더 구체적인 내용으로 질문해봤습니다. **"대학교 교수님이고, 국내 AI 산업 현황과 과제에 대해 물어보려고 인터뷰 요청 메일을 보내야 하는데, 어떻게 써야 해?"**

안녕하세요.

저는 [회사/기관명]에서 인공지능 분야에 대한 연구 및 개발을 진행하고 있습니다. 저희는 현재 국내 AI 산업 현황과 과제에 대한 정보를 수집하고자 하며, 교수님의 소중한 시간을 내주셔서 인터뷰를 진행해주시면 감사하겠습니다.

교수님께서는 국내 AI 산업의 현재 동향과 이에 따른 과제, 그리고 앞으로의 발전 방향에 대한 견해를 가지고 계실 것으로 예상됩니다. 이러한 내용에 대해 인터뷰를 진행하면 저희는 국내 AI 산업을 보다 잘 이해할 수 있을 것입니다.

인터뷰는 대략 [인터뷰 예상 시간]분 정도 소요될 예정입니다. 교수님께서는 혹시 시간을 내어 인터뷰에 참여해주실 수 있는지 여부를 알려주시면 감사하겠습니다. 또한 인터뷰를 진행하게 되면 교수님의 이름과 소속을 함께 언급할 예정입니다.

감사합니다.

[회사/기관명] 드림

제가 평소에 작성하는 것보다 더 친절하게 이메일을 작성해줬습니다. 다만 몇몇 단어는 수정이 필요해 보입니다. 예를 들어 "국내 AI 산업 현황과 과제에 대한 정보를 수집하고자 하며"는 "국내 AI 산업 현황과 과제에 대한 연구를 진행하고 있어 교수님에게 인터뷰를 요청드리려고 합니다"로, "이러한 내용에 대해 인터뷰를 진행하면 저희는 국내 AI 산업을 보다 잘 이해할 수 있을 것입니다"는 "특히 교수님의 국내 AI 산업에 대한 의견은 AI 산업이 한 번 더 도약할 수 있는 계기가 될 것 같습니다"와 같은 식으로 상대방의 관점으로 접근하면 허락을 구하는 데 좀 더 용이합니다.

물론 이렇게 수정이 필요한 부분들은 구체적인 정보를 줌으로써 챗GPT 스스로 보완하게 만들 수 있습니다. 하지만 너무 많은 정보를 입력해야 한다면 직접 이메일을 쓰는 것만 못 하겠죠? 게다가 챗GPT가 입력한 정보를 다른 곳에 어떻게 쓸지 모르니 주의가 필요합니다.

챗GPT가 작성한 앞의 이메일 내용 중 "인터뷰는 대략 [인터뷰 예상 시간]분 정도 소요될 예정입니다"라는 사항은 업무를 하다 보면 많이 놓치는 부분인데, 챗GPT는 이런 내용까지 언급해주고 있습니다. 보통 요청 메일을 쓰는 데 익숙하지 않은 사람들은 상대방의 시간에 대한 고려까지는 헤아리지 못하는 경우가 많습니다.

2. 신제품 소개를 위한 미팅 요청 메일

이번에는 신제품 소개를 위한 미팅 요청 메일을 챗GPT한테 지시해봤습니다. **"오랜만에 이슈가 발생해서 기존 고객에게 우리 회사의 신제품 관련 소개를 하기 위한 미팅을 요청하려고 해. 어떻게 메일을 보내야 해?"**

안녕하세요.

저희 회사에서는 항상 고객 여러분의 만족도를 최우선으로 생각하고 있습니다. 이번에 저희 회사에서 출시한 신제품이 기존 제품과 비교해 더욱 향상된 성능과 기능을 갖추고 있어, 고객 여러분께 보다 나은 서비스를 제공할 수 있게 되었습니다.

그래서 기존에 저희 회사 제품을 이용하고 계시는 고객 여러분께는 신제품에 대한 소개와 함께 관련하여 미팅을 제안하고자 연락드립니다. 이번 미팅에서는 신제품의 주요 기능과 이점에 대해 설명하고, 기존 제품과의 차이점을 비교하여 보다 자세한 정보를 제공해드릴 예정입니다.

혹시 시간이 되실 때, [미팅 가능 날짜 및 시간] 중에서 편하신 날짜와 시간을 알려주시면 감사하겠습니다. 또한, 만약 다른 사항이나 질문 등이 있으시다면 언제든지 연락주시면 친절하게 안내해 드리겠습니다.

감사합니다.

[회사명] 드림

이메일 시작 부분("저희 회사에서는 항상 고객 여러분의 만족도를 최우선으로 생각하고 있습니다")이 조금 형식적입니다. 자칫 스팸메일처럼 보일 수도 있기 때문에 이런 부분은 보완해서 활용해야 합니다. 그리고 챗GPT도 기계이기 때문에 '고객 관점'에서 신제품이 어떤 특장점이 있고 고객에게 어떤 가치를 주는지에 대해서는 제시하지 못하고 있습니다. 이는 (챗GPT를 학습시키거나) 관련 내용을 넣어서 물어보면 답변을 얻을 수 있습니다.

3. 제안 거절 메일

외부에 요청하는 메일을 쓸 때도 있지만, 어떤 제안을 거부하는 메일도 우리는 많이 씁니다. 챗GPT에게 한번 시켜볼까요? **"이번에 고객사에서 좋은 제안을 해줬는데, 아쉽게도 내부 회의 결과 할 수 없게 되었어. 메일을 어떻게 써야 할까?"**

안녕하세요.

우선, [고객사명]에서 제안해주신 내용에 대해 진심으로 감사드립니다. 저희 회사에서는 항상 고객사와 함께 성장하는 방향으로 노력하고 있으며, 고객사의 다양한 제안과 의견은 저희에게 큰 가치가 있습니다.
다만, 이번에 [고객사명]에서 제안해주신 내용을 검토한 결과, 저희 회사에서는 아쉽게도 해당 제안을 수용할 수 없는 상황이 되었습니다. 제안을 내부적으로 공유하고 검토한 결과, 저희 회사의 운영과 관련하여 몇 가지 제약 사항이 있어서 해당 제안을 받아들일 수 없게 되었습니다.

저희가 제안을 수용하지 못한 점에 대해 깊은 사과의 말씀을 전합니다. 하지만, [고객사명]에서 제안해주신 내용을 토대로, 저희 회사에서 더 나은 서비스를 제공하기 위해 노력할 것임을 약속드립니다.

감사합니다.

[회사명] 드림

마치 불합격 안내 메일 같은 흐름으로 내용이 작성되었지만 전반적으로 잘 작성된 거절 메일입니다. 사실 거절 메일은 요청 메일보다 더 쓰기 쉽지 않은 메일 중 하나입니다. 상대방이 기분 나빠할 수 있으니 챗GPT가 작성한 것처럼 형식적인 스타일이 가장 적합할 것 같습니다.

4. 의사결정 요청 메일

이번에는 상사에게 의사결정을 요청하는 메일에 대해 이야기해볼까요? 회사에서는 보통 솔루션을 도입할 때 다수의 업체가 제안하는 솔루션을 검토하는데, 이를 예로 하여 물어봤습니다. **"내가 이번에 두 업체의 빅데이터 솔루션 도입에 대한 검토를 했고, 이와 관련 상사에게 의사결정 메일을 보내려고 하는데 어떻게 써야 할까?"**

안녕하세요.

먼저, 두 업체의 빅데이터 솔루션 도입에 대한 검토를 진행하였고, 이와 관련하여 의사결정을 하기 위해 메일을 보내게 되었습니다. 두 업체의 솔루션을 검토하고, 다양한 요소를 고려한 결과, [선택한 업체명]의 빅데이터 솔루션을 도입하는 것이 더욱 적합하다는 결론에 이르렀습니다.

이에 따라, [선택한 업체명]과의 계약을 체결하고자 합니다. 해당 솔루션은 우리 회사의 [어떤 부분]을 보다 개선하고 발전시키는 데 많은 도움이 될 것으로 생각됩니다. 또한, [선택한 업체명]은 우리 회사와의 협업 경험과 전문성, 그리고 기술력 등 면에서도 우수하다는 평가를 받고 있습니다.

따라서, [선택한 업체명]과의 계약을 체결하기 위해, 상사분께서는 공식적인 승인을 부탁드리며, 계약 체결과 관련하여 필요한 절차나 문서 등이 있으시면, 언제든지 연락주시기 바랍니다.

감사합니다.

[이름] 드림

도입 부분에서 '팀장님'이라고 바로 들어가면 되는데, 상사라고 했음에도 그런 맥락에 대한 이해는 아직 부족한 것 같습니다. 마지막 내용("상사분께서는 공식적인 승인을 부탁드리며, 계약 체결과 관련하여 필요한 절차나 문서 등이 있으시면, 언제든지 연락주시기 바랍니다")도 사내 메일인 점이 고려되지 않는 것으로 보입니다.

보통 이런 검토는 몇 가지 관점에서 평가를 진행하기 때문에 질문을 구체화해봤습니다. **"두 업체의 솔루션에 대해 가격, 기술, 레퍼런스 등 3가지 측면에서 검토 결과를 보내려고 해. 그래서 A업체가 좋겠다는 식으로. 메일 내용을 알려줘."**

안녕하세요.

먼저, 두 업체의 빅데이터 솔루션에 대한 검토를 진행하였고, 가격, 기술, 레퍼런스 등 3가지 측면에서 평가를 진행한 결과, [선택한 업체명]의 빅데이터 솔루션을 도입하는 것이 가장 적합하다는 결론에 이르렀습니다.
이유는 다음과 같습니다.

- 가격: [선택한 업체명]의 빅데이터 솔루션은 우수한 성능을 가지면서도, 경쟁 업체와 비교하여 경제적인 가격대를 유지하고 있습니다.
- 기술: [선택한 업체명]의 빅데이터 솔루션은 우수한 분석 기술과 데이터 처리 능력을 갖추고 있으며, 업계에서 매우 높은 평가를 받고 있습니다.
- 레퍼런스: [선택한 업체명]은 이미 다양한 기업에서 빅데이터 솔루션을 도입하며, 성공적인 사례를 많이 냈습니다. 또한, 우리 회사와 비슷한 규모와 산업군에서도 좋은 평가를 받고 있습니다.

따라서, [선택한 업체명]의 빅데이터 솔루션을 도입하기로 결정하였습니다. 해당 솔루션은 우리 회사의 [어떤 부분]을 보다 개선하고 발전시키는 데 많은 도움이 될 것으로 생각됩니다.
감사합니다.

[이름] 드림

앞의 메일보다 더 깔끔하게 작성되었죠? 상사의 시각에서도 쉽게 이해할 수 있게 작성되어 있습니다. 다만 가격, 기술, 레퍼런스에 대한 평가는 '~임', '~함' 등과 같이 명사형으로 종결하는 개조식으로 조금 더 짧게 작성할 필요가 있습니다.

5. 설득 및 독려 메일

이번에는 외부 고객에게 제안하거나 내부 고객에게 요청하는 메일에 대해 알아보겠습니다. **"이번에 내가 고객사에게 SNS 마케팅을 제안하려고 해. 우리 회사가 기존에 이와 관련된 프로젝트를 진행한 적이 있거든. 설득력 있는 메일이 되면 좋을 것 같아."**

안녕하세요.

저희 회사가 기존에 SNS 마케팅 관련 프로젝트를 성공적으로 진행한 경험이 있어, 고객사에게 SNS 마케팅 제안을 드리고자 합니다.

SNS를 통한 마케팅은 최근에는 많은 기업이 활발히 시도하고 있는 방법 중 하나로, 다양한 효과를 가져올 수 있습니다. 저희 회사는 기존에 SNS 마케팅 프로젝트를 수행하면서, 고객사의 요구사항을 충분히 파악하고, 타깃 대상의 특성을 고려하여 효과적인 마케팅 전략을 수립하였습니다.

이를 통해, 기업의 브랜드 이미지 개선 및 제품/서비스 홍보 등 다양한 목표를 성공적으로 이룰 수 있었습니다. 또한, SNS 마케팅을 통해 모바일 기기를 통한 접근성이 좋아지고, 소비자의 참여도를 높일 수 있다는 점도 큰 장점 중 하나입니다.

따라서, 고객사에게도 SNS 마케팅을 적극적으로 활용해보시는 것을 추천드리며, 저희 회사가 다양한 경험과 전문성을 바탕으로 고객사의 목표를 달성하기 위한 최적의 전략을 제시해 드릴 수 있습니다. 많은 관심 부탁드립니다.

감사합니다.

[이름] 드림

외부 고객 대상 제안 메일도 전체적으로 괜찮아 보입니다. 다만 앞서 다른 메일처럼 고객 맞춤형 메일로 완성하기 위해서는 내용 보완이 필요합니다. 그래도 AI가 어느 정도 상황을 판단해서 메일 내용을 알려준다는 사실이 아주 놀랍습니다.

이번에는 사람들이 싫어하는 TF 회의를 가정해볼까요? **"모든 사람이 싫어하는 신사업 TF에 관한 회의를 하기 위해 마케팅, 영업, R&D 부서의 담당자에게 회의 참여 메일을 보내려고 해. 사람들이 자주 회의를 참여하지 않아서 가능한 한 많은 사람이 참여할 수 있게 메일을 써줘."**

안녕하세요.

저희 회사에서는 신사업 TF에 관한 회의를 준비하고 있습니다. 이번 회의에서는 마케팅, 영업, R&D 부서의 담당자분들이 모두 참여해주시기를 부탁드립니다.

이번 회의는 저희 회사의 중요한 신사업을 위한 것으로, 다양한 의견과 아이디어를 제시해주시면 큰 도움이 될 것입니다. 또한, 참석하시는 분들 모두가 신사업 TF에 대한 전반적인 이해를 가질 수 있도록, 최대한 많은 분들이 참여해주시길 바랍니다.

회의 일시 및 장소는 아래와 같습니다.

일시: [일시]

장소: [장소]

회의 참여에 대한 답변은 [기한]까지 부탁드리며, 회의에 참석이 어려우신 경우에는 사전에 연락주시기 바랍니다.

많은 참여 부탁드립니다.

감사합니다.

[이름] 드림

이 정도로는 참석률이 극적으로 높아질 것 같지는 않네요. **"조금 더 동기부여가 될 수 있도록 메일을 작성해줘."**

안녕하세요.

이번 신사업 TF 회의에 참여해 주시는 마케팅, 영업, R&D 부서의 담당자분들께 감사의 말씀을 드리며, 참석에 대한 동기부여를 위해 다음과 같은 내용을 안내드리고자 합니다.

이번 회의는 저희 회사의 중요한 신사업을 위한 회의로, 모든 참여자분들께서 제시해주시는 의견과 아이디어는 매우 큰 가치가 있을 것입니다. 또한, 회의를 통해 자신의 전문 분야에서 쌓아온 지식과 경험을 나누어 주시면, 함께 더 나은 방향으로 나아갈 수 있을 것입니다.

이번 회의를 통해 참여하시는 모든 분들께서는 저희 회사의 성장과 발전에 큰 기여를 하실 수 있습니다. 더 나아가서는, 신사업 TF를 성공적으로 추진하며, 새로운 비즈니스 모델과 시장을 개척하여, 우리 회사가 미래의 선두주자가 되기를 기대해 봅니다.

다시 한번, 이번 회의에 많은 참여와 의견 제시를 부탁드리며, 참여하시는 모든 분들께서는 중요한 역할을 맡게 될 것임을 인식하시고, 최선의 준비를 하시기를 바랍니다.

감사합니다.

[이름] 드림

회사 관점에서 동기부여를 하기 위한 문단이 추가되었습니다. 다만 챗GPT가 동기부여를 문자 그대로 받아들여 "참석에 대한 동기부여를 위해 다음과 같은 내용을 안내드리고자 합니다"라고 작성해줬네요. 이런 부분은 삭제해서 메일을 보내야 할 것 같습니다. 이번에는 일시와 장소가 빠졌는

데, 이런 부분은 추가해주세요.

6. 메일 수정 요청

이번에는 챗GPT에게 메일 첨삭을 요청해봤습니다. 어떤 식으로 수정해줬을까요?

[작성 메일 초안]

저희는 ○○○ 라는 경영컨설팅사로 △△△ 프로젝트를 진행하고 있습니다.

□□ 관련 사업을 영위하고 있는 *** 업체와 인터뷰 및 설문조사를 진행하고 싶어 연락드립니다.

□□ 관계자에게 허락을 구하고 저희가 연락처를 받아서 저희가 직접 인터뷰 및 설문조사를 진행해도 되는지 확인해주시면 감사하겠습니다.

안녕하세요.

저희는 경영컨설팅사인 ○○○ 에서 △△△ 프로젝트를 진행하고 있습니다. 이와 관련하여, 저희가 연구하는 □□ 분야에서 활동 중인 *** 업체와 인터뷰 및 설문조사를 진행하고자 합니다.

□□ 관계자에게 허락을 구하고, 저희가 직접 인터뷰 및 설문조사를 진행해도 되는지 확인해주시면 감사하겠습니다. 이번 인터뷰 및 설문조사는

저희가 진행하는 프로젝트를 더욱 발전시키고, 현재 □□ 분야에서의 동향과 시장 전망을 파악하는 데 큰 도움이 될 것입니다.

또한, *** 업체에서는 최근 □□ 분야의 동향과 시장 상황을 충분히 파악하고 계시기 때문에, 저희와 함께 인터뷰와 설문조사를 진행하실 경우, 저희 프로젝트 수행에 있어서 큰 가치를 얻을 수 있을 것입니다.

인터뷰와 설문조사 일정에 대해 협의를 하고자 합니다. 가능하시다면, 저희가 제안하는 일정에 대한 회신 부탁드립니다.

감사합니다.

[이름] 드림

일부러 초안 내용을 줄여서 썼는데, 그런 내용들을 잘 반영해서 작성해줬습니다. 다만 일부 문장은 자연스럽지 않아 수정이 필요해 보입니다. 예를 들어, "저희는 경영컨설팅사인 ○○○에서 △△△ 프로젝트를 진행하고 있습니다"는 원래대로 "저희는 ○○○라는 경영컨설팅사로 △△△ 프로젝트를 진행하고 있습니다"라고 말이죠. 일방적으로 일정을 제안하는 것도 불편합니다. "인터뷰와 설문조사 일정에 대해 협의를 하고자 합니다. 가능하시다면, 저희가 제안하는 일정에 대한 회신 부탁드립니다"도 "가능한 일정을 몇 개 알려주시면, 저희가 그 일정에 맞춰서 연락드리고 방문하겠습니다"라고 부드럽게 수정할 필요가 있습니다.

전체 구성과 흐름을 잡아준다는 면에서는 챗GPT가 이메일 작성에 능숙하지 않은 사람에게 많은 도움이 될 것 같습니다.

마지막으로 동일한 내용을 넣고 이메일을 영문으로 작성해달라고 해 봤습니다. **"이 메일을 영어로 작성해줘."**

Hello,

We are ○○○, a management consulting firm working on the △ △△ project. As part of our research in the field of □□, we would like to conduct interviews and surveys with *** companies.
We kindly ask for permission from □□ representatives to conduct interviews and surveys directly. This will greatly assist our project in further development and in understanding trends and market prospects in the field of □□.
Furthermore, as *** companies have a gddd understanding of recent trends and market situations in the field of □□, conducting interviews and surveys with us would be of great value to our project.
We would like to discuss the schedule for interviews and surveys. If possible, we kindly request a response regarding the proposed schedule.
Thank you.

Sincerely,

[Name]

"조금 더 정중하게 작성해줘."

Dear [Name],

I hope this email finds you well. We are ○○○, a management consulting firm currently working on the △△△ project. As part of our research in the field of □□, we would like to request permission from □□ representatives to conduct interviews and surveys directly.

We understand that your time is valuable, but we believe that the information we gather through these interviews and surveys will be crucial to our project's success. Your cooperation will help us gain valuable insights into the trends and market prospects of the □□ field.

Given your company's reputation and expertise in this field, we are confident that your participation will add significant value to our research. We appreciate your consideration and hope that you can grant us permission to proceed with this request.

We are available to discuss the interview and survey schedule at your convenience. If it's agreeable to you, please let us know your preferred schedule.

Thank you for your time and consideration.

Best regards,

[Your Name]

'Hello' 대신 'Dear'가 들어가고 내용이 조금 바뀌었네요. 챗GPT가 작성해준 영문 이메일을 다시 검증하기 위해 딥엘DeepL Write를 활용해 교정해봤습니다. 딥엘은 Write 기능에 대해 "문법과 구두법 오류 수정은 물론, 전체 문장을 새로 고치고, 뉘앙스를 제대로 표현하면서, 맥락과 어울리는 어조를 찾아보세요"라고 소개하고 있는데요. 무료입니다.

딥엘 교정 결과 몇몇 단어가 수정되었지만 큰 차이가 나지는 않는 것 같습니다.

Dear [name],

I hope this email finds you well. We are ○○○, a management consultancy firm currently working on the △△△ project. As part of our research into □□, we would like to ask permission to conduct interviews and surveys directly with □□ representatives. We understand that your time is valuable, but we believe that the information we gather through these interviews and surveys will be crucial to the success of our project. Your cooperation will help us gain valuable insights into the trends and market prospects of the □□ sector.

Given your company's reputation and expertise in this area, we are confident that your participation will add significant value to our research. We thank you for your consideration and hope that you will allow us to proceed with this request.

We are available to discuss the interview and survey schedule at your convenience. If it's convenient for you, please let us know your preferred schedule.

Thank you very much for your time and consideration.

Yours sincerely,

[Your Name]

챗GPT 답변에서 확인해야 할 사항

챗GPT는 문서 작성에 강점이 있어 이메일을 작성하는 데 많은 도움이 됩니다. 다만 이메일을 보내는 대상이나 현재 상황에 대한 이해가 부족하기 때문에 그런 내용을 구체적으로 제시하는 이메일 작성 요청이 필요합니다. 또 "안녕하세요" 다음에 바로 구체적인 업무 내용을 제시하기 때문에 챗GPT를 활용하는 본인이 내용을 보완해야 합니다. 예를 들어, 기존 고객한테 메일을 보낸다면, 도입 부분에 "잘 지내시죠? 요즘 날씨가 많이 추운데 건강하시죠?" 같은 내용을 넣는 것처럼요.

제목 같은 경우에도 챗GPT가 잘 제시하지 못하기 때문에 직접 작성이 필요합니다. 단순히 메일 제목을 알려달라고 하면 "△△△ 프로젝트 관련하여 *** 업체 인터뷰 및 설문조사 요청드립니다"라고 장문의 글을 작성해줍니다. "핵심 단어 중심으로 제목을 말해줘"라고 요청해도 "인터뷰 및 설문조사 요청: *** 업체"라고 작성해주네요. 보통 메일을 보낼 때 제목을 "[회사명] □□ 관련 인터뷰 및 설문조사 요청 건"이라고 보내기 때문에 이런 부분은 아직 학습이 필요할 것 같습니다.

챗GPT 프롬프트 리스트

- 📑 외부 전문가에게 인터뷰 요청을 하려는 메일을 보내려고 하는데, 어떻게 써야 해?
- 📑 대학교 교수님인데, 이번에 국내 AI 산업 현황과 과제에 대해 물어보려고 인터뷰 요청 메일을 보내야 하는데, 어떻게 써야 해?
- 📑 오랜만에 이슈가 발생해서, 기존 고객한테 우리 회사의 신제품 관련 소개를 하기 위한 미팅을 요청하려고 해. 어떻게 보내야 해?
- 📑 이번에 고객사에서 좋은 제안을 해줬는데, 아쉽게도 내부 회의 결과 할 수 없게 되었어. 메일을 어떻게 보내야 할까?
- 📑 내가 이번에 두 업체의 빅데이터 솔루션 도입에 대한 검토를 했고, 이와 관련 상사에게 의사결정 메일을 보내려고 하는데 어떻게 써야 할까?
- 📑 이번에 내가 고객사에게 SNS 마케팅을 제안하려고 해. 우리 회사가

기존에 이와 관련된 프로젝트를 진행한 적이 있거든. 설득력 있는 메일이 되면 좋을 것 같아.

모든 사람이 싫어하는 신사업 TF에 관한 회의를 하기 위해 마케팅, 영업, R&D 부서의 담당자에게 회의 참여 메일을 보내려고 해. 사람들이 자주 회의를 참여하지 않아서 가능한 한 많은 사람이 참여할 수 있게 메일을 써줘.

Chat GPT

2. 인터뷰 및 회의록 정리

어떤 업무일까?

회사 업무를 위해 인터뷰나 회의를 하면 기록으로 남겨야 하기 때문에 항상 정리가 필요합니다. 이때 한두 명도 아니고 다수의 사람을 인터뷰한다면 어떨까요? 정리할 때 정말 많은 시간이 걸리겠죠? 회의도 마찬가지입니다. 누가 어떤 이야기를 했는지 일일이 확인하며 정리하려면 때로는 이 업무를 하는 데에만 반나절이 걸리기도 하죠.

어떤 질문을 해야 할까?

먼저 인터뷰한 내용을 챗GPT가 어떻게 정리할 수 있는지 알아보겠습니다. 다음 글은 인터뷰하면서 인터뷰 대상자가 말한 내용을 바로바로 짧게 기록한 것입니다. 대략 20줄 이상 되는 이 내용을 먼저 입력하고 챗GPT에게 물었습니다.

"이것은 회사에 대한 직원들 의견인데, 그룹핑해줘."

- 회사의 비전을 보고 들어왔는데, 업무량에 비해 사람을 많이 안 챙기는 것 같아서 섭섭함
- 프로젝트를 하면서 노하우를 배움. 프로젝트를 했을 때 자료가 남아야 되는데, 방법이나 노하우, 클라이언트의 특성에 대한 남긴 자료가 없음
- 프로젝트 중간중간에 발생한 에러나 문제점에 대한 공유가 이루어지지 않음
- 프로젝트에서 한 사람에 대한 의존도가 높음(중략)

비전/업무 환경:
- 회사의 비전을 보고 들어왔는데, 업무량에 비해서 사람을 많이 안 챙기는 것 같아서 섭섭함
- 해당 산업 분야에 대한 비전은 있는데, 회사가 잘될지는 모름
- 업무에 대한 피드백은 어느 정도 됨. 내가 뭘 잘하는지, 뭐가 부족한지 같이 작업하시는 분만 알고 있고 윗선은 잘 모르는 것으로 생각됨(중략)

프로젝트 관리:
- 프로젝트를 하면서 노하우를 배움. 프로젝트 했을 때 자료가 남아야 되는데, 방법이나 노하우, 클라이언트의 특성에 대한 자료가 있어야 하는데 없음. 프로젝트 중간중간에 나온 에러나 문제점에 대한 공유가 이루어지지 않음

챗GPT 업무 사용 매뉴얼

- 프로젝트 마감 때가 되면, 거의 매일 야근함. 잠깐 텀이 생길 경우에는 일을 안 할 수 있는데, 과차장님이 일도 안 하고 야근을 하는 사람이 있음(중략)

리스트처럼 열거된 인터뷰 내용을 챗GPT가 비전/업무 환경, 프로젝트 관리, 직원 관리, 직원 보상 교육 및 상담, 사내 문화 등으로 항목별로 단순하게 분류하여 묶어줍니다. 참고로, 답변이 길어 중간에 끊기는 경우 **"중간에 답변이 끊겼는데, 끝까지 해줘"**라고 하면 끝까지 답변해줍니다. 혹은 특정 항목에 대해서 말해달라고 질문해도 됩니다. 계속해볼까요?
"그룹핑된 항목별로 시사점을 제시해줘."

비전/업무 환경:
- 비전 및 목표에 대한 명확한 커뮤니케이션이 필요하며, 이를 위해 리더십이 개선되어야 함
- 업무의 목적과 의미를 이해하고, 그에 대한 피드백 및 평가가 필요함
- 상황에 따른 대처 방법을 학습하고, 문제점 해결에 대한 대처 능력과 리더십 역량 개선이 필요함
- CEO의 지시와 리더십이 구분되어야 하며, 역할과 책임을 명확하게 분리해야 함(중략)

프로젝트 관리:
- 프로젝트 관리 역량을 강화하고, 전반적인 프로젝트 수행 과정에서의 문제점을 공유하고 해결하는 문화가 필요함

- 팀원 간 지식 공유 및 협업을 강화하고, 역할과 책임에 대한 분명한 이해가 필요함

- 적절한 리더십과 책임의식을 가진 관리자의 적극적인 역할이 필요함 (중략)

챗GPT가 작성한 시사점은 충분히 실무에서 활용할 만합니다. 인터뷰 내용을 항목별로 정리해서 시사점을 도출하는 일이 쉽지 않은데, 그런 힘든 과정을 최소화해준 것입니다.

이번에는 개선 방안을 압축적으로 정리해달라고 해볼까요? **"지금 인터뷰한 내용을 바탕으로 이 회사의 개선 방향을 3가지로 정리해줘."**

1. 리더십 개선: 회사의 비전과 목표를 명확히 하고, 그에 따른 리더십을 개선해야 함. 문제 해결과 대응 능력을 향상시키며, 업무의 목적과 의미를 이해하고 피드백 및 평가를 통해 직원들의 역량 개발을 적극 지원해야 함.

2. 프로젝트 관리 강화: 프로젝트 관리 역량을 강화하고, 전반적인 프로젝트 수행 과정에서의 문제점을 공유하고 해결하는 문화를 확립해야 함. 팀원 간 지식 공유 및 협업을 강화하고, 역할과 책임에 대한 분명한 이해가 필요함.

3. 직원 보상 및 복지 개선: 직원들의 노고와 공헌을 인식하고, 적절한 보상 체계를 구축해야 함. 업무에 대한 적정한 보상과 휴가 제도가 필요하며, 턴키 시에도 적절한 보상과 휴식을 제공하고, 일과 생활 균형을

유지할 수 있는 제도를 도입해야 함.

리더십 개선, 프로젝트 관리 강화, 직원 보상 및 복지 개선 등의 방안을 마련해주네요. 실제 분석 보고서에서도 비전 체계 재정립 및 공유, 신뢰하는 조직문화 구축, 팀의 R&R 정립, 팀 리더 역량 강화 등이 도출되었는데, 인간의 인사이트와 차이가 나지만 그래도 비슷한 결과를 얻었습니다. 여기서는 한 명의 인터뷰 결과만 분석해봤는데, 다수의 인터뷰 대상자 결과를 분석했다면 조금 더 좋은 결과가 나오지 않았을까요?

이번에는 회의 녹음 내용이 어떻게 정리 되는지 분석해봤습니다. 다음은 3명이 회의한 내용(4분 분량)을 챗GPT가 정리해준 결과입니다.

이 인터뷰는 ○○○ 테스트베드를 구축하는 계획에 대해 논의하는 내용이다. 이를 3단계로 나누어 기본 시설 인프라 구축, 실증 시스템 구축 및 고도화, 무인화 시설 구축으로 구성한다. 또한, 이 구축 계획은 상용화보다는 테스트베드 용도로 사용할 계획이다. 이에 대해 논의하면서, 기본 시설이나 기타 시설들이 무엇이 필요한지에 대해 조정하는 내용도 다루었다. 또한, ○○○에 관여하는 사람들이 누구인지, 그리고 필요한 시설이 어느 정도인지 등을 논의했다. 마지막으로, 필요한 시설들 중에서 ○○○가 중요한 역할을 할 것이며, 이를 구축할 때 해외에서 어느 자료를 참고할지에 대한 의견도 제시하였다.

대체로 회의 주제와 세부 내용에 대한 이해를 바탕으로 특별히 이상한 부분 없이 정리가 되었습니다. 참고로, 인터뷰를 진행할 때 네이버 클로바 노트를 활용하면 인터뷰 스크립트를 한글, 워드 등의 파일로 다운받아 볼 수 있습니다. 핸드폰 녹음 기능을 사용하더라도 해당 파일을 클로바노트에 업로드하면 동일한 결과를 받아볼 수 있습니다.

이제 참석자가 어떤 내용을 말했는지 파악하기 위해 참석자별로 내용을 정리해달라고 해볼까요? **"항목별(참석자별)로 내용을 정리해줘."**

참석자1:

- △△△에 ○○○ 테스트베드를 구축하기 위해 3단계로 나누어 구축할 예정임
- △△△ 지역의 특성 때문에 일반 □□□ 지역과는 다르게 구축할 예정임
- 첫 번째 단계: 기본 시설 인프라 구축
- 두 번째 단계: 실증 시스템 구축 및 고도화
- 세 번째 단계: 무인화 시설 구축
- ○○○ 테스트베드는 상용화보다는 테스트베드 용도로 사용할 예정임

참석자2:

- 특성 화면을 공유받아 볼 수 있음
- ○○○ 테스트베드에 대한 이야기인지 확인
- △△△에 구축할 예정임
- 최근 ○○○ 이 바뀌었지만 상세한 정보는 모름
- 기본 시설이나 관련 사항이 정해지지 않았으며, 이에 대해 참석자들의 의견을 받아 업데이트할 예정임

챗GPT 업무 사용 매뉴얼

- 대부분이 기존 공항 시설과 비슷해 보이며, 불필요한 투자가 될 수도 있
  다는 생각이 들어 ○○○ 으로 나아가는 것이 더 좋을 수도 있음(중략)

장시간 회의한 내용을 보려고 할 때는 챗GPT로 요약 정리를 해서 보
는 것도 괜찮을 것 같습니다.

회의 내용을 아젠다 중심으로 정리할 수도 있을 것 같네요. **"회의 내용
인데 아젠다별로 정리해줘."**

Agenda:

1. ○○○ 테스트베드 구축 계획

- 3단계로 나누어 구축(기본 시설 인프라 구축, 실증 시스템 구축 및 고도화, 무
  인화 시설 구축)
- △△△이라서 일반 □□□ 지역과 다름
- ○○○ 테스트베드 용도
- 상용화보다는 테스트베드 용도로 사용하려고 함

2. ○○○ 관련

- 기본 시설 구축 여부 정하지 않음
- ○○○ 에 관여하는 사람 없음
- 대부분이 기존 ○○○ 의 시설과 유사
- 불필요한 투자를 방지하기 위해 참고하면서 구축해야 함

3. ○○○에서 갖추어야 하는 것들

- 충전 시설 필요

- 기타 일반적인 시설은 참고하면서 구축해야 함
- ○○○ 필요, △△△에 유도하기 위한 시설 필요

4. 자료 출처

- 자료를 어디를 참고해서 만들었는지 알 수 없음

구축 계획, 용도, 충전 시설 등 아젠다별로 정리가 되긴 합니다. 회의 분량이 길었다면 더 체계적으로 정리가 되었을 것 같습니다.

챗GPT의 이런 기능이 다른 서비스와 어떤 차이가 있는지도 확인해봤는데요. 앞에서 말한 네이버 클로바노트에도 AI 요약 기능이 있습니다. 클로바노트에서는 이 기능을 "AI가 자동으로 대화 주제별로 문단을 나눠주고 문단에서 중요한 내용을 요약해줘요"라고 홍보하고 있습니다. 챗GPT와 비교해 성능이 얼마나 뛰어난지 비교해볼까요?

[네이버 클로바노트 AI 요약]

- △△△ 쪽에서 ○○○ 테스트베드를 구축하려고 함
- 기본적으로 세 스텝으로 나눠놨고 상용화보다는 테스트베드 용도로 사용하려고 구축 계획을 세움
- △△△ 쪽에서 자료를 주신 걸 기반으로 조금씩 조정을 했고, 필요한 시스템들이나 시설들을 리스트업 했음

클로바노트의 요약 결과는 대화의 일부 내용을 추출한 것으로 보입니다. 회의의 맥락을 이해하고 정리했다기보다는 대화 내용 중 중요 문장을

3~4개 뽑아낸 식이죠. 참고로 원래 데이터는 대략 3페이지 분량의 내용이었습니다. 인터뷰나 회의 내용을 정리할 때 어떤 이슈에 대한 개선 방안을 찾기 위한 목적이라면 챗GPT가 유용해 보입니다.

챗GPT 답변에서 확인해야 할 사항

인터뷰 및 회의 내용 정리 결과는 만족스러웠습니다. 클로바노트보다 요약 기능이 뛰어나 활용만 잘 한다면 인터뷰 및 회의 내용 파악에 많은 도움이 됩니다. 실제 인터뷰 및 회의록 정리 업무에서는 회사별 양식에 맞게 내용을 편집해서 작업하면 될 것 같습니다. 다만 아젠다별 정리가 필요하다면 인터뷰든 회의든 내용이 왔다 갔다 할 수 있기 때문에 작성자가 직접 수정 및 보완할 필요가 있습니다.

챗GPT 프롬프트 리스트

- 다음은 회사에 대한 직원들 의견인데, 그룹핑해줘.
- 그룹핑 된 항목별로 시사점을 제시해줘.
- 지금 인터뷰한 내용을 바탕으로 이 회사의 개선 방향을 3가지로 정리해줘.
- 다음 회의 내용을 정리해줘.
- 항목별(참석자별)로 내용을 정리해줘.
- 회의 내용인데 아젠다별로 정리해줘.

데이터 수집을 위한
챗GPT 기본 업무 매뉴얼

1. 시장 규모 및 성장률 파악

어떤 업무일까?

회사에서 무슨 일을 하든, 시장조사는 기본입니다. 구글링을 통해 웬만한 정보를 다 찾을 수 있다고 하지만, 시장 규모와 성장률 데이터를 찾는 건 생각보다 쉽지 않습니다. 다양한 형태의 데이터들이 있을 뿐만 아니라, 데이터별 수치도 차이가 나기 때문입니다. 글로벌 시장조사는 더 어렵겠죠?

어떤 질문을 해야 할까?

전기차 시장을 조사해볼까 합니다. 조사의 기본인 국내외 시장 규모를 어떻게 파악해볼 수 있을까요? 챗GPT한테 물어봤습니다. **"전기차 시장에 대해 말해줘."**

전기차 시장은 최근 몇 년 동안 급속하게 성장하고 있습니다. 전기차는 환

친환경적이며 연료비 절감 및 저유지비용 등의 장점이 있어서 많은 사람들이 관심을 가지고 있습니다.

전기차 시장은 전 세계적으로 빠르게 성장하고 있으며, 국가 및 지역마다 정책적 지원도 강화되고 있습니다. 예를 들어, 미국에서는 전기차 구매 시 감면된 세금 혜택을 제공하고, 유럽 연합 EU에서는 전기차 보조금을 지급하고, 중국에서는 전기차 산업의 발전을 적극적으로 지원하고 있습니다.

전기차 시장은 현재 대형 자동차 제조사들의 경쟁이 치열하게 이루어지고 있습니다. 테슬라Tesla를 비롯한 일부 전기차 제조사는 이미 전기차 시장에서 점유율을 높이고 있지만, 다른 대형 자동차 제조사들도 점차 전기차 시장에 진출하고 있습니다. 이러한 경쟁은 더 많은 전기차 모델을 출시하고, 가격 경쟁력을 강화하고, 기술적 혁신을 추진하는 데 큰 역할을 합니다.

하지만 아직 전기차 시장이 발전해야 할 몇 가지 과제가 있습니다. 전기차의 주행거리가 충분하지 않다는 점, 충전 인프라의 부족 등이 그것입니다. 그러나 이러한 문제에 대한 기술적 개발과 인프라 구축이 계속 진행되면서 전기차 시장이 더욱 발전할 것으로 예상됩니다.

전기차 시장의 성장성, 지역별 정책 현황, 주요 업체, 시장의 한계와 과제 등과 같은 정말 일반적인 정보를 알려줍니다. 구체적인 데이터가 필요하다면 시장 규모와 추이에 대한 질문을 해야 합니다. **"글로벌 전기차 시장 규모와 추이에 대해 알려줘."**

글로벌 전기차 시장은 현재 급속한 성장을 보이고 있습니다. 아래는 최근

챗GPT 업무 사용 매뉴얼

전기차 시장 규모와 추이에 대한 몇 가지 주요한 사실입니다.

1. 글로벌 전기차 시장 규모

- 2020년, 전 세계 전기차 판매량은 약 386만 대로 기존 기록을 넘어섰습니다.

- 2020년 전 세계 전기차 시장 규모는 약 1,250억 달러로 추산됩니다.

2. 선진국에서 전기차 시장 선도

- 선진국들은 환경 문제에 대한 책임감으로 인해 전기차 시장에서 선도하고 있습니다.

- 2020년, 중국, 유럽, 미국이 가장 많은 전기차 판매량을 기록했습니다.

3. 전기차 시장 성장

- 전기차 시장은 2021년부터 2026년까지 22.6%의 연평균 성장률로 성장할 것으로 예상됩니다.

- 전기차 시장 성장은 대부분 정책적 지원, 저렴한 배터리 비용, 기술 개발 등에 의해 이루어질 것으로 예상됩니다.

4. 전기차 배터리 시장 규모

- 전기차 배터리 시장은 현재 매년 20% 이상의 성장률로 성장하고 있습니다.

- 2020년, 전기차 배터리 시장 규모는 106억 달러로 추산됩니다.

5. 전기차 시장 성장 동력

- 전기차 시장은 배터리 기술과 충전 인프라 개발에 큰 영향을 받습니다.

- 더 많은 기업이 전기차 시장에 진입하면서 경쟁이 더욱 치열해지고 있습니다.

위와 같이 전기차 시장은 지속적인 성장세를 보이고 있으며, 이는 전 세계적으로 적극적인 정책적 지원과 기술적 개발 등에 의해 이루어지고 있습니다.

연도별 시장 규모와 추이를 알려면 다르게 질문해야 합니다. **"2015년부터 2022년까지의 연도별 글로벌 전기차 시장 규모에 대해 알려줘."** 그럼 다음과 같이 우리가 엑셀에 넣어서 차트를 만들 수 있는 일련의 수치가 나옵니다.

2015년부터 2022년까지의 연도별 글로벌 전기차 시장 규모는 아래와 같습니다.

- 2015년: 16만 대
- 2016년: 25만 대
- 2017년: 50만 대
- 2018년: 75만 대
- 2019년: 200만 대
- 2020년: 330만 대
- 2021년: 460만 대(예상)
- 2022년: 620만 대(예상)

전기차 시장 규모는 연도별로 크게 증가하고 있으며, 향후에도 전망이 밝습니다.

여기서 작업을 더 줄이려면 어떻게 물어봐야 할까요? **"2015년부터**

2022년까지의 연도별 글로벌 전기차 시장 규모에 대해 표로 정리해서 말해줘."

아래는 2015년부터 2022년까지의 연도별 글로벌 전기차 시장 규모를 표로 정리한 것입니다.

연도	전기차 시장 규모(달러)	전기차 판매 대수(대)
2015	84억 달러	54만 대
2016	12억 달러(증가율 -85%)	77만 대
2017	30억 달러(증가율 146%)	19만 대
2018	78억 달러(증가율 160%)	45만 대
2019	162억 달러(증가율 107%)	220만 대
2020	215억 달러(증가율 33%)	386만 대
2021	280억 달러(예상)	460만 대(예상)
2022	335억 달러(예상)	580만 대(예상)

위 표에서 볼 수 있듯이, 전기차 시장 규모는 지속적인 성장을 보이고 있습니다. 특히 2019년부터 2020년까지는 전기차 판매 대수가 대폭 증가하면서 시장 규모도 크게 증가하였습니다. 또한, 2021년과 2022년에도 전기차 시장이 더욱 성장할 것으로 예상되고 있습니다.

시장 규모와 판매 대수가 일목요연하게 정리되어서 나오네요. 이번에는 글로벌 시장과 한국 시장을 비교해볼까요? **"글로벌 전기차 시장 규모와 한**

국의 전기차 시장 규모를 비교해서 표로 제시해줘."

아래는 글로벌 전기차 시장 규모와 한국의 전기차 시장 규모를 비교한 표입니다.

연도	글로벌 전기차 시장 규모 (달러)	글로벌 전기차 판매 대수(대)	한국 전기차 시장 규모(원)	한국 전기차 판매 대수(대)
2019	162억 달러	2,200,000대	–	12,891대
2020	215억 달러	3,860,000대	1,100억 원(추산)	69,000대
2021	280억 달러	4,600,000대 (예상)	2,000억 원(예상)	33,000대

위 표에서 볼 수 있듯이, 한국의 전기차 시장은 글로벌 전기차 시장에 비해 규모가 작지만, 꾸준히 성장하고 있습니다. 특히, 2020년에는 한국에서도 전기차 시장 규모와 판매 대수가 크게 증가했습니다. 또한, 2021년 상반기에는 전기차 시장이 더욱 성장할 것으로 예상되고 있습니다.

상사가 연평균성장률CAGR을 요구한다면 어떻게 질문해야 할까요? **"글로벌 전기차 시장과 한국의 전기차 시장 규모에 대해 CAGR도 넣어서 표를 만들어줘."**

연도	글로벌 전기차 시장 규모 (달러)	글로벌 전기차 판매 대수 (대)	글로벌 전기차 시장 CAGR (%)	한국 전기차 시장 규모 (원)	한국 전기차 판매 대수 (대)	한국 전기차 시장 CAGR (%)
2015	60억 달러	417만 대	–	–	977대	–
2016	84억 달러	727만 대	35.5	–	2,738대	–
2017	126억 달러	1,171만 대	48.2	–	6,604대	–
2018	180억 달러	2,016만 대	56.5	–	14,634대	–
2019	162억 달러	2,200만 대	38.5	–	12,891대	–
2020	215억 달러	3,860만 대	33.8	1,100억 원(추산)	69,000대	57.3
2021	280억 달러 (예상)	4,600만 대 (예상)	28.7 (예상)	2,000억 원(예상)	33,000대 (상반기)	39.0 (예상)

챗GPT는 알아서 글로벌 시장과 한국 시장을 비교해 CAGR까지 계산해서 알려줍니다.

지금까지는 챗GPT한테 내가 원하는 답을 얻기 위한 질문을 했는데, 그보다 내가 직접 이런 자료가 어디 있는지 알고 싶다면? **"구체적으로 글로벌 전기차 시장과 한국의 전기차 시장 규모에 대해 알 수 있는 국내외 기관의 사이트를 알려줘."**

아래는 글로벌 전기차 시장과 한국의 전기차 시장 규모를 알 수 있는 국내외 기관의 사이트 목록입니다.

1. 국제에너지기구IEA – 전기차 추적 도구

• https://www.iea.org/reports/global-ev-outlook-2021

2. EV-volumes

- https://www.ev-volumes.com/

3. 한국자동차산업협회 KAMA

- http://www.kama.or.kr/

4. 한국전기자동차협회 KEVA

- http://www.kwea.or.kr/

5. 한국전력공사 Korea Electric Power Corporation, KEPCO

- https://www.kepco.co.kr/kepco/EN/index.do

6. 산업통상자원부

- https://www.motie.go.kr/motie/ne/p/p1/20221026/sketch 1026p1.do

위 기관들은 전기차 시장에 대한 다양한 정보를 제공하고 있으며, 매년 전기차 시장 규모에 대한 연구 및 보고서를 발표하고 있습니다. 이외에도 다양한 기관이 있을 수 있습니다.

그런데 보시다시피 이 답변은 구글 검색보다는 못하네요. 그래서 다시 물어봤습니다. **"글로벌 리서치 기관에 대해서도 알려줘."**

아래는 글로벌 리서치 기관들입니다. 이들 기관은 전기차 시장분석 및 예측 등 다양한 리서치와 보고서를 발표하고 있습니다.

1. International Data Corporation IDC

- https://www.idc.com/

2. IHS Markit

- https://ihsmarkit.com/

3. McKinsey & Company

- https://www.mckinsey.com/

4. Deloitte

- https://www2.deloitte.com/global/en.html

5. BloombergNEF

- https://about.bnef.com/

6. Wood Mackenzie

- https://www.woodmac.com/

7. Navigant Research

- https://www.navigantresearch.com/

8. Frost & Sullivan

- https://www.frost.com/

9. BCC Research

- https://www.bccresearch.com/

10. MarketsandMarkets

- https://www.marketsandmarkets.com/

위 기관들은 전기차 시장분석을 중심으로 다양한 리서치와 보고서를 발표하고 있습니다. 이외에도 다양한 리서치 기관들이 있을 수 있으니, 관심 있는 분야에서 찾아보시면 좋을 것 같습니다.

이처럼 내가 원하는 정보가 없다면 계속해서 구체적인 질문을 챗GPT에게 던져야 원하는 답을 얻을 수가 있습니다.

챗GPT의 가장 큰 문제 중 하나는 답변의 출처를 알 수 없다는 점입니다. 그래서 시장 규모 같은 수치에 대해서는 구글링을 통해 전기차 시장 관련 보고서를 읽고 이를 검증하는 단계가 필요합니다.

크롬 사용자라면 확장 프로그램인 웹챗GPT를 설치하는 방법도 있습니다. 웹챗GPT를 통해 (최근 자료에 대해서는) 그 출처를 알 수 있습니다. 예를 들어, 챗GPT에게 전기차 업체별 판매 대수에 대해 알려달라고 하면 웹서치 결과와 함께 다음과 같은 답변을 얻을 수 있는데요. 답변에 웹 서치 결과의 출처([번호])가 표시되어 있는데, 해당 웹 서치 결과에 세시된 사이트에 들어가면 어디서 이런 수치가 제시되었는지 볼 수 있습니다.

국내외 전기차 시장에서 가장 많은 판매 대수를 올린 업체들과 그 판매량은 다음과 같습니다.
- 현대차: 아이오닉5 – 2만 2,596대[1]
- 기아차: EV6 – 1만 5,604대[1]
- 테슬라: 모델3 – 8,912대, 모델Y – 8,894대[1]
- 르노–닛산 그룹: 르노 조에 – 미공개, 닛산 리프 – 미공개, 전체 판매량 19만 4,158대[2]
- BYD 그룹: 미공개, 전체 판매량 17만 9,295대[2]

또한, 국내에서는 현대차의 코나 일렉트릭이 누적판매량 3만 2,789대로 가장 많은 판매 대수를 기록하고 있습니다.[1]

이외에도 다양한 업체들이 전기차를 판매하고 있지만, 위 업체들이 가장 많은 판매량을 보유하고 있습니다.

[1] "21년 말 기준, 가장 많이 팔린 전기차 모델은 현대차-아이오닉5 2위 기아차-EV6, 3위 테슬라-모델3, 4위 테슬라-모델Y 순 (승용차 기준) 지난해 가장 많은 판매량을 올린 전기차 (승용기준)는 현대차의 아이오닉 5로 2만 2,596대가 팔렸습니다. 2위는 기아차의 EV6로 1만 5,604대, 3위는 테슬라 모델3 8,912대, 4위 테슬라 모델Y 8,894대 등의 순으로 나타났습니다. 지금까지 3만 2,789대나 팔려 국내 전기차 누적판매량 1위를 기록하고 있는 현대차의 코나 일렉트릭은 지난해 1,438대밖에 팔리지 않은 것으로 나타났습니다. 이는 연이은 화재사고로 인해 소비자들의 신뢰가 무너진 탓으로 보입니다." URL: https://m.blog.naver.com/lioniks/222637123119(중략)

챗GPT 프롬프트 리스트

- 전기차 시장에 대해 말해줘.
- 글로벌 전기차 시장 규모와 추이에 대해 알려줘.
- 2015년부터 2022년까지의 연도별 글로벌 전기차 시장 규모에 대해 알려줘.
- 2015년부터 2022년까지의 연도별 글로벌 전기차 시장 규모에 대해 표로 정리해서 말해줘.

💬 글로벌 전기차 시장 규모와 한국의 전기차 시장 규모를 비교해서 표로 제시해줘.

💬 글로벌 전기차 시장과 한국의 전기차 시장 규모에 대해 CAGR도 넣어서 표를 만들어줘.

💬 구체적으로 글로벌 전기차 시장과 한국의 전기차 시장 규모에 대해 알 수 있는 국내외 기관의 사이트를 알려줘.

💬 글로벌 리서치 기관에 대해서도 알려줘.

Chat GPT

2. 시장 통계 데이터 분석

어떤 업무일까?

시장분석을 하기 위해서는 다양한 통계 데이터를 분석해야 합니다. 그런데 처음 데이터를 접하는 사람이라면 수많은 데이터를 보자마자 두려움이 앞서죠. 가로축을 중심으로 해야 할지 세로축을 중심으로 해야 할지는 둘째입니다. 궁극적으로 이 데이터에서 어떤 시사점을 도출해야 할지 도무지 감이 안 오는 경우가 많습니다.

어떤 질문을 해야 할까?

"다음은 지역별 전기차 충전소 현황 정보인데, 이 데이터를 분석해줘"라고 질문해봤습니다. 입력된 데이터는 엑셀 표를 그대로 복사해서 붙여넣기 했는데, 대화창에는 다음과 같이 입력됩니다. 이상해 보여도 데이터 분석은 잘 되니 걱정하지 않아도 됩니다.

[엑셀 데이터 붙여넣기 결과]

지역	2016	2017	2018	2019	2020	2021
강원도	5	118	140	165	185	202
경기도	22	572	631	699	760	805
경상남도	24	199	235	255	362	370
경상북도	8	127	175	190	258	264
광주광역시	3	52	74	85	100	102
대구광역시	4	181	205	227	242	248
대전광역시	3	86	98	105	115	120
부산광역시	6	97	118	124	133	145
서울특별시	28	444	518	546	584	605
세종특별자치시	1	48	61	61	64	64
울산광역시	4	38	42	45	48	50
인천광역시	3	117	129	137	153	164
전라남도	19	125	149	169	181	195
전라북도	9	109	130	147	165	180
제주특별자치도	7	155	185	202	202	223
충청남도	5	73	95	109	144	169
충청북도	13	125	145	162	186	189

데이터의 분석 방향을 알려주지 않으면 챗GPT가 알아서 분석합니다. 여기서는 "데이터를 시각화하고 지역 간 전기차 충전소 개수의 차이를 분석할 수 있습니다"라고 스스로 방향을 설정한 답변을 볼 수 있습니다. 이 답변에서는 개략적인 데이터의 내용을 알 수 있겠네요.

이 데이터는 지역별로 연도별로 전기차 충전소의 개수를 나타내는 것으로 보입니다. 데이터를 시각화하고 지역 간 전기차 충전소 개수의 차이를 분석할 수 있습니다.

각 지역의 전기차 충전소 개수는 2016년부터 2021년까지의 6개 연도에 대한 측정치로, 숫자는 개수입니다.

그래프를 통해 경기도와 서울특별시가 모든 연도에서 가장 많은 전기차 충전소를 보유하고 있으며, 그다음으로는 경상남도와 경상북도가 높은 충전소 개수를 보입니다. 강원도와 충청북도는 낮은 충전소 개수를 보이고 있습니다.

전반적으로 2016년부터 2021년까지 전국적으로 전기차 충전소 개수가 증가하고 있습니다. 특히 2019년부터 2020년까지 전기차 충전소 개수가 급격하게 늘어난 것으로 나타납니다. 하지만 2021년에는 이전에 비해 충전소 개수 증가율이 낮아진 것으로 보입니다.

참고로 답변 중에 "아래는 이 데이터를 시각화한 그래프입니다"라고 나오는데 그래프는 보이지 않습니다.

이번에는 데이터 분석 방향을 제시해줬습니다. **"다음은 지역별 전기차 충전소 현황 정보인데, 이 데이터를 분석해줘. 전기차 충전소가 급격히 증가한 지역을 중심으로 분석해줘."**

전기차 충전소가 급격히 증가한 지역을 중심으로 분석하기 위해서는 연도별 증가율을 계산해야 합니다. 아래는 각 지역별로 2016년부터 2021년까지 전기차 충전소 개수의 증가율을 계산한 결과입니다.

```yaml
지역              2016-2017   2017-2018   2018-2019   2019-2020   2020-2021
강원도            2256.00%    18.64%      17.86%      12.12%      9.19%
경기도            2509.09%    10.28%      10.77%      8.73%       5.92%
경상남도          729.17%     17.59%      8.51%       41.96%      2.21%
경상북도          1487.50%    38.58%      8.57%       35.79%      2.33%
광주광역시        1633.33%    42.31%      14.86%      17.65%      2.00%
대구광역시        4425.00%    13.26%      10.73%      6.61%       2.48%
대전광역시        2766.67%    13.95%      7.14%       9.52%       4.35%
부산광역시        1516.67%    21.65%      5.08%       6.45%       9.62%
서울특별시        1485.71%    16.22%      5.41%       6.94%       3.60%
세종특별자치시    9200.00%    27.08%      0.00%       4.92%       0.00%
울산광역시        850.00%     10.53%      7.14%       6.67%       4.17%
인천광역시        3850.00%    10.26%      5.84%       11.68%      7.19%
전라남도          557.89%     19.20%      13.42%      7.10%       7.73%
전라북도          1155.56%    17.43%      12.31%      12.24%      9.09%
제주특별자치도    1964.29%    19.35%      9.73%       0.00%       10.40%
충청남도          1360.00%    30.14%      13.68%      31.19%      17.36%
충청북도          861.54%     16
```

위의 결과에서 보듯이, 대부분의 지역에서 전기차 충전소 개수가 증가하고 있는 것으로 나타났습니다. 그중에서도 전기차 충전소가 가장 빠르게 증가한 지역은 세종특별자치시, 경상남도, 경상북도, 대구광역시, 광주광역시, 대전광역시, 전라북도, 제주특별자치도, 충청남도입니다. 이 중에서는 특히 세종특별자치시와 경상남도의 전기차 충전소 개수가 매년 크게 증가하는 것으로 나타났습니다.

세종특별자치시의 경우, 2016년에는 전기차 충전소가 1개밖에 없었지만, 2021년에는 64개로 늘어난 것으로 나타났습니다. 이는 2017년부터 2019년까지 전기차 충전소 개수가 급격하게 증가한 것으로 보입니다. 경상남도와 경상북도의 경우에도 전기차 충전소 개수가 빠르게 증가하고 있으며, 특히 2019년부터 2020년까지는 대폭 증가한 것으로 나타났습니다. 이는 전기차 이용 활성화 정책과 관련된 것으로 생각됩니다.

전기차 충전소 개수가 빠르게 증가하는 다른 지역으로는 광주광역시, 대전광역시, 전라북도, 제주특별자치도, 충청남도 등이 있습니다. 이 지역들에서도 전기차 이용 활성화 정책이 시행되고 있기 때문에 전기차 충전소 개수가 늘어나고 있는 것으로 추측됩니다.

요청한 사항을 잘 반영해 분석을 해줬고, 특히 충전소 증가의 원인을 "이는 전기차 이용 활성화 정책과 관련된 것으로 생각됩니다"라고 챗GPT가 스스로 분석했는데, 이런 부분은 처음 데이터 분석을 하는 사람보다 나아 보입니다.

참고로 답변 분량이 많을 경우 그림처럼 중간에 끊기는 경우가 발생합니다. 그런 경우 앞서 말했듯이 **"중간에 데이터 분석 결과가 끊겼는데 계속해서 보여줘"**라고 하면 됩니다. 또 그림 오른쪽에 위치한 'Copy code'를 클릭해 엑셀에 붙여넣기가 가능합니다.

이번에는 조금 더 다양한 분석 내용을 요청해봤습니다. **"다음은 지역별 전기차 충전소 현황 정보인데, 이 데이터를 분석해서 시사점을 도출해줘. 2016년부터 2021년까지의 지역별 연평균성장률: 2021년 기준 전체 충전소 개수 중 각 지역별 충전소 개수 비중"**

1. 2016년부터 2021년까지의 지역별 연평균성장률

아래는 각 지역별로 2016년부터 2021년까지의 지역별 연평균성장률을 계산한 결과입니다.

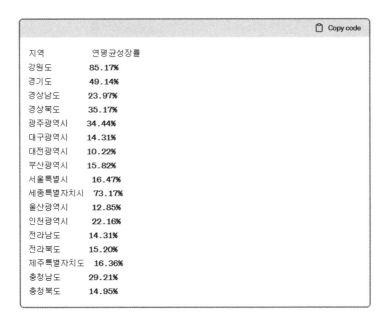

```
지역              연평균성장률
강원도            85.17%
경기도            49.14%
경상남도          23.97%
경상북도          35.17%
광주광역시        34.44%
대구광역시        14.31%
대전광역시        10.22%
부산광역시        15.82%
서울특별시        16.47%
세종특별자치시    73.17%
울산광역시        12.85%
인천광역시        22.16%
전라남도          14.31%
전라북도          15.20%
제주특별자치도    16.36%
충청남도          29.21%
충청북도          14.95%
```

위의 결과를 보면, 전국적으로 전기차 충전소 개수가 증가하고 있으며, 성장률은 지역별로 차이가 있습니다. 강원도, 경상북도, 인천광역시, 충청남도 등에서는 연평균 20% 이상의 높은 성장률을 보이고 있습니다. 이는 전기차 시장의 확대와 함께 관련 정책들이 실질적인 성과를 내고 있다는 것을 나타내는 것으로 해석할 수 있습니다. (중략)

이번 답변에서도 요청한 분석 결과와 함께 "이는 전기차 시장의 확대와 함께 관련 정책들이 실질적인 성과를 내고 있다는 것을 나타내는 것으로 해석할 수 있습니다"라고 시사점을 제시해줬습니다.

이번에는 분석 결과를 표로 제시해달라고 해봤습니다. **"다음은 지역별 전기차 충전소 현황 정보인데, 이 데이터를 분석하고 결과를 표로 제시해줘. 2016년**

부터 2021년까지의 지역별 연평균성장률: 2021년 기준 전체 충전소 개수 중 각 지역별 충전소 개수 비중"

지역	2016 ~ 2021년 연평균성장률(%)	2021년 기준 충전소 개수	2021년 기준 충전소 개수 비중(%)
강원도	52.97	202	1.32
경기도	47.11	805	5.27
경상남도	16.08	370	2.42
경상북도	34.90	264	1.73
광주광역시	33.36	102	0.67
대구광역시	33.36	248	1.62
대전광역시	33.50	120	0.79
부산광역시	31.68	145	0.95
서울특별시	21.51	605	3.96
세종특별자치시	28.14	64	0.42
울산광역시	27.66	50	0.33
인천광역시	38.19	164	1.07
전라남도	36.85	195	1.28
전라북도	33.44	180	1.18
제주특별자치도	21.52	223	1.46
충청남도	42.58	169	1.11
충청북도	34.28	189	1.24

분석 내용과 그에 대한 표를 같이 제시해주네요. 더 많은 항목을 담고 싶다면 관련 내용을 추가해 표를 만들면 되겠죠? 참고로 **"분석 결과는 소수점 첫째 자리까지만 제시해줘"**라고 위의 분석 내용 밑에 같이 제시하면 회사에서 흔히 쓰는 표시 형식으로 바꿀 수 있습니다.

챗GPT 답변에서 확인해야 할 사항

챗GPT는 간단한 통계 데이터를 분석하는 데 유용합니다. 물론 데이터 양이 많아지면 입력에 한계가 있기 때문에 활용하기 어렵습니다. 그렇지만 빠르게 데이터 분석을 하고 이를 표로 제시하는 데 있어서는 좋은 도구입니다. 또 수치가 기본적으로 소수점 둘째 자리로 나오는데, **"첫째 자리까지만 표시해줘"**라고 입력하면 원하는 결과를 얻을 수 있습니다.

챗GPT 프롬프트 리스트

- 📩 다음은 지역별 전기차 충전소 현황 정보인데, 이 데이터를 분석해줘. 전기차 충전소가 급격히 증가한 지역을 중심으로 분석해줘.

- 📩 다음은 지역별 전기차 충전소 현황 정보인데, 이 데이터를 분석해서 시사점을 도출해줘. 2016년부터 2021년까지의 지역별 연평균성장률: 2021년 기준 전체 충전소 개수 중 각 지역별 충전소 개수 비중

- 📩 다음은 지역별 전기차 충전소 현황 정보인데, 이 데이터를 분석하고 결과를 표로 제시해줘. 2016년부터 2021년까지의 지역별 연평균성장률

Chat GPT

3. 시장 동향 및
핵심 성공 요인 분석

어떤 업무일까?

어떤 시장에 대한 동향을 분석할 때 한두 개의 자료만 가지고 파악하지 않습니다. 많은 자료를 분석해 공통점을 찾아서 시장 동향을 몇 가지로 확정 짓죠. 그러다 보니 시간이 많이 걸립니다. 핵심 성공 요인은 더 그렇죠. 말 그대로 핵심 성공 요인이기 때문에 현재 시장 동향, 구조 등을 파악해 도출해야 합니다.

어떤 질문을 해야 할까?

챗GPT한테 **"전기차 시장의 주요 동향에 대해 말해줘"**라고 물었습니다. 국가 별 전기차 보급 정책 강화, 충전 인프라 확대, 전기차 기술 발전 등 전기차 관련 보고서에서 볼 수 있는 내용들로 채워져 있습니다.

전기차 시장에서의 주요 동향은 다음과 같습니다.

1. 국가별 전기차 보급 정책 강화: 전기차 시장 성장을 위해 각국에서는 전기차 보급 정책을 강화하고 있습니다. 예를 들어, 미국에서는 전기차 구매 시 인센티브 제공 등의 지원을 하고 있으며, 유럽에서는 자동차 배기가스 규제 강화와 함께 전기차 보급을 적극적으로 추진하고 있습니다.

2. 충전 인프라 확대: 전기차 시장의 성장을 위해서는 충전 인프라가 중요합니다. 각국에서는 전기차 충전 인프라를 확대하고 있으며, 공공기관, 기업, 개인 등이 충전소를 건립하고 운영하고 있습니다.

3. 전기차 기술 발전: 전기차 시장에서는 연비 개선과 주행거리 증대 등을 위한 기술 발전이 이루어지고 있습니다. 특히, 배터리 기술의 발전으로 전기차의 주행거리와 충전시간이 개선되고 있습니다.

4. 자율주행 기술의 발전: 자율주행 기술이 전기차 시장에서도 중요한 역할을 하고 있습니다. 현재, 많은 전기차 제조사들이 자율주행 기술을 개발하고 있으며, 이를 통해 전기차의 안전성과 편의성이 대폭 개선될 것으로 예상됩니다.

5. 수소차의 등장: 수소차는 전기차와는 다른 기술을 사용하지만, 친환경차로서 전기차 시장에서 주목받고 있습니다. 수소차의 출시 및 보급을 위해 각국에서도 지원 정책을 마련하고 있습니다.

6. 전기차 산업 생태계 형성: 전기차 시장 성장을 위해서는 전기차 산업 생태계의 형성이 필요합니다. 이를 위해 전기차 제조사와 부품 제조사, 충전소 제공 업체 등이 협력하여 새로운 비즈니스 모델을 개발하고 있습니다.

동일한 질문을 해도 답변이 조금씩 다르기 때문에 여러분이 생각했을 때 이게 아닌 것 같으면 다시 한번 물어보면 됩니다. 그럼 챗GPT도 학습을 해서 다시 답변해주는데, 큰 틀에서는 내용이 크게 다르지는 않지만 세부 내용에서 차이가 있습니다. 챗GPT는 여러분과 계속 대화했던 것을 기억하면서 답변을 수정 및 보완해 나가기 때문에 가끔은 반복해서 물어보며 답변을 비교해보는 것도 데이터의 정확도를 높일 수 있는 방법입니다.

최근 전기차 시장에서는 다양한 동향들이 나타나고 있습니다. 그중에서도 몇 가지 주요 동향을 살펴보면 다음과 같습니다.

1. 수소차 시장 성장: 전기차 시장에서는 순수 전기차뿐만 아니라 수소차도 점차 성장하고 있습니다. 특히, 수소차는 충전시간이 짧고 주행거리가 높다는 장점을 가지고 있어, 일부 차량 운행에 적합한 차종으로 주목받고 있습니다.

2. 배터리 가격 하락: 전기차의 가장 중요한 요소 중 하나인 배터리 가격이 지속적으로 하락하고 있습니다. 이는 전기차 시장의 가격 경쟁력을 높이는 데 큰 역할을 합니다.

3. 전기차 시장 확대: 전기차 시장은 글로벌적으로 확대되고 있으며, 정부의 환경규제나 보조금 등도 전기차 시장 성장에 큰 영향을 미치고 있습니다. 특히, 중국, 미국, 일본, 유럽 등 주요 국가에서는 전기차 시장을 적극적으로 발전시키기 위해 정부적 지원책도 진행하고 있습니다.

4. 자율주행 기술의 발전: 전기차 시장에서는 자율주행 기술도 계속해서 발전하고 있습니다. 특히, AI 기술을 활용한 자율주행 기술이 더욱 발전

됨에 따라, 차량 안전성과 편의성 모두를 높이는 데 큰 역할을 할 것으로 예상됩니다.

5. 전기차 시장 경쟁 확대: 전기차 시장은 경쟁이 치열하게 이뤄지고 있습니다. 기존 자동차 업체뿐만 아니라, 새로운 업체들도 전기차 시장에 진출하고 있습니다. 이에 따라, 각 업체는 브랜드 이미지 개선과 전기차 기술 개발 등 다양한 전략을 활용하여 경쟁력을 유지하려 노력하고 있습니다.

이번에는 핵심 성공 요인에 대해 알아볼까요? **"글로벌 전기차 시장의 핵심 성공 요인에 대해 말해줘."**

글로벌 전기차 시장의 핵심 성공 요인은 다음과 같습니다.

1. 정책적 지원

- 전기차 시장은 대부분 정부의 정책적 지원에 크게 영향을 받고 있습니다.
- 정부들은 환경 문제를 해결하고자 전기차를 활성화시키기 위해 보조금, 감면된 세금 혜택, 무료 충전 등의 지원을 제공하고 있습니다.

2. 배터리 기술 발전

- 전기차 시장은 배터리 기술 발전에 크게 의존합니다.
- 최근 몇 년 동안, 전기차 배터리 기술은 대폭 발전하면서, 주행거리도 증가하고, 충전시간도 단축되고, 배터리 가격도 저렴해졌습니다.

3. 기술 개발

- 전기차 시장에서는 자율주행 기술, 차량 통신 기술 등 다양한 기술 개발이 이루어지고 있습니다.
- 이러한 기술 개발은 전기차의 기능성을 높이고, 전기차 시장의 경쟁력을 높입니다.

4. 저렴한 배터리 비용

- 전기차 시장에서 배터리 비용은 전체 제조비용의 상당 부분을 차지합니다.
- 하지만, 최근 배터리 기술 발전과 대량 생산 등에 의해 배터리 비용이 크게 감소하면서, 전기차 시장의 성장을 더욱 가속화시키고 있습니다.

5. 충전 인프라 구축

- 전기차 시장에서 충전 인프라 구축은 매우 중요한 역할을 합니다.
- 다양한 곳에서 충전이 가능하고, 충전시간이 짧은 충전소가 많아지면서, 전기차 시장이 더욱 활성화되고 있습니다.

이러한 핵심 성공 요인들이 전기차 시장을 계속해서 성장시키고 있습니다.

챗GPT는 성공 요인으로 크게 정책적 지원, 배터리 기술 발전, 기술 개발, 저렴한 배터리 비용, 충전 인프라 구축 5가지를 꼽았습니다. 다만 제시된 답변의 핵심 단어를 보완할 필요가 있습니다. 현재 제시된 단어는 설명이 두루뭉술하기 때문입니다. 예를 들어, '정책적 지원 → 정부의 정책 지원 강화', '배터리 기술 발전 → 배터리 기술 발전에 따른 전기차 경쟁력 증가', '기술 개발 → 자율주행기술 등 관련 기술의 발달' 등으로 말이죠.

챗GPT 답변에서 확인해야 할 사항

시장 동향이나 핵심 성공 요인은 인간이 판단한 것과 크게 다르지는 않습니다. 다만 핵심 성공 요인 같은 경우를 예로 들면, 국가별 혹은 지역별로 정책, 기술, 인프라 등의 이슈로 내용이 달라질 수 있으니 챗GPT에게 추가 질문을 해서 이 지역 혹은 국가에서의 핵심 성공 요인은 무엇인지 다시 한 번 확인해봐야 합니다.

동향도 마찬가지입니다. 주요 동향이 나오면 각 동향에 대한 세부 질문을 통해 구체적인 내용을 파악하는 게 필요합니다. 예를 들어, 앞서 물어본 글로벌 시장과 비교해 **"글로벌 전기차 시장의 핵심 성공 요인이 한국 시장에서도 동일하니?"**라고 물어보면 챗GPT는 다음과 같이 답변합니다.

글로벌 전기차 시장의 핵심 성공 요인과 한국 시장의 핵심 성공 요인은 대체로 유사하지만, 일부 차이가 있을 수 있습니다.

글로벌적으로는 다음과 같은 핵심 성공 요인이 있습니다.

- 정부의 지원과 규제: 대부분의 국가에서 전기차를 보급하기 위해 정부의 지원 및 규제가 이루어지고 있습니다. 세금 혜택, 보조금, 적극적인 홍보 등 다양한 방식으로 전기차 보급을 지원하고 있습니다.

- 환경 문제와 친환경성에 대한 관심 증가: 지구 온난화와 대기 오염 등 환경 문제에 대한 관심이 증가하면서 친환경적인 대안으로서 전기차의 수요가 높아지고 있습니다.

- 기술 발전: 전기차의 성능 향상과 배터리 기술의 발전으로 인해 주행거리가 늘어나고 충전시간이 단축되면서 전기차의 사용성이 향상되고 있

습니다.

- 경제성: 전기차는 초기 비용이 높아 구매에는 부담이 되지만, 충전 비용이 저렴하고 유지 보수 비용이 낮아 차후 경제성이 높아지는 것이 장점입니다.

한국 시장에서도 대체로 비슷한 요인이 있지만, 일부 차이가 있을 수 있습니다. 예를 들어, 한국에서는 국내 업체들이 전기차 시장에서 높은 점유율을 가지고 있으며, 한국 정부의 적극적인 전기차 보급 정책이 높은 수요를 유발하는 데 기여하고 있습니다.

챗GPT 프롬프트 리스트

📑 전기차 시장의 주요 동향에 대해 말해줘.

📑 글로벌 전기차 시장의 핵심 성공 요인에 대해 말해줘.

📑 글로벌 전기차 시장의 핵심 성공 요인이 한국 시장에서도 동일하니?

Chat GPT

4. 자사와 경쟁사 간
역량 분석

어떤 업무일까?

경쟁사와 비교 분석을 할 때, 경쟁사는 역량이 어느 정도인데 우리는 이 정도밖에 안 된다는 등의 이야기를 많이 하는데요. 비교 분석을 위해서는 기본적으로 어떤 역량을 다루어야 하는지 먼저 결정해야 합니다. 그 후 역량에 대한 평가를 통해 자사와 경쟁사 간의 역량 차이를 분석할 수 있습니다.

어떤 질문을 해야 할까?

역량 비교 분석을 위해 국내 유명 기업을 예시로 들어볼 텐데요. 유명하지 않은 회사들은 챗GPT가 잘 판단하지 못합니다. 잘못된 정보도 많고요. 그래서 대기업을 예로 들어 기본 역량을 도출하는 작업을 해봤습니다. **"쿠팡, 마켓컬리 같은 배달 플랫폼 업체의 핵심 역량에 대해 알려줘."**

쿠팡, 마켓컬리와 같은 배달 플랫폼 업체는 빠르고 효율적인 배송과 다양한 상품을 제공하여 소비자들의 생활 편의성을 높이는 것을 목표로 합니다. 이러한 목표를 달성하기 위해서는 다음과 같은 핵심 역량이 필요합니다.

1. 물류 시스템: 소비자들이 주문한 상품을 빠르고 정확하게 배송하기 위해서는 효율적인 물류 시스템이 필요합니다. 배송 시스템을 최적화하고 물류 공급망을 체계적으로 관리하여 상품이 고객 손에 도착하는 데 걸리는 시간을 최소화하고 고객 만족도를 높입니다.

2. 기술력: 배달 플롯폼은 수많은 주문과 결제, 고객 정보 등을 처리해야 합니다. 따라서 안정적이고 보안성 높은 기술 시스템이 필요합니다. 또한, 사용자 경험을 향상시키기 위해서는 인공지능 기술을 활용하여 개인화된 추천 서비스를 제공하고, 빠르고 정확한 검색 기능을 제공하는 등 최신 기술을 적극 활용해야 합니다.

3. 상품 다양성: 소비자들은 다양한 종류의 상품을 원합니다. 따라서, 다양한 상품 라인업과 신선한 상품을 제공하는 것이 중요합니다. 또한, 상품의 품질과 안전성을 보장하기 위해서는 엄격한 검수 기준과 수입 및 유통 과정에서의 안전 관리가 필요합니다.

4. 마케팅 전략: 배달 플랫폼은 경쟁이 치열한 시장에서 활동하고 있습니다. 따라서, 효과적인 마케팅 전략을 수립하여 브랜드 인지도를 높이고 고객 유치를 증대해야 합니다. 이를 위해서는 디지털 마케팅 기술을 활용하여 맞춤형 광고를 제공하고, 고객 데이터를 분석하여 적극적인 마케팅 전략을 수립해야 합니다.

5. 고객 서비스: 소비자들은 불만사항이나 문의사항이 있을 때 빠르고 친절하게 대응해줄 수 있는 고객 서비스를 원합니다. 따라서, 고객 만족도를 높이기 위해서는 전문적인 고객 서비스 인력을 보유하고, 고객의 의견을 수용하여 개선 방안을 마련하는 등 고객 중심적인 서비스를 제공해야 합니다.

6. 파트너 관리: 배달 플랫폼은 다양한 판매 파트너들과 협력하여 상품을 공급합니다. 따라서, 효율적인 파트너 관리가 필요합니다. 상품 공급과 배송 과정에서 파트너와의 협력을 강화하고, 상호 간의 이익을 공유하면서 서로 발전할 수 있는 전략적인 파트너십을 구축해야 합니다.

이러한 핵심 역량을 강화하고 발전시킴으로써 쿠팡, 마켓컬리와 같은 배달 플랫폼 업체는 경쟁력을 높이고 더 나은 서비스를 제공할 수 있습니다.

챗GPT는 배달 플랫폼의 핵심 역량으로 물류 시스템, 기술력, 상품 다양성, 마케팅 전략, 고객 서비스, 파트너 관리를 꼽았네요.

역량이 도출되었으니 이제는 평가를 해보겠습니다. **"위의 6가지 핵심 역량별로 쿠팡과 마켓컬리의 역량을 5점 만점으로 각각 평가해줘."**

아래는 제가 판단한 바에 따라 쿠팡과 마켓컬리의 6가지 핵심 역량별로 5점 만점으로 각각 평가한 결과입니다.

1. 물류 시스템

• 쿠팡: 5점

• 마켓컬리: 4점

쿠팡은 자체 물류센터를 운영하고 있어 물류 시스템의 효율성과 신속성이 뛰어나며, 고객 만족도가 높습니다. 마켓컬리도 물류 시스템을 전문 업체와 제휴하여 최적화한 물류 시스템을 갖추고 있지만, 쿠팡에 비해 약간 뒤처지는 부분이 있습니다.

2. 기술력

• 쿠팡: 5점

• 마켓컬리: 4점

쿠팡은 다양한 기술력을 보유하고 있어 사용자 경험을 향상시키는 개인화된 추천 서비스를 제공하고, 빠르고 정확한 검색 기능 등 최신 기술을 활용해 경쟁력을 갖추고 있습니다. 마켓컬리도 인공지능 기술 등 다양한 기술을 활용하여 서비스를 제공하고 있지만, 쿠팡보다 약간 뒤처지는 것으로 판단됩니다.

3. 상품 다양성

• 쿠팡: 4점

• 마켓컬리: 5점

쿠팡은 다양한 상품 라인업을 갖추고 있으나, 상품의 질과 안전성을 보장하기 위한 검수 기준과 안전 관리 측면에서 약간 뒤처지는 부분이 있습니다. 반면 마켓컬리는 신선한 농산물과 육류, 수산물 등 다양한 상품을 제공하면서도 엄격한 검수 기준과 안전 관리를 강화하여 고객의 신뢰도를 높이는 데 성공하고 있습니다.

4. 마케팅 전략

• 쿠팡: 4점

- 마켓컬리: 5점

쿠팡은 높은 인지도와 매출을 바탕으로 많은 광고 예산을 집행하여 지속적인 브랜드 마케팅을 전개하고 있으나, 마켓컬리는 소셜 미디어 마케팅과 앱 내 마케팅 등 다양한 채널을 활용하여 젊은 고객층을 중심으로 높은 인지도를 확보하고 있습니다.

5. 고객 서비스

- 쿠팡: 4점
- 마켓컬리: 5점

쿠팡과 마켓컬리 모두 고객 만족도를 높이기 위한 다양한 서비스를 제공하고 있습니다. 그러나 마켓컬리는 친절하고 빠른 고객 서비스를 제공하여 고객의 불만사항 및 문의사항에 신속하게 대응하는 데 성공하고 있습니다.

6. 파트너 관리

- 쿠팡: 4점
- 마켓컬리: 5점

쿠팡과 마켓컬리 모두 다양한 판매 파트너와 협력하고 있습니다. 그러나 마켓컬리는 상호 간의 이익을 공유하면서 전략적인 파트너십을 구축하고, 파트너사와 긴밀하게 협력하여 고객에게 더 나은 서비스를 제공하는 데 더욱 성공적으로 진행하고 있습니다.

종합적으로 볼 때, 쿠팡과 마켓컬리는 각각의 핵심 역량에서 차이가 있지만, 모두 높은 수준의 서비스를 제공하고 있습니다.

개별 역량에 대한 업체 평가 결과를 보여줍니다. 평가 결과에 더해 구체적인 근거도 제시해주네요. 점수에 대한 이견은 있을 수 있지만, 챗GPT가 이런 분석까지 가능하다는 사실에 집중하면 좋을 것 같습니다. 참고로 **"신선식품 배달 영역에 한정해서 위의 6가지 핵심 역량별로 쿠팡 로켓프레시와 마켓컬리의 역량을 5점 만점으로 각각 평가해줘"**라고도 해봤는데요. 역량이 조금 차이가 나지만 큰 차이는 없는 것 같습니다.

신선식품 배달 영역에 한정하여 쿠팡 로켓프레시와 마켓컬리의 6가지 핵심 역량별로 5점 만점으로 각각 평가한 결과는 다음과 같습니다.

1. 물류 시스템

- 쿠팡 로켓프레시: 5점

- 마켓컬리: 4점

쿠팡 로켓프레시는 지난 몇 년간 로켓배송에 투자하며 빠른 배송 시스템을 갖추고 있습니다. 고객들은 쿠팡 로켓프레시의 빠른 배송 서비스를 좋아하며, 높은 만족도를 보이고 있습니다. 마켓컬리도 물류 시스템을 전문업체와 제휴하여 최적화한 물류 시스템을 갖추고 있습니다.

2. 기술력

- 쿠팡 로켓프레시: 5점

- 마켓컬리: 4점

쿠팡 로켓프레시는 기술력 측면에서 굉장히 뛰어난 시스템을 갖추고 있습니다. 예를 들어, 인공지능 기반의 스마트 주문 추천 시스템 등을 활용하여 고객의 선호도를 파악하고 상품 추천을 제공합니다. 마켓컬리도 인공지능 기술 등 다양한 기술을 활용하여 서비스를 제공하고 있지만, 쿠팡 로켓프레시보다는 약간 뒤처지는 것으로 판단됩니다.

3. 상품 다양성

- 쿠팡 로켓프레시: 4점
- 마켓컬리: 5점

쿠팡 로켓프레시는 다양한 상품 라인업을 갖추고 있지만, 마켓컬리와 비교했을 때는 상품 다양성에서 약간 뒤처지는 것으로 판단됩니다. 마켓컬리는 전문적인 농산물과 육류, 수산물 등 다양한 상품을 제공하면서도 엄격한 검수 기준과 안전 관리를 강화하여 고객의 신뢰도를 높이는 데 성공하고 있습니다.

4. 마케팅 전략

- 쿠팡 로켓프레시: 4점
- 마켓컬리: 5점

쿠팡 로켓프레시는 높은 인지도와 매출을 바탕으로 많은 광고 예산을 집행하여 지속적인 브랜드 마케팅을 전개하고 있습니다. 그러나 마켓컬리는 소셜 미디어 마케팅과 앱 내 마케팅 등 다양한 채널을 활용하여 젊은 고객층을 중심으로 높은 인지도를 확보하고 있습니다.

5. 고객 서비스

- 쿠팡 로켓프레시: 4점
- 마켓컬리: 5점

쿠팡 로켓프레시와 마켓컬리 모두 고객 만족도를 높이기 위한 다양한 서비스를 제공하고 있습니다. 그러나 마켓컬리는 친절하고 빠른 고객 서비스를 제공하여 고객의 불만사항 및 문의사항에 신속하게 대응하는 데 성공하고 있습니다.

6. 파트너 관리

- 쿠팡 로켓프레시: 4점
- 마켓컬리: 5점

쿠팡 로켓프레시와 마켓컬리 모두 다양한 생산자 및 제조업체와 파트너십을 맺고 있습니다. 그러나 마켓컬리는 생산자 및 제조업체와의 긴밀한 관계를 바탕으로 신선한 상품을 보다 안정적으로 수급하고 있으며, 이를 바탕으로 고객 만족도를 높이는 데 성공하고 있습니다.

위의 결과를 조금 더 보기 쉽게 표로 만들어볼까요? **"쿠팡 로켓프레시와 마켓컬리의 평가 결과를 쿠팡 로켓프레시 평가 점수, 마켓컬리 평가 점수, 쿠팡 로켓프레시에서 마켓컬리 점수의 차인 Gap을 넣어서 표로 만들어줘."**

핵심 역량	쿠팡 로켓프레시	마켓컬리	Gap
물류 시스템	5	4	+1
기술력	5	4	+1
상품 다양성	4	5	−1
마케팅 전략	4	5	−1
고객 서비스	4	5	−1
파트너 관리	4	5	−1

위 표를 보면, 쿠팡 로켓프레시는 물류 시스템, 기술력 측면에서 높은 점수를 받았으며, 상품 다양성, 마케팅 전략, 고객 서비스, 파트너 관리 측면에서는 마켓컬리가 높은 점수를 받았습니다. 쿠팡 로켓프레시와 마켓컬리 간의 평가 결과 차이는 대부분 1점 내외로, 두 회사 간에는 역량 차이가 크게 나지 않는 것으로 나타납니다.

다른 산업도 분석해볼까요? **"구글과 네이버 같은 검색 사이트의 핵심 역량에 대해 알려줘."**

구글과 네이버는 검색 엔진을 중심으로 다양한 인터넷 서비스를 제공하는 기업입니다. 각각의 핵심 역량은 다음과 같습니다.

1. 검색 알고리즘과 기술력

- 구글: 검색 알고리즘을 중심으로 다양한 기술력을 보유하고 있습니다. 예를 들어, 인공지능, 머신러닝, 자연어 처리NLP) 기술 등을 활용하여 검색 결과의 정확성을 높이는 데 많은 노력을 기울이고 있습니다.
- 네이버: 네이버는 구글과 유사한 검색 알고리즘 기술을 보유하고 있습니다. 특히, 한글 검색 기술을 보유하고 있어 국내 사용자들에게 더 정확한 검색 결과를 제공하는 데 능숙합니다.

2. 데이터 분석과 인사이트 도출 능력

- 구글: 구글은 다양한 데이터를 수집하고 분석하여 사용자의 검색 행동, 검색 시간, 검색 결과에 대한 클릭 등을 분석하여 정확한 검색 결과와 개인 맞춤형 광고를 제공합니다.

챗GPT 업무 사용 매뉴얼

- 네이버: 네이버는 구글과 유사하게 다양한 데이터를 수집하고 분석하여 사용자에게 최적의 검색 결과를 제공하는 데 집중하고 있습니다. 또한, 자사의 웹툰, 뉴스, 블로그 등 다양한 콘텐츠를 제공하며, 사용자의 검색 취향을 파악하여 맞춤형 콘텐츠를 제공하는 데 노력하고 있습니다.

3. 광고 효과 측정 및 분석 능력

- 구글: 구글은 자사의 광고 플랫폼인 구글 애드워즈를 통해 광고 효과를 측정하고 분석하는 능력을 보유하고 있습니다. 구글 애드워즈는 CPC(클릭당 비용) 모델을 사용하며, 검색어, 지역, 타깃 대상 등 다양한 광고 효과 측정 기능을 제공합니다.

- 네이버: 네이버는 광고 플랫폼인 네이버 애드포스트를 통해 광고 효과를 측정하고 분석하는 능력을 보유하고 있습니다. 네이버 애드포스트는 CPC 모델을 사용하며, 검색어, 지역, 타깃 대상 등 다양한 광고 효과 측정 기능을 제공합니다. 또한, 광고 클릭 수, 전환율, 광고 대비 매출 등 광고 효과를 측정하는 다양한 지표를 제공하여 광고주들이 광고 효과를 높이는 데 도움을 줍니다.

4. 다양한 콘텐츠 제공

- 구글: 구글은 유튜브를 비롯한 다양한 콘텐츠를 제공하며, 구글 검색 결과 페이지에서도 뉴스, 도서 등 다양한 정보를 제공합니다.

- 네이버: 네이버는 자사의 웹툰, 블로그, 카페, 뉴스 등 다양한 콘텐츠를 제공하며, 네이버 검색 결과 페이지에서도 뉴스, 쇼핑 등 다양한 정보를 제공합니다.

5. 글로벌 시장 진출

- 구글: 구글은 전 세계적으로 서비스를 제공하며, 글로벌 시장에서 큰 점유율을 보유하고 있습니다.
- 네이버: 네이버는 주로 국내 시장에 집중하고 있지만, 일부 지역에서는 서비스를 제공하고 있습니다.

따라서, 구글과 네이버의 핵심 역량을 간략히 살펴보면, 구글은 검색 알고리즘과 기술력, 데이터 분석과 인사이트 도출 능력, 광고 효과 측정 및 분석 능력, 다양한 콘텐츠 제공에서 높은 점수를 받은 것으로 나타납니다.

한편, 네이버는 구글과 유사한 검색 알고리즘과 기술력을 보유하고 있으며, 국내 사용자들에게 더 정확한 검색 결과를 제공하기 위해 한글 검색 기술을 발전시키고 있습니다. 또한, 다양한 콘텐츠를 제공하며 광고 효과 측정 및 분석 능력에서도 구글과 비슷한 성과를 보이고 있습니다.

이러한 역량들은 구글과 네이버가 각각 자사의 검색 엔진과 인터넷 서비스를 제공하는 데 있어서 중요한 경쟁력 요인으로 작용하고 있습니다.

챗GPT는 검색 알고리즘과 기술력, 데이터 분석과 인사이트 도출 능력 등의 핵심 역량을 제시해줬습니다. 질문을 계속 이어가볼까요?

"위의 5가지 핵심 역량별로 구글과 네이버의 역량 평가를 각각 5점 만점으로 해주고, 구글 평가 점수, 네이버 평가 점수, 구글에서 네이버 점수의 차인 Gap을 넣어서 표로 만들어줘."

핵심 역량	구글 평가 점수	네이버 평가 점수	Gap
검색 알고리즘과 기술력	5	4	+1
데이터 분석과 인사이트 도출 능력	5	4	+1
광고 효과 측정 및 분석 능력	5	4	+1
다양한 콘텐츠 제공	4	4	0
글로벌 시장 진출	5	3	+2

위 표에서 볼 수 있듯이, 구글과 네이버는 검색 알고리즘과 기술력, 데이터 분석과 인사이트 도출 능력, 광고 효과 측정 및 분석 능력에서는 유사한 역량을 보유하고 있지만, 글로벌 시장 진출 측면에서 구글이 더 높은 점수를 받았습니다. 이에 따라 구글은 24점, 네이버는 19점을 받았으며, 구글에서 네이버 점수와의 차이Gap는 5점으로 나타났습니다.

큰 차이는 나지 않지만, 전반적으로 구글이 높은 역량을 보유한 것으로 나타났습니다. 개인적으로는 다양한 콘텐츠 제공 역량은 네이버가 높아 보이는데 동일한 점수를 줬네요.

챗GPT 답변에서 확인해야 할 사항

챗GPT를 통한 자사와 경쟁사의 역량 차이 분석은 사람들에게 잘 알려진 기업에 대해서만 가능합니다. 인지도가 낮다면 챗GPT에게 물어봐도 잘못된 답변을 해줄 가능성이 높습니다. 그렇다고 학습을 시키기에는 한계가 있기 때문에 챗GPT는 산업별 필요 역량 등을 도출하는 데 집중적으로 활용하면 좋을 것 같습니다.

챗GPT 프롬프트 리스트

🗨 쿠팡, 마켓컬리 같은 배달 플랫폼 업체의 핵심 역량에 대해 알려줘.

🗨 위의 6가지 핵심 역량별로 쿠팡과 마켓컬리의 역량을 5점 만점으로 각각 평가해줘.

🗨 신선식품 배달 영역에 한정해서 위의 6가지 핵심 역량별로 쿠팡 로켓프레시와 마켓컬리의 역량을 5점 만점으로 각각 평가해줘.

🗨 쿠팡 로켓프레시와 마켓컬리의 평가 결과를 쿠팡 로켓프레시 평가 점수, 마켓컬리 평가 점수, 쿠팡 로켓프레시에서 마켓컬리 점수의 차인 Gap을 넣어서 표로 만들어줘.

5. 미래 전망 및 트렌드 파악

어떤 업무일까?

대내외 환경이 급변하면서 소비자들의 라이프스타일도 시시각각으로 달라지고 있습니다. 소비자들의 변화를 빠르게 파악해야 하는 상황에서 메가트렌드를 미리 파악해 앞으로의 사업 방향을 잡고 싶다면 어떻게 해야 할까요? 식품 유통 산업을 예로 들어보겠습니다.

어떤 질문을 해야 할까?

그냥 **"메가트렌드에 대해서 말해줘"**라고 챗GPT에게 물어보면 될까요? 메가트렌드의 개념을 정확하게 모르고 있다면 물어봐도 됩니다. 그러면 메가트렌드에 대해 챗GPT가 다음과 같이 대답해줄 거예요.

메가트렌드는 장기적인 기간 동안 사회, 경제, 문화 등 다양한 분야에서 영향력을 미치는 대규모의 변화를 의미합니다. 이러한 변화는 일반적으로 일상생활에서도 쉽게 확인할 수 있으며, 긴 시간 동안 지속되어 대규모 인프라 구축이나 새로운 시장 형성과 같은 큰 규모의 변화를 초래합니다. 대표적인 메가트렌드로는 인구 고령화, 기후 변화, 디지털화, 글로벌화, 도시화, 멀티컬처리즘 등이 있습니다. 이러한 메가트렌드는 기업이나 정책 결정자, 사회 전반에서 중요한 영향을 미치기 때문에 이를 미리 예측하여 대응하는 것이 중요합니다. 또한, 이러한 변화가 새로운 기회를 제공할 수도 있기 때문에 적극적으로 대처하여 새로운 비즈니스 모델을 개발하거나 새로운 시장을 개척하는 것도 중요합니다.

이번에는 시간 개념을 넣어봤습니다. **"2030년 미래 전망에 대해 말해줘."**

2030년 미래 전망은 다양한 요인에 따라 예측될 수 있으며, 이는 다양한 시나리오로 분석될 수 있습니다. 하지만 일부 전망은 다음과 같습니다.

1. 인구 고령화가 계속 진행될 것입니다. 2030년에는 세계 인구 중 60세 이상의 인구 비율이 더욱 높아질 것으로 예상됩니다. 이는 의료와 노인 복지 분야에서 새로운 기회를 제공할 수 있습니다.

2. 디지털 기술의 발전이 계속되어 산업 분야에서의 자동화와 인공지능 기술의 보급이 더욱 진전될 것입니다. 이는 노동 시장과 교육 분야에서 변화를 초래할 수 있습니다.

3. 지속 가능한 발전과 기후 변화 대응이 더욱 중요한 이슈가 될 것입니다. 에너지 분야에서의 신재생 에너지 확대와 탄소 배출 저감 등이 더욱 필

요해질 것으로 예상됩니다.

4. 인터넷과 모바일 기술이 더욱 발전하여, 글로벌 시장에서의 경쟁이 더욱 치열해질 것입니다. 이에 따라 기존 기업들은 디지털 기술의 수용과 창업가들은 새로운 비즈니스 모델을 개발하는 등 대응이 필요할 것입니다.

5. 도시화와 멀티컬처리즘이 더욱 진전될 것으로 예상됩니다. 이는 도시 인프라 개발과 다문화 교육 등의 분야에서 새로운 기회를 제공할 수 있습니다.

이러한 전망들은 미래에 대한 예측일 뿐이며, 실제로 어떻게 변화할지는 예측하기 어렵습니다. 따라서 기업과 개인 모두가 적극적으로 대처하고, 새로운 기회를 발견하고 대응하는 능력을 강화하는 것이 중요합니다.

이제야 우리가 원하는 메가트렌드에 대해 대답해주네요. 정리해보면 인구 고령화, 디지털 기술의 발전, 기후 변화 대응, 도시화와 멀티컬처리즘 등이라고 나옵니다. 식품 유통 산업으로 범위를 좁혀볼까요? **"식품 유통 회사의 2040년 미래 전망에 대해 말해줘."**

2040년 식품 유통 산업의 미래 전망은 다양한 요인에 따라 예측될 수 있으나, 몇 가지 예측이 있습니다.

1. AI 기술의 발전: 식품 유통 회사는 인공지능 기술을 활용하여 더욱 효율적인 생산과 유통 시스템을 구축할 것입니다. 인공지능 기술은 제조, 수집, 포장 및 배송 프로세스를 최적화하고, 생산 계획과 재고 수준을 예

측하여 비용을 절감하는 데 사용될 것입니다.

2. 지속 가능한 식품 생산 및 유통: 2040년에는 지구 온난화와 인구 증가에 대한 우려가 계속될 것입니다. 이를 고려하여 식품 유통 회사는 친환경적이고 지속 가능한 생산 및 유통 방식을 채택하여 고객들의 환경에 대한 관심과 요구에 부합할 것입니다.

3. 맞춤형 식품: 맞춤형 식품 생산 및 유통이 더욱 중요해질 것입니다. 식품 유통 회사는 인구 그룹 및 지역별로 맞춤형 식품을 제공하고, 건강한 식습관을 장려하는 데 노력할 것입니다.

4. 로봇 기술: 로봇 기술은 2040년에도 계속해서 적용될 것입니다. 로봇은 생산, 수집, 포장 및 배송 작업에서 더욱 많이 사용될 것입니다. 이는 인건비를 절감하고, 생산성과 효율성을 높이며, 작업 중 발생할 수 있는 위험을 줄일 수 있습니다.

이러한 전망들은 식품 유통 산업에 새로운 기회를 제공할 것입니다. 따라서 식품 유통 회사는 인공지능, 로봇 기술 및 지속 가능한 생산 방식을 적극적으로 도입하여 경쟁 우위를 유지하고, 고객들의 요구와 시장의 변화에 적극 대응할 필요가 있습니다.

식품 산업에 초점을 두어 AI 기술의 발전, 지속 가능한 식품 생산 및 유통, 맞춤형 식품, 로봇 기술을 말해줍니다.

만약 미래 전망을 파악하기 위한 나만의 관점을 적용하고 싶다면 어떻게 질문해야 까요? 예를 들어, 정치, 경제, 사회문화, 기술이라는 4가지 관점에서 알고 싶다면요. 다음과 같은 질문이 좋을 것 같습니다. **"식품 유통 산**

업의 미래 전망에 대해 정치, 경제, 사회문화, 기술 측면에서 말해줘."

식품 유통 산업의 미래 전망을 정치, 경제, 사회문화, 기술 측면에서 살펴
보면 다음과 같습니다.

1. 정치적 측면: 정치적 측면에서는 국제 무역 관계와 무역 협정이 식품 유
   통 산업에 큰 영향을 미칩니다. 미국과 중국의 무역 전쟁, 미국의 TPP
   탈퇴 등은 글로벌 식품 유통 산업에 영향을 미칠 수 있습니다. 또한, 국
   가별 농산물 생산 및 수요 변화에 따라 수입과 수출이 변동할 수 있습
   니다.

2. 경제적 측면: 경제적 측면에서는 산업 구조의 변화와 경쟁력이 중요합
   니다. 대규모 유통 업체가 중소 규모 업체를 대체하고 있으며, 농산물
   생산과 유통이 글로벌화되고 있습니다. 이러한 구조 변화와 함께 디지
   털 기술의 발전으로 인한 유통 채널의 변화가 예상됩니다.

3. 사회문화적 측면: 사회문화적 측면에서는 건강과 환경에 대한 관심이
   증가하고 있습니다. 소비자들은 건강한 식품과 지속 가능한 생산 방식
   을 요구하며, 식품 유통 산업은 이를 수용하고 반영해야 할 것입니다.

4. 기술적 측면: 기술적 측면에서는 인공지능, 빅데이터, 로봇 기술 등의
   발전이 식품 유통 산업에 큰 영향을 미칠 것으로 예상됩니다. 이러한
   기술들은 식품 생산과 유통에서 더욱 효율적이고 지속 가능한 방식을
   제공할 것입니다.

따라서, 식품 유통 산업은 정치, 경제, 사회문화, 기술 측면에서 다양한 요
소에 영향을 받으며, 이러한 변화와 함께 새로운 비즈니스 모델 및 서비스

를 개발하여 고객 요구에 대응해야 할 것입니다.

상사는 큰 틀에서의 변화보다는 비즈니스 모델에 대해 알고 싶어 할 수도 있습니다. 이럴 때는 **"식품 유통 산업의 비즈니스 모델 전망에 대해서 말해 줘"** 라고 물어보면 됩니다. 더 나아가 비즈니스 모델 전망 중 디지털에 관한 사항을 알고 싶다면 좀 더 구체적으로 **"식품 유통 산업의 온라인 디지털 비즈 니스 모델 전망에 대해서 말해줘"** 라고 질문하면 됩니다.

식품 유통 산업에서 온라인 디지털 비즈니스 모델의 전망은 계속해서 성 장할 것으로 예상됩니다. 몇 가지 예측은 다음과 같습니다.

1. 인터넷 쇼핑몰의 성장: 인터넷 쇼핑몰에서 식품 구매 비중이 더욱 높아 질 것입니다. 이는 COVID-19와 같은 전염병으로 인해 온라인 쇼핑이 보다 안전하고 편리하다는 인식이 더욱 확산되었기 때문입니다.

2. 슈퍼 앱의 발전: 슈퍼 앱은 모바일 기기에서 다양한 서비스를 제공하는 앱으로, 온라인 식품 주문, 배달, 결제 등을 한 번에 처리할 수 있습니 다. 슈퍼 앱의 활성화로 인해 소비자들은 보다 편리하고 빠른 서비스를 제공받을 것입니다.

3. 인공지능 기술의 활용: 인공지능 기술은 주문 예측, 재고 관리, 고객 관 리 등에서 활용될 것입니다. 인공지능 기술을 활용하면 비즈니스 프로 세스를 자동화하고, 정확한 데이터 분석을 통해 비즈니스 의사결정에 활용할 수 있습니다.

4. AR, VR 기술의 활용: AR, VR 기술은 고객들이 제품을 더욱 직관적으

로 확인할 수 있도록 도와주며, 식품 관련 정보를 제공함으로써 소비자 경험을 높일 수 있습니다.

5. 맞춤형 서비스: 인구 그룹 및 지역별로 맞춤형 식품을 제공하는 것이 더욱 중요해질 것입니다. 소비자들은 건강한 식습관을 장려하는 맞춤형 식품에 대한 관심이 높아지고 있기 때문입니다.

위와 같은 온라인 디지털 비즈니스 모델의 발전은 소비자들에게 더욱 편리하고 맞춤형 서비스를 제공할 수 있게 될 것입니다. (중략)

미래 전망을 물어봤으니 이제 우리가 뭘 해야 하는지에 대한 질문이 필요하겠죠? **"미래 식품 유통 산업에 있어 소비자들의 라이프스타일 변화를 고려해 어떤 대응이 필요한지 말해줘."**

미래 식품 유통 산업에서는 소비자들의 라이프스타일 변화를 고려하여 적극적인 대응이 필요합니다. 몇 가지 예측은 다음과 같습니다.

1. 건강한 식품 제공: 소비자들은 건강에 대한 관심이 높아지고 있으며, 이에 맞추어 건강한 식품을 제공하는 것이 필요합니다. 식품 유통 회사들은 더욱 자연스러운 원재료를 사용한 건강한 식품을 개발하고, 인구 그룹 및 지역별로 맞춤형 식품을 제공하여 건강한 식습관을 장려할 필요가 있습니다.

2. 다양한 식품 제공: 소비자들은 다양한 종류의 식품을 원하며, 이에 맞추어 다양한 식품 제공이 필요합니다. 식품 유통 회사들은 인구 그룹 및 지역별로 맞춤형 식품을 제공하고, 지속 가능한 식품 생산과 유통 방식

을 고려하여 다양한 식품을 제공할 필요가 있습니다.

3. 빠르고 편리한 서비스 제공: 소비자들은 빠르고 편리한 서비스를 원하며, 이에 맞추어 더욱 빠르고 편리한 서비스 제공이 필요합니다. 식품 유통 회사들은 슈퍼 앱, 음식 배달 등의 디지털화된 유통 채널을 개발하고, 로봇 기술을 활용하여 생산 및 유통 프로세스를 자동화하여 빠르고 효율적인 서비스를 제공할 필요가 있습니다.

4. 지속 가능한 식품 생산과 유통 방식: 소비자들은 지속 가능한 식품 생산과 유통 방식에 대한 관심이 높아지고 있으며, 이에 맞추어 지속 가능한 방식으로 식품을 생산하고 유통할 필요가 있습니다. 식품 유통 회사들은 지속 가능한 재배와 생산, 지역 맞춤형 식품 생산과 유통 능을 고려하여 더욱 친환경적이고 지속 가능한 방식으로 비즈니스를 운영할 필요가 있습니다. (중략)

건강하고 다양한 식품 제공, 빠르고 편리한 서비스 제공, 지속 가능한 식품 생산과 유통 방식을 제안하네요. 실무적으로 본다면 충분히 유용하지만, 보고서 작성 시에는 몇몇 키워드의 보완이 필요해 보입니다. 예를 들어 건강하고 다양한 식품이 구체적으로 어떤 내용인지를 알 수 있게 말이죠. 질문을 더해볼까요? **"위에서 말한 건강한 식품 제공이 무엇인지 좀 더 구체적으로 말해줘."**

건강한 식품 제공은 식품 유통 산업에서 매우 중요한 이슈 중 하나입니다. 건강한 식품은 인공적인 원재료나 첨가물이 없는 자연적인 원재료를 사용하여 생산된 식품으로, 인체에 유익한 영양소를 포함하고 있습니다.

건강한 식품 제공을 위해 식품 유통 회사들은 다양한 전략을 채택하고 있습니다. 일부 전략은 다음과 같습니다.

1. 유기농 식품: 유기농 식품은 화학 비료, 살충제, 제초제 등의 인공적인 농약 및 비료 사용을 배제하고, 대신 자연의 원리를 따르는 재배 방식을 적용하여 생산되는 식품입니다. 유기농 식품은 인체에 해로운 물질이 배제되어 있어 건강에 좋은 영향을 미칩니다.

2. 천연 식품: 천연 식품은 인공적인 원재료나 첨가물이 없는 자연적인 원재료를 사용하여 생산된 식품입니다. 천연 식품은 인체에 유익한 영양소를 포함하고 있으며, 인공적인 원재료나 첨가물이 사용되지 않아 건강에 좋은 영향을 미칩니다.

3. 비건 식품: 비건 식품은 동물성 원재료를 사용하지 않고, 식물성 원재료만을 사용하여 생산된 식품입니다. 비건 식품은 건강에 좋은 영향을 미치는 동시에 동물 복지와 환경 보호에 대한 인식이 높아지면서 인기가 높아지고 있습니다.

4. 기능성 식품: 기능성 식품은 인체에 유익한 영양소나 기능성 성분을 포함하고 있어 건강에 좋은 영향을 미칩니다. 예를 들어, 프로바이오틱스나 약용 식물 등이 이에 해당합니다.

이러한 건강한 식품 제공은 소비자들의 건강에 대한 관심이 높아지면서 식품 유통 산업에서 더욱 중요한 이슈가 되고 있습니다.

건강한 식품을 구체적인 키워드로 바꿀 수 있는 내용들을 말해주네요.

답변을 보면 '비건 식품'이 있는데 최근 트렌드와 부합하는 키워드이기 때문에 이 내용을 바탕으로 보고서를 좀 더 구체화시킬 수 있을 것 같습니다.

심플하게 키워드만 다르게 표현해볼 수는 없을까요? **"위에서 말한 건강한 식품이란 키워드를 좀 더 구체적이고 트렌디한 단어로 바꿔서 말해줘."**

건강한 식품을 좀 더 구체적이고 트렌디한 단어로 표현하면 '웰빙 푸드 wellness food' 또는 '기능성 식품 functional food' 등이 있습니다.

웰빙 푸드는 건강한 식습관을 지향하는 소비자들에게 건강과 웰빙을 도모할 수 있는 식품으로, 천연원료나 유기농 식품, 비건 식품, 기능성 식품 등이 해당됩니다.

기능성 식품은 특정 성분이나 영양소를 함유하여, 특정 건강 문제를 예방하거나 개선하는 기능이 있는 식품입니다. 예를 들어, 혈당 조절, 항산화, 면역력 강화, 다이어트 등에 효과적인 기능성 식품이 있습니다.

이러한 트렌디한 식품들은 소비자들의 건강에 대한 관심이 높아지면서, 식품 유통 산업에서 점차적으로 중요한 역할을 하고 있습니다. 따라서, 식품 유통 회사들은 이러한 트렌디한 식품들을 개발하고 제공하여 소비자들의 요구에 맞추어 경쟁력을 유지할 필요가 있습니다.

챗GPT 답변에서 확인해야 할 사항

챗GPT는 요약 정리에 강점이 있어 항상 몇 가지 관점으로 정리해 답을 해줍니다. 그런데 챗GPT의 관점은 실무적으로 봤을 때 수준이 낮을 수도 있습니다. 당연히 현재의 챗GPT는 만능이 아니기 때문에 '관점'을 사용자가 직접 설정한 후 챗GPT에게 물어보는 것이 좋습니다. 앞서 정치, 경제, 사회문화, 기술이라는 관점에서 물어봤던 것처럼 말이죠. 그렇게 질문하다 보면 내가 원하는 수준만큼의 결과를 얻을 수 있습니다.

챗GPT 프롬프트 리스트

- 메가트렌드에 대해서 말해줘.
- 2030년 미래 전망에 대해 말해줘.
- 식품 유통 회사의 2040년 미래 전망에 대해 말해줘.
- 식품 유통 산업의 미래 전망에 대해 정치, 경제, 사회문화, 기술 측면에서 말해줘.
- 식품 유통 산업의 비즈니스 모델 전망에 대해서 말해줘.
- 식품 유통 산업의 온라인 디지털 비즈니스 모델 전망에 대해서 말해줘.
- 미래 식품 유통 산업에 있어 소비자들의 라이프스타일 변화를 고려해 어떤 대응이 필요한지 말해줘.
- 위에서 말한 건강한 식품 제공이 무엇인지 좀 더 구체적으로 말해줘.
- 위에서 말한 건강한 식품이란 키워드를 좀 더 구체적이고 트렌디한 단어로 바꿔서 말해줘.

6. 국내외 기업 벤치마킹

어떤 업무일까?

벤치마킹은 어떤 업무 분야에서든 많이 합니다. 벤치마킹은 보통 대상 선정, 성공 요인 분석, 자사 적용의 형태를 많이 취하는데요. 국내 벤치마킹은 그나마 용이하지만 해외 벤치마킹은 대상 찾기도, 실제 내용 분석도 상대적으로 어렵습니다.

어떤 질문을 해야 할까?

신선식품 산업을 예시로 일반적인 벤치마킹 프로세스를 고려해 질문을 시작해보도록 하겠습니다. **"국내 신선식품 플랫폼 중에서 가장 성공한 사례에 대해 알려줘."**

국내 신선식품 플랫폼 중에서 가장 성공한 사례로는 '마켓컬리'가 있습니다. 마켓컬리는 2015년에 설립된 신선식품 전문 온라인 슈퍼마켓으로, 식자재를 직접 농가에서 수입하고 직접 물류센터에서 가공해 제품을 판매하는 모델을 채택하고 있습니다.

마켓컬리는 이러한 모델을 통해 높은 품질과 저렴한 가격의 제품을 제공하며, 다양한 신선식품 브랜드를 보유하고 있습니다. 또한, 소비자들의 니즈와 트렌드를 파악하고, 이에 맞춰 매주 새로운 상품을 출시하는 등 고객들의 만족도를 높이는 노력을 하고 있습니다.

마켓컬리는 이러한 전략을 통해 성장하며, 2020년 8월에는 코로나19로 인한 비대면 소비 증가와 함께 연간 매출 1조 원을 돌파하는 대규모 기업으로 성장하였습니다. 마켓컬리의 성공은 국내 신선식품 플랫폼 시장에서 가장 대표적인 사례 중 하나로 평가됩니다.

챗GPT는 가장 성공한 사례로 마켓컬리를 알려줍니다. 마켓컬리가 어떤 회사인지 간단한 소개와 기본 현황을 알려주고 있네요. 만약 여러분이 2~3개 이상의 사례를 찾고 싶거나 해외 사례를 찾고 싶다면 관련 내용을 넣어 물어보면 됩니다.

마켓컬리에 대한 기본적인 내용은 파악했습니다. 이제 우리가 같은 플랫폼 업체라고 가정하고 본격적으로 마켓컬리를 벤치마킹해볼까요? 먼저 마켓컬리의 핵심 경쟁력에 대해 물었습니다. **"우리는 국내 신선식품 플랫폼 운영 업체인데, 마켓컬리의 성공 요인에 대해 벤치마킹해줘."**

네, 마켓컬리의 성공 요인을 중심으로 벤치마킹을 해보겠습니다.

1. 높은 품질과 저렴한 가격

마켓컬리는 농가 직접 수입 및 가공으로 인한 중간 유통 비용의 절감과 대량 구매 등을 통해 높은 품질과 저렴한 가격의 제품을 제공합니다. 따라서, 국내 신선식품 플랫폼 운영 업체도 마켓컬리와 같이 직접 농가와 협력하여 높은 품질과 저렴한 가격의 상품을 제공하고, 고객 만족도를 높일 수 있습니다.

2. 다양한 신선식품 브랜드 보유

마켓컬리는 다양한 브랜드의 신선식품을 보유하고 있으며, 이를 통해 고객의 다양한 니즈와 취향을 충족시키고 있습니다. 따라서, 국내 신선식품 플랫폼 운영 업체도 다양한 신선식품 브랜드를 보유하여 고객들의 다양한 니즈와 취향을 충족시키는 전략을 추구할 수 있습니다.

3. 빠른 배송 및 고객 서비스

마켓컬리는 빠른 배송과 고객 서비스를 중요시하며, 주문 후 최대 2일 내 배송을 보장하고 있습니다. 또한, 고객들의 문의나 불만사항에 대해 빠르고 친절한 고객 서비스를 제공하여 고객 만족도를 높이고 있습니다. 따라서, 국내 신선식품 플랫폼 운영 업체도 빠른 배송 및 친절한 고객 서비스를 제공하여 고객 만족도를 높일 수 있습니다.

4. 마케팅 전략

마켓컬리는 다양한 마케팅 전략을 통해 고객들의 인식을 높이고, 이용자 수를 늘리고 있습니다. 예를 들어, 유튜버와의 콜라보레이션, SNS 마케팅, 이벤트 등을 활용하여 고객들의 인식을 높이고, 이용자 수를 늘리는 전략을 추구하고 있습니다. 따라서, 국내 신선식품 플랫폼 운영 업체도 다양한 마케팅 전략을 활용하여 고객 인식을 높이고 이용자 수를 늘리는 전략을 추진할 수 있습니다.

5. 편리한 앱/웹 서비스

마켓컬리는 편리한 앱/웹 서비스를 제공하여 고객들이 쉽게 상품을 검색하고 주문할 수 있도록 하고 있습니다. 또한, 다양한 결제 수단을 제공하여 고객들의 결제 편의성을 높이고 있습니다. 따라서, 국내 신선식품 플랫폼 운영 업체도 마켓컬리와 같이 편리한 앱/웹 서비스를 제공하여 고객들의 이용 편의성을 높일 수 있습니다.

위와 같은 마켓컬리의 성공 요인들은 국내 신선식품 플랫폼 운영 업체들이 벤치마킹하여 성장할 수 있는 좋은 모범 사례가 될 수 있습니다.

핵심 경쟁력 중 더 궁금한 사항(예를 들어 배송이나 서비스)이 있다면 **"빠른 배송 및 고객 서비스에 대해 더 구체적으로 알려줘"** 라고 물어보면 됩니다. 마켓컬리의 새벽배송을 알고 있다면 **"마켓컬리의 새벽배송의 강점이나 차별점을 알려줘"** 라고 질문해봐도 됩니다. 그러면 다음과 같이 알려줍니다.

마켓컬리의 새벽배송 서비스는 다음과 같은 강점이나 차별점을 가지고 있습니다:

1. 빠른 배송: 새벽배송 서비스는 오전 7시까지 주문한 상품은 당일 오전 7시부터 11시까지 배송됩니다. 따라서, 필요한 상품을 빠르게 받을 수 있습니다.

2. 편리한 배송: 새벽배송 서비스는 수령자의 편의를 고려하여 문 앞에 놓

고 갈 수 있습니다. 따라서, 받을 사람이 없거나 수령이 어려운 경우에도 쉽게 받을 수 있습니다.

3. 안전한 배송: 새벽배송 서비스는 전문적인 배송 팀이 직접 상품을 배송하며, 상품의 안전한 운송을 보장합니다.

4. 다양한 상품 선택: 마켓컬리의 새벽배송 서비스는 전 제품을 대상으로 가능하며, 생활용품, 식품, 음료 등 모든 종류의 상품을 주문할 수 있습니다.

5. 저렴한 배송비: 새벽배송 서비스는 일반 배송비와 차이가 없으며, 이용료도 추가되지 않습니다. 따라서, 빠른 배송을 원하는 고객들에게 매우 경제적인 선택입니다.

위와 같은 이유로 마켓컬리의 새벽배송 서비스는 많은 고객들에게 사랑받고 있으며, 온라인 쇼핑몰에서의 경쟁력을 높이고 있습니다.

특정 영역에 대한 벤치마킹을 진행한다면 그 영역에 대한 정보를 프롬프트에 함께 입력하면 됩니다. 예를 들어, 제품 포트폴리오와 고객 구성 측면에 대한 구체적인 답변을 원한다면 이렇게 질문해보세요. **"국내 신선식품 플랫폼 운영 업체인데, 마켓컬리의 제품 포트폴리오와 고객 구성 측면을 중심으로 벤치마킹해줘."**

네, 마켓컬리의 제품 포트폴리오와 고객 구성 측면을 중심으로 벤치마킹을 해보겠습니다.

1. 제품 포트폴리오

마켓컬리는 다양한 카테고리의 제품을 보유하고 있으며, 특히 신선식품 분야에서 다양한 상품을 제공하고 있습니다. 또한, 농가 직접 수입 및 가공으로 인한 중간 유통 비용의 절감과 대량 구매 등을 통해 높은 품질과 저렴한 가격의 제품을 제공하고 있습니다. 따라서, 국내 신선식품 플랫폼 운영 업체도 마켓컬리와 같이 다양한 카테고리와 제품을 보유하고, 고객들의 니즈와 취향에 맞는 상품을 제공하는 전략을 추구할 수 있습니다.

2. 고객 구성 측면

마켓컬리의 주요 고객층은 20대와 30대를 중심으로 합니다. 이는 마켓컬리가 다양한 SNS 채널을 활용하여 마케팅을 진행하며, 미각과 시각적 즐거움에 민감한 세대의 선호도에 맞추어 제품을 출시하기 때문입니다. 또한, 저렴하고 높은 품질의 제품을 선호하는 소비자들에게 인기가 있습니다. 따라서, 국내 신선식품 플랫폼 운영 업체도 마켓컬리와 같이 고객층의 선호도에 맞추어 제품을 출시하고, 고객들의 니즈와 취향을 파악하여 제품을 제공하는 전략을 추구할 수 있습니다.

위와 같은 마켓컬리의 제품 포트폴리오와 고객 구성 측면은 국내 신선식품 플랫폼 운영 업체들이 벤치마킹하여 성장할 수 있는 좋은 모범 사례가 될 수 있습니다.

기본적인 벤치마킹 사항 파악이 끝났다면 무엇을 해야 할까요? 적용 방안 관련 내용을 뽑아봐야겠죠? **"우리 회사는 국내 신선식품 플랫폼 운영 업체인데 마켓컬리 벤치마킹 내용 중 우리 회사에 적용할 수 있는 방안을 알려줘."**

네, 마켓컬리의 벤치마킹 내용 중 우리 회사에 적용할 수 있는 방안은 다음과 같습니다.

1. 농가 직접 수입 및 가공

마켓컬리는 농가 직접 수입 및 가공으로 인한 중간 유통 비용의 절감과 대량 구매 등을 통해 높은 품질과 저렴한 가격의 제품을 제공하고 있습니다. 따라서, 우리 회사도 농가 직접 수입 및 가공을 통해 중간 유통 비용을 절감하고, 고객들에게 높은 품질과 저렴한 가격의 제품을 제공하는 전략을 추구할 수 있습니다.

2. 다양한 제품 포트폴리오

마켓컬리는 다양한 카테고리와 제품을 보유하고 있으며, 특히 신선식품 분야에서 다양한 상품을 제공하고 있습니다. 따라서, 우리 회사도 다양한 카테고리와 제품을 보유하고, 고객들의 니즈와 취향에 맞는 상품을 제공하는 전략을 추구할 수 있습니다.

3. 고객 경험 개선

마켓컬리는 빠른 배송과 친절한 고객 서비스를 제공하여 고객 경험을 개선하고 있습니다. 따라서, 우리 회사도 빠른 배송 및 친절한 고객 서비스를 제공하여 고객 경험을 개선하는 전략을 추구할 수 있습니다.

4. 디지털 마케팅 전략

마켓컬리는 다양한 디지털 마케팅 전략을 활용하여 고객들의 인식을 높이고 이용자 수를 늘리고 있습니다. 예를 들어, 유튜버와의 콜라보레이션, SNS 마케팅, 이벤트 등을 활용하고 있습니다. 따라서, 우리 회사도 다양한 디지털 마케팅 전략을 활용하여 고객들의 인식을 높이고 이용자 수를 늘리는 전략을 추진할 수 있습니다.

5. 앱/웹 서비스 개선

마켓컬리는 편리한 앱/웹 서비스를 제공하여 고객들이 쉽게 상품을 검색하고 주문할 수 있도록 하고 있습니다. 따라서, 우리 회사도 편리한 앱/웹 서비스를 제공하여 고객들이 쉽게 주문할 수 있도록 하는 것이 중요합니다.

위와 같은 방안을 적용하여 우리 회사도 마켓컬리와 같은 성공을 거둘 수 있습니다. 하지만, 우리 회사의 특성에 따라 적합한 전략을 선택하고 실행해 나가는 것이 중요합니다. 그리고 이를 위해서는 경쟁 업체들과의 차별화된 전략을 수립하고, 고객들의 니즈와 취향을 정확하게 파악하는 것이 필요합니다.

경쟁 플랫폼 업체를 벤치마킹할 수 있는 사항을 알려주네요. 특히 고객 경험 개선, 디지털 마케팅 전략이 눈에 띕니다. 만약 여러분의 회사가 디지털 고객 경험 역량이 부족하다면 마켓컬리의 어떤 강점을 적용해 보완할 수 있는지 물어보면 구체적인 답을 얻을 수 있습니다.

해외쪽은 어떨까요? **"해외 신선식품 플랫폼 중에서 가장 성공한 사례에 대해 알려줘."**

해외 신선식품 플랫폼 중에서 가장 성공한 사례는 아마존의 '아마존 프레시Amazon Fresh'입니다. 아마존 프레시는 2007년에 미국 시애틀에서 시작되었으며, 현재는 미국과 영국 등 전 세계적으로 서비스를 제공하고 있습니다.

아마존 프레시는 주로 생선, 고기, 채소, 과일 등의 신선식품과 식료품을 전문적으로 취급하고 있으며, 고객들에게 빠르고 편리한 배송 서비스를 제공하고 있습니다. 또한, 고객의 이용 패턴과 취향을 분석하여 맞춤형 상품 추천 서비스를 제공하고 있어 고객 만족도가 높습니다.

아마존 프레시는 아마존의 인프라와 기술력을 활용하여 신속한 배송과 상품 제공, 고객 데이터를 기반으로 한 맞춤형 서비스 제공 등을 구현하고 있습니다. 이러한 성공 요인은 해외 신선식품 플랫폼 운영 업체들이 참고할 만한 좋은 모범 사례가 될 수 있습니다.

바로 **"아마존 프레시를 벤치마킹해서 우리 회사에 적용할 수 있는 방안을 알려줘"**라고 물어봤습니다. 동일한 창에서 계속 질문했기 때문에 따로 신선식품 플랫폼이라는 조건을 입력하지는 않았습니다. 그 결과 마켓컬리의 내용과 달리 맞춤형 상품 추천 서비스 적용이란 항목이 제시되었습니다.

네, 아마존 프레시의 성공 요인을 참고하여 우리 회사에 적용할 수 있는 방안은 다음과 같습니다.

1. 높은 품질과 저렴한 가격의 제품 제공

아마존 프레시는 농가 직접 수입 및 대량 구매 등을 통해 높은 품질과 저렴한 가격의 제품을 제공하고 있습니다. 따라서, 우리 회사도 농가 직접 수입 및 가공을 통해 중간 유통 비용을 절감하고, 고객들에게 높은 품질과 저렴한 가격의 제품을 제공하는 전략을 추구할 수 있습니다.

2. 빠른 배송 서비스 제공

아마존 프레시는 빠른 배송 서비스를 제공하여 고객들이 상품을 신속하게 받을 수 있도록 하고 있습니다. 따라서, 우리 회사도 빠른 배송 서비스를 제공하여 고객들이 상품을 신속하게 받을 수 있도록 하는 것이 중요합니다.

3. 맞춤형 상품 추천 서비스 제공

아마존 프레시는 고객의 이용 패턴과 취향을 분석하여 맞춤형 상품 추천 서비스를 제공하고 있어 고객 만족도가 높습니다. 따라서, 우리 회사도 고객의 이용 패턴과 취향을 분석하여 맞춤형 상품 추천 서비스를 제공하여 고객 만족도를 높이는 전략을 추구할 수 있습니다.

4. 디지털 마케팅 전략

아마존 프레시는 다양한 디지털 마케팅 전략을 활용하여 고객들의 인식을 높이고 이용자 수를 늘리고 있습니다. 따라서, 우리 회사도 다양한 디지털 마케팅 전략을 활용하여 고객들의 인식을 높이고 이용자 수를 늘리는 전략을 추진할 수 있습니다.

5. 앱/웹 서비스 개선

아마존 프레시는 편리한 앱/웹 서비스를 제공하여 고객들이 쉽게 상품을 검색하고 주문할 수 있도록 하고 있습니다. 따라서, 우리 회사도 편리한 앱/웹 서비스를 제공하여 고객들이 쉽게 주문할 수 있도록 하는 것이 중요합니다.

6. 브랜드 인지도 높이기

아마존은 전 세계적으로 높은 브랜드 인지도를 가지고 있습니다. 이는 다양한 마케팅 전략과 브랜드 이미지를 효과적으로 구축하여 얻은 것입니다. 따라서, 우리 회사도 브랜드 인지도를 높이기 위해 다양한 마케팅 전략과 브랜딩을 신중하게 구성하고 실행하는 것이 중요합니다.

위와 같은 방안을 적용하여 우리 회사도 아마존 프레시와 같은 성공을 거둘 수 있습니다. 하지만, 우리 회사의 특성에 따라 적합한 전략을 선택하고 실행해 나가는 것이 중요합니다. 그리고 이를 위해서는 경쟁 업체들과의 차별화된 전략을 수립하고, 고객들의 니즈와 취향을 정확하게 파악하는 것이 필요합니다.

최근에는 이종 업체 벤치마킹이 유행하고 있는데, 챗GPT에게 한번 물어볼까요? **"테슬라를 벤치마킹해서 우리 회사에 적용할 수 있는 방안을 알려줘."**

네, 테슬라의 성공 요인을 참고하여 우리 회사에 적용할 수 있는 방안은 다음과 같습니다.

1. 고객 중심의 제품 개발

테슬라는 고객들의 니즈와 취향에 맞는 차량을 개발하여, 많은 고객들의 관심을 받고 있습니다. 따라서, 우리 회사도 고객들의 니즈와 취향을 정확하게 파악하여, 고객 중심의 제품을 개발하는 것이 중요합니다.

2. 지속 가능한 제품 라인업

테슬라는 전기차를 주력으로 하고 있으며, 지속 가능한 제품 라인업을 제공하고 있습니다. 우리 회사도 환경 보호를 고려한 지속 가능한 제품 라인업을 제공하는 것이 중요합니다.

3. 혁신적인 기술 활용

테슬라는 자율주행 기술, 배터리 기술 등의 혁신적인 기술을 적극적으로 활용하여, 차량의 성능과 기능을 향상시키고 있습니다. 우리 회사도 혁신적인 기술을 적극적으로 도입하여, 제품의 성능과 기능을 향상시키는 것이 중요합니다.

4. 디지털 마케팅 전략

테슬라는 디지털 마케팅 전략을 효과적으로 활용하여, 고객들의 인식을 높이고 이용자 수를 늘리고 있습니다. 우리 회사도 다양한 디지털 마케팅 전략을 활용하여, 고객들의 인식을 높이고 이용자 수를 늘리는 전략을 추진할 수 있습니다.

5. 고품질의 서비스 제공

테슬라는 고품질의 서비스를 제공하여, 고객들의 만족도를 높이고 있습니다. 우리 회사도 고품질의 서비스를 제공하여, 고객들의 만족도를 높이는 것이 중요합니다.

6. 전략적인 파트너십 구축

테슬라는 다양한 파트너십을 통해, 차량의 성능과 기능을 향상시키고 있습니다. 우리 회사도 전략적인 파트너십을 구축하여, 제품의 성능과 기능을 향상시키는 것이 중요합니다.

위와 같은 방안을 적용하여 우리 회사도 테슬라와 같은 성공을 거둘 수 있습니다. 하지만, 우리 회사의 특성에 따라 적합한 전략을 선택하고 실행해 나가는 것이 중요합니다. 그리고 이를 위해서는 경쟁 업체들과의 차별화된 전략을 수립하고, 고객들의 니즈와 취향을 정확하게 파악하는 것이 필요합니다. 또한, 차별화된 제품과 서비스를 제공하는 것이 경쟁력을 확보하는 데 중요합니다. 이를 위해 우리 회사는 끊임없이 고객과 소통하고, 변화하는 시장환경에 적극 대응하는 것이 필요합니다.

테슬라 벤치마킹 결과, 고객 중심의 제품 개발, 혁신적인 기술 활용, 전략적인 파트너십 구축이 동종 업체 벤치마킹 내용과 다릅니다. 만약 여러분이 실제로 이 내용을 적용해본다면 혁신적인 결과물을 얻을 수 있지 않을까요?

간단히 벤치마킹을 해봤는데, 벤치마킹의 궁극적인 목적인 제품이나 서비스 개선 혹은 혁신에 있어서 짧은 기간 내에 좋은 성과를 얻을 수 있을 것 같습니다. 자료를 찾느라 많은 시간을 소비할 필요도 없고요.

챗GPT 답변에서 확인해야 할 사항

챗GPT는 벤치마킹 및 우수 사례를 찾는 일도 잘합니다. 특히 잘 모르는 해외 업체를 찾을 때는 더 유용합니다. 또한 짧은 시간 안에 핵심 사항만 빨리 파악해서 정말 필요한 부분을 분석하는 데 집중할 수도 있습니다. 만약 여러분이 벤치마킹 시 챗GPT를 활용한다면 우리 회사의 약점이 무엇인지 파악해 그 부분을 집중적으로 챗GPT를 통해 알아내면 좋을 것 같습니다.

챗GPT 프롬프트 리스트

📧 국내 신선식품 플랫폼 중에서 가장 성공한 사례에 대해 알려줘.

- 국내 신선식품 플랫폼 운영 업체인데, 마켓컬리의 성공 요인에 대해 벤치마킹해줘.
- 빠른 배송 및 고객 서비스에 대해 더 구체적으로 알려줘.
- 마켓컬리의 새벽배송의 강점이나 차별점을 알려줘.
- 국내 신선식품 플랫폼 운영 업체인데 마켓컬리의 제품 포트폴리오와 고객 구성 측면을 중심으로 벤치마킹해줘.
- 국내 신선식품 플랫폼 운영 업체인데 마켓컬리 벤치마킹 내용 중 우리 회사에 적용할 수 있는 방안을 알려줘.
- 해외 신선식품 플랫폼 중에서 가장 성공한 사례에 대해 알려줘.
- 아마존 프레시를 벤치마킹해서 우리 회사에 적용할 수 있는 방안을 알려줘.
- 테슬라를 벤치마킹해서 우리 회사에 적용할 수 있는 방안을 알려줘.

Chat GPT

7. 신사업 아이디어 탐색 및 예상 매출 분석

어떤 업무일까?

수많은 스타트업이 다양한 아이디어를 가지고 사업을 시작하는 반면, 대기업들은 새로운 사업 아이디어를 찾는 데 어려움을 겪고 있습니다. 그렇다면 새로운 제품이나 서비스 아이디어를 어떻게 찾아봐야 할까요?

어떤 질문을 해야 할까?

학생 대상 교육 콘텐츠를 제공하는 회사라고 가정하고 우선 챗GPT에게 **"콘텐츠 관련 새로운 사업 아이디어를 알려줘"**라고 물어봤습니다. 너무 뻔한 아이디어들이 나올 수 있기 때문에 타깃과 서비스를 한정시키지는 않았습니다.

1. AI 기반의 콘텐츠 추천 서비스: 고객의 관심사와 선호도를 분석해 AI 알

고리즘이 최적화된 콘텐츠를 추천하는 서비스를 제공하는 것입니다. 이를 통해 고객이 보다 개인화된 콘텐츠를 쉽게 찾을 수 있게 됩니다.

2. 가상 현실 VR 콘텐츠 제작: VR 기술을 활용해 다양한 분야에서 새로운 콘텐츠를 제작하는 것입니다. 예를 들어, VR 게임, 교육용 VR 콘텐츠, VR 드라마 등이 있습니다.

3. 멀티미디어 콘텐츠 제작: 텍스트, 사진, 동영상, 오디오 등 다양한 형식의 콘텐츠를 활용해 다양한 분야에서 새로운 콘텐츠를 제작하는 것입니다. 예를 들어, 인터넷 방송, 스트리밍 서비스, 모바일 앱, 블로그, SNS 등에서 다양한 멀티미디어 콘텐츠를 제작할 수 있습니다.

4. 디지털 콘텐츠 라이선싱: 이미 존재하는 디지털 콘텐츠(영화, 드라마, 만화 등)의 라이선싱을 통해 새로운 비즈니스를 시작하는 것입니다. 이를 통해 이미 인기 있는 콘텐츠를 활용해 새로운 시장을 개척할 수 있습니다.

5. 콘텐츠 마케팅: 다양한 형태의 콘텐츠를 활용해 제품이나 서비스를 홍보하는 것입니다. 예를 들어, 블로그, 유튜브, SNS 등에서 제품이나 서비스를 소개하는 콘텐츠를 제작하고, 이를 통해 고객을 유치하고 브랜드 인지도를 높일 수 있습니다.

AI 기반의 콘텐츠 추천 서비스부터 디지털 콘텐츠 라이선싱까지 콘텐츠 업계에서 많이 언급되는 신사업 아이디어를 제시해주네요.

이번에는 조금 더 구체적인 아이디어를 얻기 위해 우리가 어떤 회사라는 것을 알려주고 신사업 아이디어를 물어봤습니다. **"우리 회사는 학생들 대상 온라인 교육 콘텐츠를 제공하는 회사야. 새로운 사업으로 뭘 하면 좋을까?"**

1. 학습 데이터 분석 솔루션: 회사에서 제공하는 교육 콘텐츠를 바탕으로, 학습자의 학습 패턴과 성취도를 분석하고, 이를 바탕으로 개인 맞춤형 학습 추천 및 학습 효과 향상을 위한 개선안을 제공하는 솔루션을 개발하는 것이 좋을 수 있습니다.

2. VR/AR 교육 콘텐츠 개발: 가상 현실 VR이나 증강 현실 AR 기술을 활용한 교육 콘텐츠를 개발하여 학생들이 더욱 생생하고 실감 나는 경험을 할 수 있도록 하는 것입니다. 예를 들어, 역사, 과학, 예술 등 다양한 분야에서 활용 가능합니다.

3. 공동 학습 플랫폼 개발: 학생들끼리 서로 공부하고 소통할 수 있는 플랫폼을 개발하여, 학생들의 학습을 적극적으로 돕는 것입니다. 학생들끼리 Q&A나 토론 등을 할 수 있는 기능을 제공하면, 학생들이 서로 도움을 받으며 더욱 성장할 수 있습니다.

4. 모바일 학습 앱 제공: 학생들이 언제 어디서든 학습할 수 있는 모바일 학습 앱을 제공하는 것입니다. 영어 회화나 수학 문제 풀이 등 학습에 필요한 다양한 콘텐츠를 앱에서 제공하고, 학생들의 학습 현황을 관리하는 기능을 제공합니다.

5. 블록체인 기술 활용 학습 인증 시스템 개발: 블록체인 기술을 활용하여 학생들의 학습 인증을 간편하게 관리하고, 학생들의 학습 역량을 인증할 수 있는 시스템을 개발하는 것입니다. 학생들이 학습한 내용을 인증하고, 이를 토대로 취업 시 자격증 대신 인증서를 제출할 수 있도록 돕습니다.

앞선 질문에 대한 답보다는 조금 더 구체적인 사업 아이디어를 보여주네요. 모바일 학습 앱은 현시점에서 보면 뻔한 내용이긴 하지만 다른 아이디어들은 고민해볼 수 있는 것들입니다.

신사업 아이디어는 고객, 역량 등을 기반으로 해야 합니다. 그래서 이번에는 현재 우리의 고객을 확장시킨다는 측면에서 질문을 던져봤습니다. **"만약 우리가 성인용 교육 콘텐츠를 제공하려고 한다면, 어떤 사업을 하는 게 좋을까?"**

성인용 교육 콘텐츠를 제공하려면 다음과 같은 사업을 고려할 수 있습니다.

1. 직무 교육 콘텐츠 제공: 성인들이 자신의 직무를 수행하기 위해 필요한 기술, 지식, 노하우 등을 제공하는 콘텐츠를 제공하는 것입니다. 예를 들어, 경영 전략, 마케팅 전략, 코딩 기술, 금융 지식 등 다양한 분야의 직무 교육 콘텐츠를 제공할 수 있습니다.

2. 외국어 교육 콘텐츠 제공: 성인들이 외국어를 습득하기 위해 필요한 콘텐츠를 제공하는 것입니다. 예를 들어, 영어, 중국어, 일본어, 스페인어 등 다양한 언어의 교육 콘텐츠를 제공할 수 있습니다.

3. 자기계발 교육 콘텐츠 제공: 성인들이 자신의 삶에서 발전하고 성장하기 위해 필요한 콘텐츠를 제공하는 것입니다. 예를 들어, 인간관계, 건강관리, 금융 관리, 스트레스 관리 등 다양한 분야의 자기계발 교육 콘텐츠를 제공할 수 있습니다.

4. 실무 교육 콘텐츠 제공: 성인들이 실무에서 필요한 기술, 지식, 노하우 등을 제공하는 콘텐츠를 제공하는 것입니다. 예를 들어, 컴퓨터 그래픽

스, 웹 디자인, 콘텐츠 제작, 사무관리 등 다양한 분야의 실무 교육 콘텐츠를 제공할 수 있습니다.

5. 전문직 교육 콘텐츠 제공: 성인들이 전문직으로 성장하기 위해 필요한 콘텐츠를 제공하는 것입니다. 예를 들어, 변호사, 회계사, 의사, 치과의사, 간호사, 부동산 중개인 등 전문직에 필요한 교육 콘텐츠를 제공할 수 있습니다.

직무 교육 콘텐츠, 외국어 교육 콘텐츠 등을 제시해줍니다. AI나 빅데이터 등을 활용한 사업 아이디어를 바로 제시해주지는 못하네요. 그래서 또 다른 관점에서 물어봤습니다. **"우리 회사는 AI 기반 솔루션을 보유하고 있는데, 이런 역량을 고려했을 때 학생 대상 신사업은 뭐가 있을까?"**

회사가 보유하고 있는 AI 기반 솔루션 역량을 활용하여 학생 대상 신사업을 개발하려면 다음과 같은 아이디어가 있을 수 있습니다.

1. AI 학습 콘텐츠 플랫폼: 기존의 학습 콘텐츠를 AI 기술을 활용하여 맞춤형으로 제공하는 플랫폼을 개발하는 것입니다. 학습자의 수준, 관심사, 성향 등을 파악하여 최적의 학습 경로를 제공하고, 학습자의 학습 결과에 따라 적절한 피드백을 제공할 수 있습니다.

2. AI 스피치 트레이닝 서비스: AI 기술을 활용하여 영어나 외국어 발음을 개선하는 서비스를 제공하는 것입니다. 학습자의 발음을 AI 기술로 분석하고, 개선할 부분을 제시하고, 실시간으로 피드백을 제공합니다.

3. AI 대화형 교육 로봇: 학습자들이 대화를 하면서 언어 실력을 향상시킬

수 있는 로봇을 개발하는 것입니다. 로봇은 학습자와 대화를 나누며, 학습자의 발음, 억양 등을 분석하여 개선할 부분을 제시하고, 실시간으로 피드백을 제공할 수 있습니다.

4. AI 기반 문제 해결 콘텐츠: AI 기술을 활용하여 학습자들이 풀어야 할 문제를 자동으로 생성하는 콘텐츠를 개발하는 것입니다. 학습자의 수준에 맞게 문제를 생성하고, 학습자의 답변을 분석하여 적절한 피드백을 제공할 수 있습니다.

위와 같은 학생 대상 신사업들은 회사가 보유하고 있는 AI 기술을 활용하여 새로운 비즈니스 모델을 만들 수 있는 가능성이 높은 아이디어입니다. 그러나, 세부적인 아이디어를 발전시키기 위해서는 시장조사와 고객 요구사항 파악, 기술적인 측면에서의 실현 가능성 검토 등을 통해 충분한 분석과 검증이 필요합니다.

이번에는 앞서 봤던 사업 아이디어와는 달리 AI 학습 콘텐츠 플랫폼, 스피치 트레이닝 서비스, 대화형 교육 로봇까지 조금 더 다양한 아이디어를 보여줍니다.

최근 가장 뜨거운 이슈인 디지털 전환에 대해서도 물어봤습니다. **"우리 회사는 전국에 오프라인 거점을 보유하고 있는데, 디지털 시대에 이런 오프라인 거점을 활용한 학생 대상 교육 콘텐츠 관련 디지털 비즈니스 모델은 없을까?"**

전국적으로 오프라인 거점을 보유하고 있는 회사가 디지털 시대에 적극적으로 디지털 비즈니스 모델을 활용할 수 있는 방법은 다양합니다. 이를 학생 대상 교육 콘텐츠와 결합하여 새로운 디지털 비즈니스 모델을 제시해볼 수 있습니다.

1. 학습 데이터 분석 기술 활용: 회사가 보유하고 있는 오프라인 거점에서 수집되는 학생 데이터를 분석하여 맞춤형 교육 콘텐츠를 개발하거나, 학생들의 학습 상황을 파악하여 학습 경로를 개선하는 등의 서비스를 제공할 수 있습니다.

2. 디지털 콘텐츠와의 연계: 오프라인 거점에서 제공되는 교육 콘텐츠를 디지털 콘텐츠와 연계하여 제공할 수 있습니다. 예를 들어, 학생들은 오프라인 거점에서 수업을 듣고, 디지털 콘텐츠를 활용하여 복습을 할 수 있습니다.

3. AI 기술 활용: AI 기술을 활용하여 학생들의 학습 상황을 파악하고, 맞춤형 피드백을 제공하는 서비스를 개발할 수 있습니다. 예를 들어, 학생들이 오프라인 거점에서 수업을 듣는 동안 AI 기술을 활용하여 학습 상황을 분석하고, 디지털 콘텐츠를 활용하여 개별적인 맞춤형 학습 경로를 제공할 수 있습니다.

4. VR/AR 콘텐츠 제공: 오프라인 거점에서 제공되는 교육 콘텐츠와 VR/AR 콘텐츠를 결합하여 제공할 수 있습니다. 예를 들어, 학생들은 오프라인 거점에서 수업을 듣고, VR/AR 콘텐츠를 활용하여 보다 생생한 학습 경험을 누릴 수 있습니다.

오프라인 거점에서 나오는 다양한 데이터나 콘텐츠를 활용한 비즈니스 모델 아이디어를 제시해줍니다. 신사업 아이디어가 아이디어로만 끝나면 안 되겠죠? 만약 실행한다고 했을 때 어떤 것을 가장 먼저 해봐야 하는지 궁금해집니다. 그래서 **"우리 회사는 학생들 대상 온라인 교육 콘텐츠를 제공하는 회사야. 새로운 사업으로 뭘 하면 좋을까?"**에 대한 챗GPT의 답변에 연속으로 **"이 중에서 한국 시장에서 가장 먼저 해봐야 할 사업은 뭔지 우선순위를 설정해서 알려줘"**라고 물어봤습니다. 그랬더니 모바일 학습 앱 제공, 학습 데이터 분석 솔루션, VR/AR 교육 콘텐츠 개발, 블록체인 기술 활용 학습 인증 시스템 개발, 공동 학습 플랫폼 개발 순으로 우선순위가 바뀝니다.

여기서 한발 더 나아가봤습니다. **"신사업으로서 학습 데이터 분석 솔루션 시장 규모와 성장률에 대해 알려줘."**

학습 데이터 분석 솔루션 시장은 교육 분야에서 빠르게 성장하고 있습니다. IDC(국제 데이터 코퍼레이션)에 따르면, 2020년 글로벌 교육 시장에서 학습 분석 솔루션 시장 규모는 10억 달러 이상이며, 2021년부터 2025년까지 연평균성장률CAGR은 24.5%로 예상됩니다. 이는 디지털 교육이 확대되고 개인 맞춤형 학습 수요가 증가함에 따라 학습 데이터 분석 솔루션의 수요도 증가하고 있기 때문입니다.

또한, 한국 교육 시장에서도 학습 데이터 분석 솔루션 시장이 성장하고 있습니다. 한국 교육부가 공식적으로 교육 데이터 활용을 적극 권장하고 있고, 학습 데이터 분석 솔루션에 대한 수요도 높아지고 있기 때문입니다. 한국 정보통신산업진흥원 KISDI은 2020년 학습 분석 솔루션 시장 규모가 14억 6천만 원이며, 2025년까지 연평균성장률CAGR이 16.1%로 예상된다고 보고하고 있습니다.

따라서, 학습 데이터 분석 솔루션 시장은 글로벌적으로 큰 성장세를 보이고 있으며, 한국에서도 지속적인 성장이 예상되기 때문에, 새로운 사업 기회를 모색할 수 있는 분야 중 하나입니다.

챗GPT 스스로 판단해 글로벌 시장과 한국 시장을 비교해 같이 알려주네요. 확실히 기존에 했던 질문에 대한 학습이 이루어진 것 같습니다.

"학습 데이터 분석 솔루션 시장 진입 시, 일반적으로 예상되는 매출 규모와 손익분기점 달성 시점은 언제가 될까?"라고 물어보니 챗GPT는 구체적인 내용은 제시하지 못했습니다. 그래서 질문을 달리 해봤는데요. **"학습 분석 솔루션 사업에 향후 5년간 1,000억 원을 투자한다고 했을 때의 예상 매출과 영업이익을 알려줘."**

학습 분석 솔루션 사업에 5년간 1,000억 원을 투자한다고 가정하면, 다음과 같은 예상 매출과 영업이익이 있을 수 있습니다.

매출 예상
- 첫해(1년 차) : 200억 원
- 둘째 해(2년 차) : 350억 원
- 셋째 해(3년 차) : 500억 원
- 넷째 해(4년 차) : 700억 원
- 다섯째 해(5년 차) : 950억 원

영업이익 예상

- 첫해(1년 차) : 40억 원
- 둘째 해(2년 차) : 70억 원
- 셋째 해(3년 차) : 100억 원
- 넷째 해(4년 차) : 140억 원
- 다섯째 해(5년 차) : 190억 원

이러한 예상 매출과 영업이익은 학습 분석 솔루션 사업을 통해 창출될 수 있는 수익의 예상치이며, 실제로는 시장 환경, 경쟁 상황, 기술 발전 속도 등에 따라 예측치와 차이가 있을 수 있습니다. 따라서, 실제 사업을 추진하기에 앞서 세부적인 시장조사와 사업 모델 검증 등의 분석과 검토가 필요합니다.

(어떤 가정을 가지고 계산했는지는 모르겠지만) 챗GPT는 구체적인 수치를 제시해줍니다. 하지만 실제 업무에서 우리는 이 수치를 함부로 활용해서는 안 됩니다. 어떤 근거나 가정이 없기 때문입니다. 그래서 예상 매출과 영업이익에 대한 근거 혹은 가정이 뭔지 물어봤습니다.

위에서 제시한 예상 매출과 영업이익은 일반적인 시장 규모와 성장률, 그리고 해당 기업의 성과와 경험 등을 고려하여 대략적으로 추정한 예상치입니다. 이를 위해서는 다음과 같은 가정과 근거가 있을 수 있습니다.
- 시장 성장률: 학습 분석 솔루션 시장의 성장률은 최근 5년간 연평균 20% 이상으로 성장하고 있으며, 앞으로도 지속적인 성장이 예상됩니다. 이는 기업들이 빅데이터와 인공지능 기술을 활용한 학습 분석 솔루

션에 대한 수요가 높아지고 있기 때문입니다.

- 시장 규모: 학습 분석 솔루션 시장의 규모는 매년 확대되고 있으며, 5년 간 약 2조 원 이상의 규모가 될 것으로 예상됩니다. 이는 국내외 기업들 이 학습 분석 솔루션을 활용한 새로운 비즈니스 모델을 개발하고 있는 데에 기인합니다.

- 경쟁 상황: 학습 분석 솔루션 시장은 경쟁이 치열하게 이루어지고 있으 며, 대다수의 기업들이 고품질의 솔루션을 제공하고 있습니다. 따라서, 기업들은 기술력과 서비스의 차별화를 통해 경쟁우위를 확보해야 합 니다.

- 기업의 역량: 학습 분석 솔루션 사업에 투자하는 기업은 이미 AI 분야에 서 기술력과 경쟁력을 갖춘 기업으로 가정합니다. 따라서, 이러한 기업 이 학습 분석 솔루션 사업을 추진할 경우, 신규 기술 개발과 기존 기술 의 활용 등을 통해 경쟁우위를 확보할 수 있을 것으로 기대됩니다.

이러한 가정과 근거를 기반으로, 예상 매출과 영업이익을 계산할 수 있습 니다. 그러나, 실제 수익은 시장의 변화와 기업의 성과에 따라 예상치와 차이가 있을 수 있으므로, 이를 고려하여 사업 모델을 검증해야 합니다.

챗GPT는 지금까지의 콘텐츠 신사업 및 학습 분석 솔루션 관련 다양 한 질문을 고려해 답을 해줍니다. 특히 기업 역량 부분을 보면 AI 분야에서 기술력과 경쟁력을 갖춘 기업으로 가정하고 있다는 내용이 있는데요. 이는 앞선 질문의 가정을 그대로 활용한 것 같습니다.

참고로 신사업에 대한 평가도 가능합니다. 만약 다수의 사업이 있다면 각 사업에 대한 평가 결과를 통해 체계적으로 사업 우선순위를 설정할 수 있겠죠? **"학습 데이터 분석 솔루션이라는 신사업에 대해 시장성, 수익성 측면에서 5점 만점으로 평가해줘."**

'학습 데이터 분석 솔루션'이라는 신사업을 기준으로 시장성과 수익성을 평가해 보겠습니다.

1. 시장성 (4점)

- 시장 규모: 학습 분석 솔루션 시장은 지속적인 성장이 예상되는 대규모 시장으로, 선진국과 신흥국 모두에서 새로운 시장 기회가 열리고 있습니다. 이는 시장성 측면에서 높은 점수를 받을 수 있습니다. (4점)

- 경쟁 구도: 학습 분석 솔루션 시장은 경쟁이 치열하며, 이미 많은 기업들이 기술력과 서비스를 개발하고 있습니다. 이는 새로운 기업이 시장 진입 시 경쟁에서 밀리는 위험이 있으므로, 시장성 측면에서는 약간의 부정적인 영향을 미칠 수 있습니다. (3점)

2. 수익성 (3점)

- 수익 모델: 학습 분석 솔루션 시장의 수익 모델은 보통 구독 기반, 라이선스 기반, 인터넷 광고 기반 등이 사용됩니다. 이는 기업의 비즈니스 모델에 따라 달라지며, 시장 성장과 함께 수익성 측면에서도 긍정적인 영향을 미칠 수 있습니다. (4점)

- 초기 투자: 학습 분석 솔루션 사업은 초기에 많은 투자가 필요하며, 수익성을 달성하기까지 시간이 걸릴 수 있습니다. 이는 수익성 측면에서 약간의 부정적인 영향을 미칠 수 있습니다. (2점)

- 시장 포지셔닝: 학습 분석 솔루션 시장은 경쟁이 치열하므로, 기술적 우위나 서비스의 차별화가 필요합니다. 이를 통해 높은 수익을 창출할 수 있습니다. (4점)

종합적으로, 학습 분석 솔루션 사업은 시장성에서 높은 점수를 받으나, 초기 투자와 경쟁 구도 등의 이슈로 수익성에서는 중간 정도의 점수를 받을 수 있습니다. 따라서, 기업이 학습 분석 솔루션 사업을 추진할 때에는 시장 성장 가능성과 경쟁력을 고려하여 전략과 사업 모델을 세밀히 검토하여 투자 대비 수익성을 높이는 방안을 모색해야 합니다. 예를 들어, 신기술 개발이나 새로운 서비스 모델 구축, 파트너십 등을 통해 기존 시장 참여 기업들과 경쟁 우위를 유지하고 새로운 시장 기회를 창출할 수 있습니다. 또한, 초기 투자 부담을 줄이기 위해 기존 기술을 기반으로 확장된 서비스를 제공하는 등의 방법을 고려할 수 있습니다. 이러한 다양한 전략과 실행 방안을 고려하여 신사업을 추진하면 수익성을 높일 수 있을 것입니다.

지금까지 신사업 아이디어부터 예상 매출과 이익까지 챗GPT에게 물어봤는데요. 사내 워크숍을 통한 신사업 아이디어 도출만큼이나 의미가 있는 것 같습니다. 예상 매출과 이익도 수치 자체는 의미가 없지만, 근거와 가정에 대한 접근법은 일을 할 때 도움이 될 것 같습니다.

챗GPT 답변에서 확인해야 할 사항

챗GPT를 활용하면 신사업 아이디어 풀 구축에는 많은 도움이 됩니다. 다만 최근처럼 AI, 빅데이터, 메타버스, AR/VR 등 다양한 기술 기반의 신사업 아이디어가 필요할 때는 구체적인 기술과의 결합을 통해 도출할 수 있는 아이디어를 물어보면 좋습니다. 또 금융과 콘텐츠, 교육과 IT 등 산업 간 융합 혹은 연계 관점에서 신사업 아이디어를 물어본다면 새로운 것이 나올 수도 있습니다. 다만 매출과 이익 같은 것은 다양한 가정을 설정해야 하기 때문에 산정 논리만 참고하면 좋을 것 같습니다.

챗GPT 프롬프트 리스트

- 🗨 콘텐츠 관련 새로운 사업 아이디어를 알려줘.
- 🗨 우리 회사는 학생들 대상 온라인 교육 콘텐츠를 제공하는 회사야. 새로운 사업으로 뭘 하면 좋을까?
- 🗨 만약 우리가 성인용 교육 콘텐츠를 제공하려고 한다면, 어떤 사업을 하는 게 좋을까?
- 🗨 우리 회사는 AI 기반 솔루션을 보유하고 있는데, 이런 역량을 고려했을 때 학생 대상 신사업은 뭐가 있을까?
- 🗨 우리 회사는 전국에 오프라인 거점을 보유하고 있는데, 디지털 시대에 이런 오프라인 거점을 활용한 학생 대상 교육 콘텐츠 관련 디지털 비즈니스 모델은 없을까?
- 🗨 이 중에서 한국 시장에서 가장 먼저 해봐야 할 사업은 뭔지 우선순위를 설정해서 알려줘.
- 🗨 신사업으로서 학습 데이터 분석 솔루션 시장 규모와 성장률에 대해 알

려줘.

- 학습 데이터 분석 솔루션이라는 신사업에 대해 시장성, 수익성 측면에서 5점 만점으로 평가해줘.
- 학습 데이터 분석 솔루션 시장 진입 시, 일반적으로 예상되는 매출 규모와 손익분기점 달성 시점은 언제가 될까?
- 학습 분석 솔루션 사업에 향후 5년간 1,000억 원을 투자한다고 했을 때의 예상 매출과 영업이익을 알려줘.
- 예상 매출과 영업이익에 대한 근거 혹은 가정이 뭐야?

[2nd Course]
칼퇴를 부르는
챗GPT 실전 업무 매뉴얼

1. 비즈니스 툴 적용

어떤 업무일까?

분석을 할 때 핵심은 "어떤 관점에서 할 것인가?"입니다. 관점을 설정할 때 비즈니스 툴을 활용하면 시간을 절약할 수 있습니다. 예를 들어, 메가트렌드를 분석 한다면 STEEP이라는 분석 툴이 유용합니다.

어떤 질문을 해야 할까?

다양한 비즈니스 툴 중 가장 많이 사용하고 있는 고객 여정 지도에 대해 알아볼까요? 먼저 우리 회사가 경마장이라고 가정하고 챗GPT에게 물어봤습니다. **"경마장의 고객 여정 지도를 만들어줘."** 그런데 질문을 이해하지 못했는지, 고객 여정 지도를 어떻게 활용할 수 있는지에 초점을 두어서 답을 해줍니다.

경마장의 고객 여정 지도Customer Journey Map를 만드는 것은 다음과 같은 단계로 이루어질 수 있습니다.

1. 단계별 고객 행동 파악하기

- 경마장의 고객이 처음 경마장을 방문하기 전부터 경마장을 방문하고 나가는 과정까지, 단계별로 어떤 행동을 취하는지 파악합니다.
- 예를 들어, 고객이 경마장을 처음 방문할 때는 티켓 구매, 경기 일정 확인, 경마장 내 시설 이용 등을 할 것입니다.

2. 고객의 니즈Need 파악하기

- 각 단계에서 고객이 어떤 니즈를 가지는지 파악합니다.
- 예를 들어, 고객이 경마장을 방문하는 목적이 단순히 경마를 보기 위한 것인지, 친구와의 모임을 위한 것인지, 또는 음식과 음료를 즐기기 위한 것인지 등을 파악합니다.

3. 고객 경험 평가하기

- 각 단계에서 고객이 느끼는 감정, 경험을 평가합니다.
- 예를 들어, 고객이 티켓 구매를 하는 단계에서는 편리한 구매 과정, 친절한 직원의 서비스 등이 있을 것입니다.

4. 고객 니즈 충족하기

- 각 단계에서 고객의 니즈를 충족시킬 수 있는 방법을 찾습니다.
- 예를 들어, 고객이 음식과 음료를 즐기기 위한 니즈가 있다면, 다양한 음식과 음료를 제공하고, 편안한 실내 공간을 마련해줄 수 있습니다.

5. 고객 경험 개선하기

- 고객이 불만족스러워하는 부분이나 개선할 부분을 파악하고 개선해 나

가는 방안을 찾습니다.

- 예를 들어, 티켓 구매 과정에서 불편한 점이 있다면, 스마트폰 앱으로 티켓 구매가 가능하게 하는 등의 개선 방안을 고려할 수 있습니다.

그래서 이번에는 '단계별'이라는 단어를 추가해봤습니다. **"과천 경마장의 고객 여정 지도를 단계별로 설명해줘."**

과천 경마장의 고객 여정 지도는 다음과 같은 단계로 구성될 수 있습니다.

1. 사전 정보 수집 단계

- 고객은 경마장에 방문하기 전, 인터넷이나 SNS 등을 통해 경마장의 정보를 수집합니다. 이 단계에서는 경마장의 위치, 시설, 일정, 입장료 등을 확인하고, 편리한 정보 제공을 통해 고객의 관심을 끌 수 있습니다.

2. 티켓 구매 단계

- 고객은 경마장에 도착하면 티켓을 구매해야 합니다. 이 단계에서는 티켓 판매 창구의 위치와 이용방법을 안내하고, 온라인으로도 티켓을 구매할 수 있는 방법을 제공합니다.

3. 경기 관람 단계

- 고객은 경기 관람을 위해 경마장 내부로 이동합니다. 이 단계에서는 관람 좌석의 위치와 이용방법을 안내하고, 경기 진행 상황을 실시간으로 제공하여 고객이 즐길 수 있는 경험을 제공합니다.

4. 음식 및 음료 구매 단계

- 고객은 경기 관람 중에 음식이나 음료를 구매하고 즐길 수 있습니다. 이

단계에서는 다양한 음식과 음료를 제공하고, 편안한 실내 공간을 마련하여 고객의 만족도를 높입니다.

5. 이벤트 및 체험 단계

• 고객은 경기 관람 외에도 다양한 이벤트나 체험 프로그램을 즐길 수 있습니다. 이 단계에서는 이벤트나 체험 프로그램의 정보와 참여 방법을 안내하여 고객의 즐거움을 높입니다.

6. 이탈 단계

• 고객은 경기 관람이 끝나면 경마장을 떠납니다. 이 단계에서는 고객이 경마장에서의 경험을 기억하고 다음에 방문하길 원할 수 있도록, 경마장의 정보를 안내하고 감사의 말씀을 전합니다.(중략)

원하는 답이 나왔네요. 과천 경마장의 고객 여정을 사전 정보 수집부터 이탈 단계까지 총 6단계로 구분해서 제시해줬습니다. 특정 분야의 고객 여정 지도를 그리기 어려울 때는 챗GPT를 활용해 기본적인 이해를 선행하면 좋을 것 같습니다.

실제 업무에서 고객 니즈에 대한 분석이 필요하다면 다음과 같은 질문이 유용합니다. **"현재 과천 경마장의 고객 여정 지도 단계별 고객들의 니즈/이슈를 분석해줘."**

과천 경마장의 고객 여정 지도 단계별 고객들의 니즈와 이슈는 다음과 같습니다.

1. 사전 정보 수집 단계

- 고객의 니즈: 경마장 위치, 일정, 시설, 입장료 등에 대한 정보를 쉽게 얻을 수 있어야 함.
- 이슈: 경마장의 정보를 찾기 어려운 경우, 정보가 부족한 경우, 잘못된 정보가 있을 경우.

2. 티켓 구매 단계

- 고객의 니즈: 티켓 구매를 쉽게 할 수 있는 방법을 제공해야 함.
- 이슈: 구매 창구의 위치가 불명확하거나 구매 방법이 복잡한 경우, 대기 시간이 긴 경우.

3. 경기 관람 단계

- 고객의 니즈: 좌석 선택이 쉬워야 하며, 경기 진행 상황을 실시간으로 확인할 수 있어야 함.
- 이슈: 좌석이 불편한 경우, 시야가 좋지 않은 경우, 경기 진행 상황을 확인하기 어려운 경우.

4. 음식 및 음료 구매 단계

- 고객의 니즈: 다양한 메뉴와 음료가 있어야 함. 청결하고 편안한 공간에서 즐길 수 있어야 함.
- 이슈: 메뉴가 다양하지 않거나 맛이 떨어지는 경우, 음식점이 혼잡한 경우, 청결하지 않은 경우.

5. 이벤트 및 체험 단계

- 고객의 니즈: 다양한 이벤트나 체험 프로그램을 제공해야 함.
- 이슈: 이벤트나 체험 프로그램의 정보가 부족하거나 알기 어려운 경우, 참여가 어려운 경우.

6. 이탈 단계

- 고객의 니즈: 경마장의 다양한 정보를 얻을 수 있어야 함. 고객의 의견을 수렴하고, 다음 방문을 유도할 수 있는 정보를 제공해야 함.
- 이슈: 경마장의 정보가 부족하거나 알기 어려운 경우, 고객 의견에 대한 피드백이 없는 경우.

니즈와 이슈를 정확히 구분해서 보여주는데요. 다만 아쉬운 점은 일반적인 경마장의 내용을 담고 있고 디지털화 관련 최근 내용은 없습니다. 뒤에서 나오지만, 디지털 전환에 중점을 둬서 질문을 하면 관련 내용을 답해줄 거라 보입니다.

다음 그림은 실제 경마장에 대한 고객 여정 지도를 그려본 것인데요. 챗GPT의 고객 여정 지도와는 조금 차이가 있죠? 여정 측면에서는 단계를 세분화시켰고, 내용 측면에서는 디지털화 내용이 담겨져 있습니다. 이런 면에서 보면 챗GPT의 고객 여정 지도는 기초 지식 습득 용도로는 충분한 것 같습니다.

경마장의 실제 고객 여정 지도

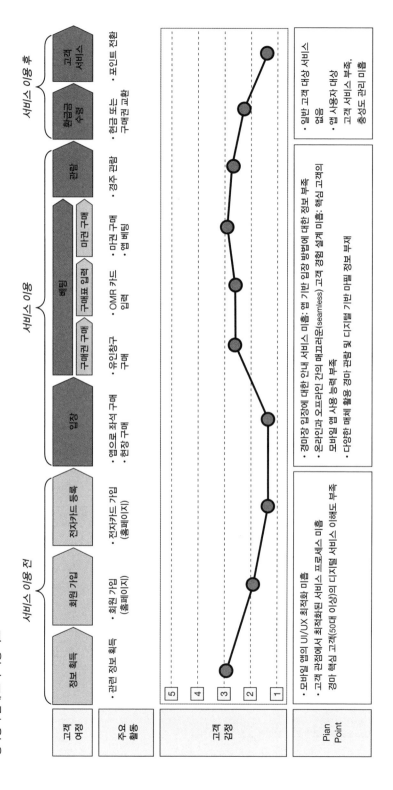

다음은 고객 관점에서 새로운 제품과 서비스를 도출할 때 주로 활용하는 디자인씽킹 방법론의 고객 공감 지도 툴입니다. 고객이 말하고 행동하고, 보고 느낀 것들을 정리할 수 있습니다.

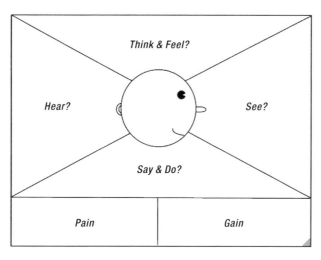

고객 공감 지도

"과천 경마장 고객의 고객 공감 지도를 만들어줘."

과천 경마장의 고객 공감 지도는 다음과 같습니다.

1. 경마장 방문 전 단계

- 나는 새로운 경험을 찾고 있어

- 경마장의 일정과 시설 정보를 쉽게 찾아볼 수 있으면 좋겠어

- 티켓 구매 방법과 가격 정보를 알고 싶어

2. 티켓 구매 단계

- 티켓 구매가 쉽고 빠르면 좋겠어
- 티켓 구매 창구 위치를 쉽게 찾을 수 있으면 좋겠어

3. 경기 관람 단계

- 좌석 선택이 쉽고, 시야가 좋은 좌석을 선택하고 싶어
- 경기 진행 상황을 실시간으로 확인할 수 있으면 좋겠어
- 경기 관람 중 불편한 사항이 발생하면 친절하게 대응해 주면 좋겠어

4. 음식 및 음료 구매 단계

- 다양한 메뉴와 음료를 제공하면 좋겠어
- 청결하고 편안한 음식점이 있으면 좋겠어

5. 이벤트 및 체험 단계

- 다양한 이벤트나 체험 프로그램을 제공하면 좋겠어
- 이벤트나 체험 프로그램의 정보가 쉽게 얻을 수 있으면 좋겠어

6. 이탈 단계

- 경마장에 대한 다양한 정보를 얻을 수 있으면 좋겠어
- 고객 의견을 수렴하고, 다음 방문을 유도할 수 있는 정보를 제공해 주면 좋겠어(중략)

고객 공감 지도를 이해하지 못해서인지 고객 여정 지도를 보여주네요. 앞서 고객 여정 지도를 물어봐서 혼동한 건지 아니면 고객 여정 지도라는 한글을 이해하지 못한 것인지 알 수는 없지만 잘못된 답을 줬습니다. 질문을 바꿔볼까요? 공감 지도를 영어로 입력해봤습니다. **"과천 경마장 고객의 Empathy Map을 만들어줘."**

과천 경마장 고객의 Empathy Map은 다음과 같습니다.

1. 고객의 생각과 느낌

- 나는 새로운 경험을 찾고 있어
- 경마장에서는 어떤 경험을 할 수 있는지 궁금해
- 좋은 좌석에서 경기를 관람하고 싶어
- 경기 관람 중 불편한 사항이 발생하면 실망스러워
- 경마장에서 즐길 수 있는 다양한 이벤트나 체험 프로그램이 있으면 좋겠어

2. 고객의 보는 것

- 경마장의 위치와 주변 환경을 확인하고 있어
- 티켓 가격과 좌석 배치도를 살펴보고 있어
- 경기 관람 중 시야가 좋은 좌석과 경기 진행 상황을 확인하고 있어
- 음식점의 메뉴와 청결도를 살펴보고 있어

3. 고객의 듣는 것

- 티켓 구매 방법과 창구 위치에 대한 안내를 듣고 있어
- 경기 관람 중 안내 방송과 주변 소리를 듣고 있어
- 음식점에서 주문할 때의 안내를 듣고 있어

4. 고객의 말하는 것

- 티켓 구매 시 가격과 좌석에 대한 문의를 하고 있어
- 경기 관람 중 불편한 사항이 발생할 경우 문의나 요청을 하고 있어
- 음식점에서 메뉴 선택과 주문을 하고 있어

5. 고객의 하는 것

- 경마장 위치와 일정을 검색하고 있는 것 같아
- 티켓 구매 창구를 찾고 있거나, 온라인으로 티켓을 예매하고 있는 것 같아
- 좌석 선택을 하거나, 경기 진행 상황을 확인하고 있는 것 같아
- 음식점에서 메뉴를 선택하고, 주문을 하고, 식사를 즐기고 있는 것 같아

이러한 Empathy Map을 바탕으로 과천 경마장은 고객의 니즈와 요구사항을 파악하고, 고객 경험을 개선할 수 있는 방안을 마련할 수 있습니다.

앞서 본 고객 공감 지도의 항목별 내용이 나왔습니다. 고객 공감 지도에 대해 사람들이 모른다면 챗GPT를 활용해 알려줘도 충분해 보입니다.

다음으로 5Why라는 툴을 적용해봤습니다. 5Why는 문제의 근본 원인을 찾기 위한 툴로 많이 활용됩니다. **"과천 경마장의 방문객이 점점 감소하는 이유에 대해 5why를 활용해 설명해줘."**

1. 질문: 과천 경마장의 방문객이 감소하는 이유는 무엇일까?
2. 답변: 과천 경마장의 서비스나 환경이 고객의 기대에 미치지 못하는 수준이라서 방문객이 감소한 것 같습니다.
3. 질문: 경마장의 서비스나 환경이 고객의 기대에 미치지 못하는 수준이라면, 그 이유는 무엇일까요?
4. 답변: 과천 경마장은 고객의 니즈와 요구사항을 파악하여 서비스를 제공하지 않았고, 경마장 내부 시설이 오래되어 불편한 점이 많아서 고객 만족도가 낮아졌습니다.

5. 질문: 고객의 니즈와 요구사항을 파악하여 서비스를 제공하지 않았다는 것은, 경마장에서 고객 여정 지도를 활용하여 서비스 개선을 하지 않았다는 의미인가요?

6. 답변: 그렇습니다. 경마장에서 고객 여정 지도를 활용하여 고객의 니즈와 요구사항을 파악하고, 이에 맞게 서비스를 개선하지 않았습니다.

7. 질문: 고객 여정 지도를 활용하여 고객의 니즈와 요구사항을 파악하고, 이에 맞게 서비스를 개선하지 않았다면 그 이유는 무엇인가요?

8. 답변: 경마장에서는 고객 여정 지도를 활용하여 고객의 니즈와 요구사항을 파악하는 것에 대한 중요성을 인식하지 못했고, 그 결과 서비스 개선이 미흡해졌습니다.

9. 질문: 고객 여정 지도를 활용하여 고객의 니즈와 요구사항을 파악하는 것에 대한 중요성을 인식하지 못한 이유는 무엇일까요?

10. 답변: 경마장에서는 고객의 니즈와 요구사항을 파악하여 서비스를 개선하는 것보다, 경기를 통해 수익을 얻는 것을 우선시했기 때문입니다. 또한, 경마장 내부에서 경쟁 업체와 비교하여 고객 경험을 개선하는 것에 대한 인식이 미흡했습니다.

　

총 5번의 질문과 5번의 답변을 통해 챗GPT는 경마장 방문객 감소의 근본 원인을 고객 경험 개선 인식 부족이라고 지적했습니다. 고객 여정 지도라는 단어가 여러 번 언급되는데, 아마도 계속해서 고객 경험과 관련된 사항을 질문해서 거기에 맞춰 대답한 느낌이 강합니다.

이번에는 시장분석 시 활용하는 또 다른 툴인 3C를 적용해봤습니다.

"경마 시장에 대해 3C를 활용해 분석해줘."

경마 시장에 대해 3C Company, Customer, Competitor를 활용한 분석은 다음과 같습니다.

1. Company(회사)

- 경마 시장은 경마 경기를 주요 사업으로 하고 있습니다.
- 경마 경기 외에도 다양한 이벤트나 체험 프로그램을 제공하고 있습니다.
- 경마 경기와 관련된 시설이나 운영 체제를 관리하고 있습니다.

2. Customer(고객)

- 경마 시장의 고객은 경마 경기를 즐기는 이용객입니다.
- 경마 경기를 즐기는 이용객 외에도, 다양한 이벤트나 체험 프로그램에 관심 있는 사람들도 방문합니다.
- 고객들은 좌석 선택, 경기 진행 상황 등 다양한 요소를 고려하여 경마 시장을 이용합니다.

3. Competitor(경쟁 업체)

- 경마 시장의 경쟁 업체로는 타 지역의 경마 시장이 있습니다.
- 경쟁 업체는 경마 경기 외에도 다양한 이벤트나 체험 프로그램을 제공하고 있습니다.
- 경쟁 업체의 시설이나 서비스가 경마 시장과 유사한 수준입니다. (중략)

앞선 툴과 달리 챗GPT의 대답이 실무에 큰 도움이 될 것 같지 않네요. 그래서 이번에는 다음과 같이 질문을 던졌습니다. **"경마 시장에 대해 3C를**

활용해 구체적으로 분석해줘. 수치도 포함해서." 그 결과 본래의 3C 분석에 맞는 내용들이 조금 나왔습니다.

경마 시장에 대해 3C Company, Customer, Competitor를 활용하여 구체적으로 분석해보겠습니다.

1. Company(회사)

- 경마 시장은 경마 경기를 주요 사업으로 하고 있으며, 경마 경기 외에도 다양한 이벤트를 제공하고 있습니다.
- 2021년 경마 경기 개최 횟수는 총 201회이며, 총 관객수는 2,408,409명입니다.
- 경마 경기 외에도, 매월 다양한 이벤트 및 행사를 진행하고 있습니다.
- 2021년 매출액은 약 296억 원이며, 전년 대비 약 3% 증가한 수치입니다.

2. Customer(고객)

- 경마 시장의 고객은 경마 경기를 즐기는 이용객입니다.
- 경마 시장의 고객들은 주로 40대와 50대가 많으며, 남성이 여성보다 약 3배 많습니다.
- 경마 경기 관람을 목적으로 경마 시장을 방문하는 고객이 대부분입니다.
- 경마 경기 관람 외에도, 매월 다양한 이벤트 및 행사를 통해 새로운 고객을 유치하고 있습니다.

3. Competitor(경쟁 업체)

- 경마 시장의 경쟁 업체로는 서울, 부산, 제주 등지에 있는 다른 지역의

경마 시장이 있습니다.

- 경마 시장과 경쟁 업체들은 경마 경기를 주력 사업으로 하며, 다양한 이벤트 및 행사를 제공하고 있습니다.
- 경마 경기 외에도, 스포츠 경기나 문화 행사 등 다양한 엔터테인먼트 산업과 경쟁하고 있습니다. (중략)

디지털화 이슈를 반영하기 위해 이번에는 다음과 같이 질문해봤습니다. **"디지털 전환 관점에서 3C 내용을 분석해줘."**

디지털 전환 관점에서 3C Company, Customer, Competitor 내용을 분석해 보면 다음과 같습니다.

1. Company(회사)

- 경마 시장은 디지털 기술을 활용하여 경마 경기 및 다양한 이벤트를 온라인으로 제공하는 등 디지털 전환을 추진하고 있습니다.
- 경마 시장 내부 시스템 및 IT 인프라를 개선하여 업무 효율성을 높이고, 데이터 분석을 통해 고객 경험을 개선하는 방안을 모색하고 있습니다.
- 경마 경기 및 다양한 이벤트를 스트리밍 서비스를 통해 제공하여 온라인에서도 참여가 가능하도록 노력하고 있습니다.

2. Customer(고객)

- 디지털 기술을 활용하여, 경마 경기 및 다양한 이벤트를 온라인에서도 즐길 수 있게 되어 고객의 편의성이 증대되었습니다.
- 고객들은 앱을 통해 경마 경기 일정과 정보를 확인하고, 티켓 예매 및

좌석 선택 등의 업무를 편리하게 처리할 수 있습니다.

- 경마 경기 및 다양한 이벤트의 스트리밍 서비스를 통해, 지리적 제약 없이 누구나 쉽게 참여할 수 있게 되어, 새로운 고객층을 유치할 수 있게 되었습니다.

3. Competitor(경쟁 업체)

- 경마 시장과 경쟁 업체 모두 디지털 전환을 추진하고 있으며, 경마 경기 및 다양한 이벤트를 온라인에서 제공하는 등 고객에게 디지털 경험을 제공하고 있습니다.
- 경쟁 업체들이 제공하는 디지털 서비스와 경마 시장의 디지털 서비스를 비교하여 차별화된 서비스를 제공할 필요가 있습니다.
- 경마 시장은 경쟁 업체의 동향을 파악하여, 신기술과 서비스를 빠르게 도입하여 경쟁력을 강화할 필요가 있습니다. (중략)

데이터 분석, 모바일 앱 등 디지털 경험과 관련된 단어들을 볼 수 있네요. 참고로 비즈니스 툴에 대한 이해가 부족하다면 이렇게 질문해보세요. **"5why를 잘 활용할 수 있는 방법에 대해 알려줘."**

5why는 문제의 근본 원인을 파악하고 해결하기 위한 문제 해결 기법 중 하나입니다. 이를 잘 활용하기 위해서는 다음과 같은 방법을 추천합니다.

1. 문제 정의하기: 우선적으로 문제를 명확하게 정의하고, 이를 해결하기 위해 어떤 정보나 자료가 필요한지 파악합니다.
2. 문제의 근본 원인을 파악하기 위해 '왜'라는 질문을 반복적으로 던집

니다.

3. 답변을 구체적으로 기록하기: 반복적인 질문에 대한 답변을 구체적으로 기록하여, 문제의 근본 원인을 파악할 수 있도록 합니다.

4. 논리적으로 추론하기: 5why는 단순히 질문을 반복하는 것이 아니라, 문제의 근본 원인을 찾기 위한 논리적인 추론을 필요로 합니다. 따라서 단순히 질문을 반복하는 것이 아니라, 각 단계에서 논리적인 추론을 통해 문제의 근본 원인을 파악해야 합니다.

5. 공감과 팀워크: 문제 해결 과정에서 팀원들과의 공감과 협업이 중요합니다. 이를 통해 문제를 빠르게 해결하고, 비슷한 문제가 발생하지 않도록 예방할 수 있습니다.

6. 문제 해결 계획 수립: 문제의 근본 원인을 파악하고, 이를 바탕으로 문제 해결을 위한 계획을 수립합니다. 이를 통해 문제 해결 과정에서 효율성과 효과성을 높일 수 있습니다.

7. 문제 해결 결과 평가: 문제 해결 결과를 평가하고, 이를 통해 유사한 문제가 발생하지 않도록 예방하는 것이 중요합니다. 따라서 문제 해결 결과를 분석하고, 이를 바탕으로 보완점을 파악하는 것이 필요합니다.

챗GPT 답변에서 확인해야 할 사항

챗GPT가 기본적인 비즈니스 툴은 이해하고 있지만 단어를 모르는 경우가 있기 때문에 영어로 입력해 결과를 확인해보는 게 필요합니다. 혹은 비즈니스 툴에 대해 설명해줘도 괜찮습니다.

챗GPT 업무 사용 매뉴얼

비즈니스 툴을 활용할 때는 기본적으로 분석하고자 하는 대상의 최근 이슈 정도를 파악해 접근하면 좋을 것 같습니다. 최근 이슈 관련 단어를 입력해 동일한 분석을 하면 다각적인 검토가 가능합니다. 예를 들어 '비즈니스 툴만 입력', '핵심 단어 추가 분석', '상황을 가정한 분석' 순으로 말이죠.

챗GPT 프롬프트 리스트

🗨 경마장의 고객 여정 지도를 만들어줘.

🗨 과천 경마장의 고객 여정 지도를 단계별로 설명해줘.

🗨 현재 과천 경마장의 고객 여정 지도 단계별 고객들의 니즈/이슈를 분석해줘.

🗨 과천 경마장 고객의 Empathy Map을 만들어줘.

🗨 5why를 잘 활용할 수 있는 방법에 대해 알려줘.

🗨 과천 경마장의 방문객이 점점 감소하는 이유에 대해 5why를 활용해 설명해줘.

🗨 경마 시장에 대해 3C를 활용해 분석해줘.

🗨 경마 시장에 대해 3C를 활용해 구체적으로 분석해줘. 수치도 포함해서.

🗨 디지털 전환 관점에서 3C 내용을 분석해줘.

2. 고객 데이터 분석 및 개선 방안 도출

어떤 업무일까?

회사는 항상 문제가 있습니다. 그게 잠재적인 문제든 드러난 문제든, 우리는 그러한 문제를 해결해야 하고, 이 과정을 통해서 회사는 지속적으로 성장할 수 있는 기반을 마련합니다.

이런 문제 중 하나가 '고객'입니다. 고객들은 끊임없이 회사가 개선해야 할 부분에 대해 지적하고, 회사도 고객의 목소리에 귀를 기울입니다.

어떤 질문을 해야 할까?

외부 고객 관련 분석

외부 고객 관련 분석의 대표적인 방법으로 고객 만족도 조사를 들 수가 있습니다. 다음은 고객 대상의 제품 만족도 결과인데요. 제품 만족도, 편의성, 디자인, 내구성 4가지 항목으로 구성되어 있습니다. 이런 데이터는 엑셀에

챗GPT 업무 사용 매뉴얼

서 쉽게 계산해볼 수 있지만 챗GPT에게도 결과를 분석해보라고 했습니다.

제품 만족도 조사 결과

구분	제품 만족도	제품 편의성	제품 디자인	제품 내구성
C1	5.0	4.0	5.0	3.0
C2	4.0	5.0	4.0	4.0
C3	4.0	4.0	4.0	4.0
C4	4.0	4.0	4.0	5.0
C5	3.0	3.0	3.0	4.0
C6	4.0	4.0	3.0	3.0
C7	2.0	2.0	4.0	4.0
C8	5.0	4.0	3.0	4.0
C9	4.0	4.0	4.0	5.0
C10	4.0	3.0	5.0	4.0
평균	3.9	3.7	3.9	4.0

위의 엑셀 데이터를 그대로 챗GPT 창에 붙여 넣고 물었습니다. **"고객 만족도 조사 결과를 분석해줘."**

주어진 고객 만족도 조사 결과를 보면, 제품 만족도와 제품 디자인은 모두 높은 수치를 보이며, 제품 편의성과 제품 내구성은 중간 이하의 수치를 보입니다.

제품 만족도와 제품 디자인은 모두 4점 이상의 높은 수치를 보이고 있으며, 이는 제품의 전반적인 성능이나 디자인에 대한 만족도가 높다는 것을 나타냅니다.

반면에 제품 편의성과 제품 내구성은 모두 중간 이하의 점수를 보이고 있습니다. 이는 제품의 사용이나 유지보수 과정에서 일부 불편이나 문제가 있을 수 있다는 것을 시사합니다.

또한, 제품 내구성 항목에서는 1개의 참여자가 3점을 부여하였고, 제품 편의성 항목에서는 1개의 참여자가 2점을 부여하였습니다. 이러한 결과는 제품 편의성과 제품 내구성 항목에서 개선이 필요하다는 것을 더욱 강조하고 있습니다.

따라서, 제품 개발 및 서비스 제공에 있어서 제품 편의성과 제품 내구성에 대한 개선이 필요하다고 판단됩니다.

챗GPT는 항목별 수치에 대한 의미를 각각 제시해주고 그에 따른 시사점을 간략하게 제시해줍니다. 동일한 질문이라도 학습한 내용에 따라 다른 대답이 나오기 때문에 몇 가지 다른 질문을 한 후 다시 한번 동일한 질문을 던져봤습니다.

주어진 고객 만족도 조사 결과를 보면, 제품 만족도와 제품 디자인은 모두 높은 수치를 보이며, 제품 편의성과 제품 내구성은 중간 이하의 수치를 보입니다.

제품 만족도와 제품 디자인은 모두 4점 이상의 높은 수치를 보이고 있으며, 이는 제품의 전반적인 성능이나 디자인에 대 고객 만족도 조사 결과를 바탕으로 다음과 같이 분석할 수 있습니다.

1. 제품 만족도

- 전반적으로 높은 만족도를 보이고 있습니다. 제품에 대한 고객 만족도는 4점 이상으로 평균 이상입니다.

2. 제품 편의성

- 대부분의 고객이 제품의 편의성을 높게 평가했습니다.
- 편의성 평가는 다른 항목에 비해 높은 점수를 받았습니다.

3. 제품 디자인

- 대체로 높은 만족도를 보이지만, 다른 항목에 비해 다소 낮은 점수를 받았습니다.

4. 제품 내구성

- 제품 내구성에 대한 평가는 전반적으로 높지 않습니다.
- 고객들 중 일부는 제품 내구성에 대해 낮은 만족도를 보였습니다.

시사점:

- 제품 내구성을 높이기 위해 제품의 품질 개선과 서비스 개선이 필요합니다.
- 제품 디자인에 대한 고객의 요구사항을 반영하여 개선해야 합니다.
- 전반적으로 높은 만족도를 보이고 있지만, 제품 내구성에 대한 문제를 해결해야 고객 만족도를 높일 수 있습니다.

반면에 제품 편의성과 제품 내구성은 모두 중간 이하의 점수를 보이고 있

습니다. 이는 제품의 사용이나 유지보수 과정에서 일부 불편이나 문제가

있을 수 있다는 것을 시사합니다.

또한, 제품 내구성 항목에서는 1개의 참여자가 3점을 부여하였고, 제품

편의성 항목에서는 1개의 참여자가 2점을 부여하였습니다. 이러한 결과

는 제품 편의성과 제품 내구성 항목에서 개선이 필요하다는 것을 더욱 강

조하고 있습니다.

따라서, 제품 개발 및 서비스 제공에 있어서 제품 편의성과 제품 내구성에

대한 개선이 필요하다고 판단됩니다.

이번에는 항목별 결과와 함께 조사 결과에 대한 시사점을 세시해줬습

니다. 데이터가 많을 때는 데이터를 보고 바로 해석하기 어려우니 사전 이

해 용도로 챗GPT를 활용하면 괜찮은 것 같습니다. 다만 챗GPT는 대량의

데이터를 분석하는 툴은 아니기 때문에 심층 분석은 어렵습니다.

만약 각 항목별 관계를 보고 싶다면 다음과 같이 질문하면 됩니다.

"고객 만족도 결과의 항목별 관계를 분석해줘."

위 고객 만족도 결과에서는 제품 만족도, 제품 편의성, 제품 디자인, 제품

내구성 각 항목 간에 서로 상호작용하고 영향을 미치는 관계가 있을 수 있

습니다.

제품 만족도와 제품 디자인은 양의 상관관계를 가질 수 있습니다. 제품 디

자인이 좋으면 제품 만족도도 높아질 가능성이 높기 때문입니다.

제품 편의성과 제품 내구성은 서로 양의 상관관계를 가질 수 있습니다. 제

품이 사용하기 편리하면 고객이 더 오랫동안 사용할 가능성이 높아져서 내구성을 높일 수 있습니다.

하지만 이러한 상관관계는 항목 간의 개별적인 평가 결과에서만 관찰할 수 있고, 실제로는 고객들의 전반적인 만족도 평가 결과와 함께 고려해야 합니다. 각 항목이 어떻게 서로 영향을 미치는지 파악하여 개선 방안을 수립할 필요가 있습니다.

각 항목별로 어떤 관계가 있는지 제시해주네요. 여기서 더 나아가 이런 관계에 대해 분석하기 위한 엑셀 활용법을 물으면 엑셀에서 어떻게 데이터 분석을 해주는지까지 제시해줍니다. 물론 구글이나 네이버를 통해서 같은 정보를 알 수 있지만, 수많은 링크를 하나하나 확인하는 것보다 이렇게 바로 대답을 해준다면 업무 시간을 최소화할 수 있겠죠?

다만 엑셀에 익숙하지 않은 사람은 기존 검색 사이트가 더 유용할 수도 있습니다. 챗GPT의 답변을 보면 데이터 탭에서 바로 상관 분석 기능을 선택하라고 안내하는데, 해당 기능은 엑셀 옵션에 추가해야만 사용이 가능합니다. 해당 기능 추가 후 데이터 탭에서 데이터 분석을 클릭하면 나오는 다양한 분석 방법 중 상관 분석을 체크해야 분석이 가능합니다.

엑셀에서 고객 만족도 결과의 항목별 관계를 분석하기 위한 방법으로는 상관 분석Correlation Analysis을 활용하는 것이 효과적입니다.

1. 먼저, 엑셀에서 상관 분석을 수행하기 위해 데이터를 입력합니다.

2. 상관 분석을 수행하기 전에, 입력한 데이터를 산점도Scatter Plot로 시각

화하여 데이터의 분포와 이상치를 확인합니다.

3. 상관 분석을 수행하기 위해 "데이터" 탭에서 "상관 분석" 기능을 선택합니다.

4. 상관 분석 대화상자에서 "상관 분석" 항목을 선택합니다.

5. 분석 대상 데이터의 범위를 지정합니다. 즉, 분석할 데이터의 범위를 선택합니다.

6. "상관 분석 결과" 대화 상자에서 각 항목별로 상관 계수Correlation Coefficient를 확인할 수 있습니다.

7. 상관 계수는 −1에서 1 사이의 값을 가지며, −1에 가까울수록 음의 상관관계, 0에 가까울수록 무상관, 1에 가까울수록 양의 상관관계를 나타냅니다.

8. 결과를 분석하여 어떤 항목끼리 양의 상관관계를 가지고 있는지, 음의 상관관계를 가지고 있는지, 상관관계가 높은 항목끼리 서로 어떤 관련성을 가지고 있는지 등을 파악할 수 있습니다.

9. 상관 분석 결과를 바탕으로, 개선이 필요한 항목을 파악하고 이에 대한 개선 방안을 수립할 수 있습니다.

위와 같은 방법을 통해 엑셀을 활용하여 고객 만족도 결과의 항목별 관계를 분석할 수 있습니다.

분석 결과를 봤으니 이제 개선 방안을 봐야겠죠? **"각 항목별 결과에 대한 개선 방안을 알려줘."**

1. 제품 만족도

- 제품 만족도는 전반적으로 높으므로, 고객들의 만족도를 유지하기 위해 지속적으로 제품 품질을 관리하고, 고객 요구사항을 반영해 제품을 개선해야 합니다.

2. 제품 편의성

- 제품 편의성은 높은 만족도를 보이고 있으므로, 제품의 기능을 고객에게 더욱 쉽게 제공하는 방법을 연구하고, 제품의 사용 방법에 대한 교육과 정보를 제공하여 고객 편의성을 높여야 합니다.

3. 제품 디자인

- 제품 디자인의 만족도는 전반적으로 높지만, 향후 경쟁력 유지를 위해서는 다양한 선호도를 반영한 디자인 전략을 적극 추진해야 합니다. 또한, 디자인 요소를 개선하고 고객 요구사항을 반영하여 제품의 브랜드 이미지를 강화해야 합니다.

4. 제품 내구성

- 제품 내구성은 고객 만족도를 높이기 위해 가장 중요한 요소 중 하나입니다. 제품 품질 관리를 강화하여, 제품 수명을 연장하고, 고장 발생 시 빠르게 대처하여 고객 만족도를 높이는 것이 필요합니다. 또한, 고객의 피드백을 적극 수용하여 개선 방안을 모색하고, 제품에 대한 보증 기간을 확장하는 등의 방안을 고려해야 합니다.

제품 만족도부터 제품 내구성까지 항목별 개선 방안을 제시해줬는데요. 원론적인 답변이 나왔습니다. 원론적인 이야기에서 벗어나기 위해 질문을 바꿔볼게요. **"우리 회사는 로봇청소기 회사인데, 각 항목별 개선 방안에 대해 구체적으로 알려줘."**

1. 제품 만족도

- 제품의 성능과 신뢰성을 높이기 위해, 높은 수준의 기술과 품질 관리 체계를 유지하고, 지속적인 제품 업그레이드 및 고객 피드백 반영을 통해 제품의 완성도를 높여야 합니다.
- 로봇청소기의 기능을 확장하고, AI 및 IoT 기술을 활용하여 고객이 보다 편리하게 사용할 수 있는 기능을 추가하는 등, 고객 요구사항을 반영한 제품을 개발해야 합니다.

2. 제품 편의성

- 사용자 경험을 개선하고, 사용자가 쉽게 사용할 수 있는 UI/UX를 구성해야 합니다.
- 청소기의 자율주행 능력을 강화하여, 고객이 집 안을 청소하는 데 더욱 편리하게 사용할 수 있도록 해야 합니다.
- 제품의 무게와 크기를 축소하여 보관 및 이동이 쉽도록 해야 합니다.

3. 제품 디자인

- 제품의 디자인을 개선하여, 제품의 외관과 브랜드 이미지를 강화해야 합니다.
- 로봇청소기가 더욱 세련되고, 현대적인 느낌을 전달할 수 있도록, 다양한 컬러와 디자인을 제공해야 합니다.

4. 제품 내구성

챗GPT 업무 사용 매뉴얼

- 제품의 내구성을 강화하고, 정기적인 유지보수 및 수리 서비스를 제공하여, 고객이 안심하고 제품을 사용할 수 있도록 해야 합니다.
- 제품의 사용 방법을 고객에게 제공하고, 사용 전후의 관리 및 청소 방법을 제공하여, 제품 수명을 연장하고, 고객 만족도를 높여야 합니다.

이번에는 로봇청소기의 특성, 로봇청소기를 사용하는 사람들의 니즈가 반영된 결과가 나왔습니다. 조금 더 구체적인 정보를 제시한다면 맞춤형 답변이 나올 것 같네요.

이번에는 **"30대 여성 고객"**이라는 조건을 제시한 후 개선 방안을 물었습니다. 그런데 앞의 내용과 크게 달라지는 것 없었습니다.

위에서 제시한 개선 방안을 30대 여성을 대상으로 한 로봇청소기 제품에 대해 적용해본다면, 다음과 같은 방안을 고려할 수 있습니다.

1. 제품 만족도 개선 방안

- 제품의 기능을 강화하여 사용자가 더욱 만족할 수 있는 제품을 제공합니다.
- 기존 제품의 문제점을 개선하고, 사용자가 요구하는 기능을 추가하는 방법으로 개선할 수 있습니다.
- 예를 들어, 로봇청소기의 청소 능력을 향상시키거나, 새로운 청소 모드를 추가함으로써 고객의 만족도를 높일 수 있습니다.

2. 제품 편의성 개선 방안

- 사용자 경험을 개선하여 편의성을 높일 수 있는 방법을 고민합니다.

- 사용자가 로봇청소기를 쉽게 이용할 수 있도록 조작 방법이나, 청소 효율성이 높은 맵핑 기능, 청소 시간 자동 조절 등의 기능을 제공합니다.
- 편리한 기능 제공 외에도, 사용자가 제품을 보다 편리하게 이용할 수 있는 액세서리를 함께 제공하는 방법도 고려할 수 있습니다.

3. 제품 내구성 개선 방안

- 로봇청소기의 내구성을 개선하여 사용자가 오랜 기간에 걸쳐 제품을 이용할 수 있도록 합니다.
- 제품의 내구성을 높일 수 있는 방법으로는, 재료 선택의 개선, 부품 교체 및 유지보수 서비스 제공 등이 있습니다.
- 내구성을 높이는 것 외에도, 제품 보증 기간을 연장하거나 제품에 대한 관리 방법을 제공하는 등의 방법도 고려할 수 있습니다.

계속해서 **"30대 여성의 특징에 맞춰 개선 방안을 알려줘"**라고 요청했더니 30대 여성의 특징 6가지를 제시한 후, 7가지의 개선 방안을 다음과 같이 제시해줍니다. 개선 방안에 대한 아이디어를 얻고 싶다면 연령대, 제품의 특정 기능, 경쟁사 대비 등 다양한 조건을 넣어 물어본다면 많은 아이디어를 얻을 수 있습니다.

30대 여성의 경우, 다음과 같은 특징이 있습니다.

1. 시간이 부족한 경향이 있습니다.
2. 가족 생활과 일상 생활 사이에 밸런스를 유지하기 어려운 경우가 많습니다.

3. 트렌디한 제품이나 스타일리시한 디자인에 관심이 많습니다.

4. 편리한 기능을 중요하게 생각하며, 간단하고 쉽게 사용할 수 있는 제품을 선호합니다.

5. 청결과 위생에 대한 관심이 높습니다.

6. 제품의 내구성이 중요하며, 오랜 기간 사용할 수 있는 제품을 선호합니다.

이에 따라 30대 여성을 대상으로 로봇청소기 제품의 개선 방안을 제시하면 다음과 같습니다.

1. 편리한 사용 경험 제공

• 로봇청소기의 조작 방법을 간편화하거나, 사용자가 직접 청소하는 시간을 최소화할 수 있는 기능을 개선합니다.

• 청소 효율성이 높은 맵핑 기능을 제공함으로써, 사용자가 쉽게 청소할 수 있도록 합니다.

• 시간을 절약할 수 있는 자동청소 기능을 추가함으로써, 30대 여성이 일과 가족 생활 사이에서 밸런스를 유지할 수 있도록 돕습니다.

2. 트렌디한 디자인 제공

• 30대 여성이 선호하는 트렌디한 디자인을 적용한 로봇청소기를 제공합니다.

• 다양한 컬러와 디자인을 적용하여, 사용자들의 취향에 맞는 제품을 제공합니다.

3. 위생적인 청소 제공

• 제품 내부에 적용된 필터나 청소 도구를 통해, 청결과 위생에 대한 고객

만족도를 높입니다.

- 고객들이 걱정하는 곰팡이나 먼지에 대한 대처책을 제시함으로써, 청결한 환경을 유지할 수 있도록 돕습니다.

4. 내구성 개선

- 사용자들이 오랜 기간동안 로봇청소기를 이용할 수 있도록 내구성을 높입니다.
- 제품 내구성을 높이기 위해, 재료의 선택과 부품의 교체 및 유지보수 서비스를 제공합니다.

5. 유지보수 및 관리 서비스 제공

- 고객들이 로봇청소기를 오랜 기간 동안 사용할 수 있도록, 유지보수 빛 관리 서비스를 제공합니다.
- 고객들의 궁금증이나 문제점에 대한 서비스를 제공하여 고객 만족도를 높이는 방법으로 돕습니다.

6. 스마트한 기능 제공

- 로봇청소기가 지속적으로 진화하면서, 스마트한 기능을 제공합니다.
- 예를 들어, 음성인식 기능이나 스마트폰과 연동하여 원격으로 조작할 수 있는 기능을 추가하여 사용자들이 더욱 스마트하게 사용할 수 있도록 합니다.

7. 환경친화적인 제품 제공

- 제품 제조 과정과 제품 자체적으로 환경친화적인 제품을 제공합니다.
- 제품 제조에 사용되는 재료의 선택과 제품 배송과 폐기 과정에서 친환경적인 방법을 제공하여, 30대 여성 고객의 환경에 대한 관심을 고려할

수 있습니다.

챗GPT 답변에서 확인해야 할 사항

챗GPT는 간단한 고객 데이터 정도만 분석이 가능합니다. 대신 챗GPT를 활용해 엑셀의 VBA를 활용할 수 있는 코드를 도출할 수 있습니다. 이 코드를 활용하면 차트 작성이 가능합니다. 개선 방안의 경우 '연령대'만 입력하기보다는 '연령대 특징' 등을 구체적으로 입력하면 좋은 아이디어를 이끌어낼 수 있습니다.

챗GPT 프롬프트 리스트

- 🗨 고객 만족도 조사 결과를 분석해줘.
- 🗨 고객 만족도 결과의 항목별 관계를 분석해줘.
- 🗨 각 항목별 결과에 대한 개선 방안을 알려줘.
- 🗨 30대 여성의 특징과 30대 여성을 대상으로 한 로봇청소기의 각 항목별 개선 방안에 대해 구체적으로 알려줘.

3. 웹사이트 및 제품 디자인 평가

어떤 업무일까?

온라인에서 고객과의 첫 접점 중 하나인 웹사이트는 회사 이미지 형성의 핵심입니다. 특히나 쇼핑몰이라면 더 그렇죠. 제품은 어떨까요? 요즘은 가격, 기능도 중요하지만 제품의 사이클이 빨라지면서 가격과 기능만큼이나 디자인도 중요해진 시대입니다. 예를 들어, 삼성과 LG의 냉장고를 비교할 때 삼성은 디자인, LG는 성능이라는 인식이 있죠.

어떤 질문을 해야 할까?

웹사이트 평가 ——————————————————————————

먼저 마켓컬리 쇼핑몰에 대한 평가를 요청해봤습니다.

"다음 사이트에 대해 평가해줘. https://www.kurly.com"

컬리Kurly는 한국의 식료품 쇼핑몰입니다. 해당 사이트는 다양한 종류의 생필품, 식품, 건강식품, 주류 등을 판매하고 있습니다.

먼저, 사이트의 디자인은 깔끔하고 모던하며 사용자가 쉽게 이용할 수 있도록 설계되어 있습니다. 상단에는 메뉴바가 위치하고 있으며, 각각의 메뉴를 클릭하면 원하는 카테고리의 제품을 쉽게 찾을 수 있습니다. 또한, 상품의 이미지와 정보가 명확하게 나타나고 있어 쇼핑하는 데에 큰 도움이 됩니다.

두 번째로, 사이트 내부에는 다양한 할인 정보와 이벤트, 무료배송 등의 혜택이 제공되어 소비자들의 구매욕구를 자극할 수 있습니다. 또한, 구매한 제품에 대한 리뷰와 별점이 제공되어 소비자들이 구매에 도움을 줄 수 있습니다.

마지막으로, 사이트 내부에는 고객센터와 Q&A, 배송 및 교환/반품 정보 등을 상세하게 안내하고 있어 소비자들이 제품 구매 전에 필요한 정보를 충분히 확인할 수 있습니다.

전반적으로, 컬리Kurly는 깔끔하고 사용자 친화적인 디자인, 다양한 할인 혜택과 정보, 그리고 상품 정보 제공에 있어 매우 우수한 쇼핑몰 사이트 중 하나입니다.

마켓컬리가 어떤 회사인지 간단히 설명해주고 디자인, 사이트 구성에 대해 평가해주네요. 전반적으로 무난한 평가입니다. 혹시 개선할 점이 있을까요? **"디자인 관점에서 개선할 점을 알려줘."**

컬리Kurly의 홈페이지 디자인은 전반적으로 매우 깔끔하고 사용자 친화적입니다. 그러나 몇 가지 개선할 점이 있습니다.

첫째로, 상품 카테고리를 더욱 분명하게 구분하는 것이 좋을 것입니다. 현재는 상품 카테고리가 좌측 사이드 바에서만 확인할 수 있고, 메인화면에서는 일부 상품들만 노출되어 있습니다. 사용자들이 원하는 카테고리의 상품을 찾기 어렵고 불편할 수 있으므로, 상품 카테고리를 더욱 명확하게 구분하는 것이 좋습니다.

둘째로, 메인화면에서 상품의 이미지와 가격 정보가 더욱 크게 보여질 수 있도록 디자인을 개선하는 것이 좋을 것입니다. 현재는 상품 이미지와 가격 정보가 작게 보여지고 있어, 사용자들이 상품 정보를 파악하기 어려울 수 있습니다. 따라서, 이미지와 가격 정보를 더욱 크게 보여주는 디자인을 적용하는 것이 좋습니다.

셋째로, 일부 페이지에서 로딩 속도가 느린 점이 있습니다. 특히, 상세 페이지에서 이미지 로딩이 느린 경우가 많습니다. 로딩 속도가 느린 경우 사용자들이 사이트를 떠날 가능성이 높으므로, 로딩 속도를 개선하는 것이 좋습니다.

넷째로, 상세 페이지에서 상품 정보가 부족한 점이 있습니다. 특히, 상세 정보 페이지에서 상품에 대한 상세한 정보가 제공되지 않고, 간단한 상품 설명만 제공되는 경우가 많습니다. 이러한 경우 사용자들이 상품 정보를 충분히 파악하기 어려울 수 있으므로, 상세한 상품 정보를 제공하는 것이 좋습니다.(중략)

홈페이지가 잘되어 있어서 그런지 메뉴 위치나 상품 디자인과 관련된 디테일한 사항만 지적합니다. 참고로 답변 후에 챗GPT한테 **"계속해서 말해 줘"** 라고 하면 개선점을 추가로 찾아주기 때문에 혹시나 더 궁금한 사항이 있을 경우 활용하면 좋습니다. (답변 중에 컬리를 '쿨리'라고 해서 여기서는 컬리로 수정해놨습니다. 앞서 컬리와 관련된 답변이 있는데도 일정 시간이 지나고 해서 그런지 회사명을 잘못 알려주네요.)

이번에는 마켓컬리의 경쟁사인 오아시스에 대한 사이트 평가를 요청 해봤습니다. **"다음 사이트에 대해 평가해줘. https://www.oasis.co.kr"**

해당 사이트는 옷 쇼핑몰인 Oasis의 한국 홈페이지로, 다양한 여성복 제품을 판매하고 있습니다. (중략) 마지막으로, 사이트 내부에는 고객센터와 Q&A, 배송 및 교환/반품 정보 등을 상세하게 안내하고 있어 소비자들이 제품 구매 전에 필요한 정보를 충분히 확인할 수 있습니다.

전반적으로 Oasis의 한국 홈페이지는 디자인과 정보 제공 측면에서 매우 우수한 쇼핑몰 사이트 중 하나입니다. 하지만, 개인적인 취향과 선호도에 따라 평가가 달라질 수 있으니, 이 점도 고려하여 선택해야 합니다.

해외 브랜드의 한국 홈페이지에 대한 내용을 설명해줍니다. 잘못된 정보네요. 인지도가 낮은 사이트의 경우 어떤 형태로 입력하든 제대로 된 평가를 받기가 어려웠습니다. 제 블로그에 대해서도 평가를 해봤습니다. **"다음 사이트에 대해 평가해줘. https://blog.naver.com/cobanet"**

해당 블로그는 주로 컴퓨터 및 네트워크 관련 정보를 제공하는 블로그로, 기술적인 내용을 중심으로 다루고 있습니다.

먼저, 블로그의 디자인은 깔끔하고 간결한 편입니다. 각각의 포스트는 목차를 포함하여 체계적으로 구성되어 있고, 필요한 정보를 쉽게 찾을 수 있습니다.

두 번째로, 블로그의 콘텐츠는 기술적인 내용을 중심으로 다루고 있어, 해당 분야에 관심 있는 사용자들에게는 매우 유용한 정보를 제공할 수 있습니다. 또한, 다양한 주제를 다루고 있어 사용자들이 필요한 정보를 쉽게 찾을 수 있습니다.

마지막으로, 블로그의 내용은 전문적이고 기술적인 부분이 많아서 초보 사용자들은 이해하기 어려울 수 있습니다. 또한, 최신 정보나 트렌드를 반영하지 못하고, 제한된 주제 범위로 인해 다양성이 부족한 것으로 나타납니다.

전반적으로, 해당 블로그는 컴퓨터 및 네트워크 기술에 대한 정보를 제공하는 데에는 매우 유용한 블로그 중 하나입니다. 그러나, 초보 사용자들에게는 다소 어려울 수 있으며, 최신 정보나 다양한 주제를 다루지는 못하고 있다는 단점이 있습니다.

제 블로그와는 전혀 상관이 없는 내용이네요. 유명하지 않은 사이트에 대한 평가는 재검토가 필요해 보입니다. 참고로 인지도가 높은 네이버의 경우에는 제대로 된 정보를 줍니다.

해당 사이트는 대한민국에서 가장 많이 이용되는 포털 사이트인 네이버의 메인 페이지입니다.

먼저, 사이트의 디자인은 깔끔하고 간결하여 사용자가 쉽게 이용할 수 있도록 구성되어 있습니다. 상단에는 검색창과 다양한 서비스 링크가 있어 사용자가 쉽게 원하는 정보를 찾을 수 있도록 도와줍니다. (중략)

이번에는 구체적인 평가 기준을 제시한 후 평가를 시켜봤습니다. 비교를 위해 일반적인 평가를 먼저 요청해봤습니다.

"다음 사이트에 대해 평가해줘. https://www.daekyo.com/kr/index"

해당 사이트는 대한민국의 교육 전문 기업인 대교의 공식 홈페이지입니다.

먼저, 사이트의 디자인은 깔끔하고 사용자 친화적으로 구성되어 있습니다. 각종 서비스와 메뉴 등이 쉽게 찾아볼 수 있도록 배치되어 있으며, 페이지의 구성도 명확하여 사용자들이 쉽게 정보를 찾을 수 있습니다.

두 번째로, 사이트는 대한민국의 교육 전문 기업인 대교의 홈페이지로, 다양한 교육 서비스와 교재 등을 제공하고 있습니다. 특히, 학습에 필요한 다양한 콘텐츠들이 제공되고 있어 학습자들이 필요한 정보를 더욱 쉽게 찾을 수 있습니다.

마지막으로, 대교는 교육 전문 기업으로서 교육에 대한 열정과 경험을 바탕으로 다양한 학습 프로그램과 콘텐츠를 제공하고 있습니다. 이는 교육의 질을 높이고, 학습자들이 더욱 효과적인 학습을 할 수 있도록 지원하는 데 큰 역할을 합니다.

전반적으로, 대교의 홈페이지는 깔끔하고 사용자 친화적인 디자인으로 구성되어 있으며, 다양한 교육 서비스와 콘텐츠를 제공하여 학습자들이 더욱 쉽게 정보를 찾을 수 있도록 도와주고 있습니다.

질문을 구체화해볼까요? **"다음 사이트의 홈페이지 구성, 사용자 경험 측면에서 구체적으로 평가해줘. https://www.daekyo.com/kr/index"**

해당 사이트는 대한민국의 교육 전문 기업인 대교의 홈페이지입니다.
먼저, 사이트의 홈페이지 구성은 매우 깔끔하고 사용자 친화적으로 구성되어 있습니다. 상단 메뉴에는 대교의 다양한 교육 서비스가 나열되어 있으며, 사용자가 필요한 정보를 빠르게 찾을 수 있도록 도와줍니다. 또한, 사이트 내부에서는 학습자들에게 필요한 정보들이 체계적으로 구성되어 있어 사용자들이 빠르게 필요한 정보를 찾을 수 있습니다.
두 번째로, 대교는 교육 전문 기업으로서 교육에 대한 열정과 경험을 바탕으로 다양한 학습 프로그램과 콘텐츠를 제공하고 있습니다. 이러한 서비스들은 사이트 내부에서 상세하게 소개되어 있으며, 다양한 콘텐츠와 학습자들에게 유용한 정보들이 제공되고 있습니다.
마지막으로, 대교는 학습자들에게 보다 나은 학습 경험을 제공하기 위해 다양한 교육 서비스들을 개발하고 있습니다. 이러한 노력들은 대교가 학습자들의 성공을 위해 최선을 다하는 것을 보여주며, 사용자들의 학습에 대한 높은 만족도를 얻고 있습니다. (중략)

우리가 잘 알고 있는, 규모가 있는 기업의 사이트는 평가 결과가 크게 달라지는 건 없는 것 같습니다. 강원도 관광 사이트는 어떨까요? **"다음 사이트의 장점 및 단점에 대해 평가해줘. https://www.gangwon.to/gwtour"**

다음은 https://www.gangwon.to/gwtour의 장점과 단점에 대한 평가입니다.

장점:

1. 다양한 여행 정보 제공: 사이트 내에서 강원도의 다양한 여행 코스와 관광지 정보를 쉽게 찾을 수 있습니다. 이를 통해 여행객들은 강원도의 매력적인 지역을 더 잘 알 수 있습니다.

2. 사용자 친화적인 디자인: 디자인이 깔끔하고 정보들이 카테고리별로 나누어져 있어 사용자가 필요한 정보를 쉽게 찾을 수 있습니다. 또한, 검색 기능과 문의 및 예약에 대한 전화번호나 이메일 주소를 함께 제공하여 사용자가 더욱 편리하게 이용할 수 있습니다.

3. 생생한 여행 후기 제공: 각 지역별로 여행 후기와 사진을 볼 수 있으며, 다른 여행객들의 경험을 참고하여 여행 계획을 세울 수 있습니다.

4. 다양한 즐길 거리 제공: 자연, 문화, 음식 등 강원도의 다양한 즐길 거리 정보를 함께 제공하여 사용자가 더욱 다양한 즐거움을 느낄 수 있도록 돕습니다.

단점:

1. 한정된 정보 제공: 강원도의 모든 여행 정보를 제공하지는 않으며, 일부 지역이나 프로그램에 대한 정보가 부족할 수 있습니다.

2. 사용자 생성 계정 필요: 일부 서비스를 이용하기 위해서는 사용자 계정 생성이 필요합니다. 이는 사용자들이 일부 정보를 이용하기 위해 불필요한 절차를 거쳐야 한다는 점에서 불편함을 초래할 수 있습니다.

3. 다국어 지원 부족: 현재 사이트는 한국어 지원에만 한정되어 있으며, 외국인 여행객들이 이용하기에는 불편함이 있을 수 있습니다.

종합적으로 보면, https://www.gangwon.to/gwtour은 강원도 여행 정보를 제공하는 면에서 매우 유용하며 사용자 친화적인 디자인과 다양한 기능을 갖추고 있습니다. 그러나 일부 한계가 있을 수 있으며, 사용자 계정 생성이 필요하거나 다국어 지원이 부족한 점에서 개선의 여지가 있습니다.

이번에는 장점과 단점을 구체적으로 제시해줬네요.

제품 디자인 평가

제품 디자인을 어떻게 평가하는지도 확인해볼까요?

"삼성전자 Bespoke 냉장고의 디자인에 대해 평가해줘."

삼성전자 Bespoke 냉장고의 디자인은 매우 독특하고 다양한 색상과 디자인 옵션으로 제공됩니다. 사용자는 다양한 색상을 선택할 수 있으며, 제품의 일부 구성 요소도 변경할 수 있습니다. 이는 소비자가 자신만의 개성을 담은 제품을 구매할 수 있도록 해주는 매우 흥미로운 디자인 요소입니다.

또한, 제품의 터치스크린 인터페이스와 LED 조명 등의 디자인 요소도 매우 세련되어 있습니다. 이러한 디자인 요소들은 제품의 사용자 경험을 향상시키는 데에도 큰 역할을 합니다.

전반적으로, 삼성전자 Bespoke 냉장고의 디자인은 매우 혁신적이며, 사용자들이 자신만의 스타일과 취향을 담은 제품을 구매할 수 있는 매우 매력적인 요소를 제공합니다.

긍정적인 평가를 내려주네요. 그래서 계속해서 물었습니다.

"일반 고객들이 실제로 어떻게 느끼는지 평가해줘."

일반 고객들의 실제 사용 후 평가를 종합해보면, 삼성전자 Bespoke 냉장고는 다양한 디자인과 구성 옵션, 그리고 유용한 기능 등으로 인해 매우 긍정적인 평가를 받고 있습니다.

먼저, 다양한 디자인 옵션은 소비자들이 자신의 인테리어와 스타일에 맞게 제품을 선택할 수 있게 해줍니다. 또한, 제품의 터치스크린 인터페이스와 LED 조명 등의 디자인 요소는 사용자들이 제품을 더욱 편리하게 이용할 수 있도록 도와줍니다.

두 번째로, 제품의 다양한 기능들은 소비자들의 실생활에서 매우 유용하게 사용되고 있습니다. 예를 들어, 음식물 보관 온도와 습도를 자동으로 조절하는 기능은 음식의 신선도를 높여주는 데에 큰 도움을 주고 있습니다.

하지만, 일부 사용자들은 제품의 가격이 상대적으로 높은 편이라는 점에 대해 불만을 표현하기도 합니다. 또한, 제품의 크기가 크기 때문에 설치가 어려울 수 있으며, 유지보수 및 수리 비용이 높은 것으로 나타나고 있습니다.

전반적으로, 삼성전자 Bespoke 냉장고는 디자인과 기능 면에서 매우 우수한 제품으로 평가되고 있으며, 일부 단점은 있지만 대체로 매우 만족스러운 제품으로 평가받고 있습니다.

역시나 전반적인 평가는 좋게 나옵니다. 가격, 제품 크기 관련해 소수 의견도 이야기를 해주네요. 이런 고객 평가에 대해 챗GPT에게 출처를 물어봤습니다. **"삼성전자 Bespoke 냉장고의 디자인에 대한 실제 고객 의견을 출처와 함께 알려줘."**

삼성전자 Bespoke 냉장고의 디자인에 대한 실제 고객의 의견은 다양합니다.

예를 들어, 삼성전자는 2020년 말에 실시한 Bespoke 냉장고 출시 1년 기념 고객 만족도 조사에서, Bespoke 냉장고의 디자인과 색상 선택의 만족도가 높았다는 결과를 발표하였습니다. 조사 결과, Bespoke 냉장고의 디자인과 색상에 대한 만족도는 모두 90% 이상이었으며, 특히 색상 선택에 대한 만족도는 95%에 이르렀습니다.

하지만, 다른 조사에서는 일부 사용자들이 Bespoke 냉장고의 디자인이 과장되었다는 의견을 제시하기도 했습니다. 예를 들어, 2021년 1월에 진행된 다나와Danawa의 냉장고 구매 만족도 조사에서는, 일부 사용자들이 Bespoke 냉장고의 디자인이 과장되었다는 의견을 제시하였습니다. 또한, 특정 색상이나 디자인을 원하는 경우, 추가 비용이 발생한다는 점이 부담스러웠다는 의견도 있었습니다.(중략)

그럴듯한 출처를 알려줍니다. 그런데 검색해보니 이와 관련된 내용을 찾을 수가 없었습니다. 챗GPT의 데이터 신뢰도가 다시 한번 이슈가 되는 상황이었습니다.

챗GPT 답변에서 확인해야 할 사항

유명하거나 인지도가 있는 회사의 사이트에 대한 평가는 문제가 없지만, 그렇지 않은 사이트에 대해서는 잘못된 정보를 제공해줍니다. 특히 동일한 회사명이 있을 경우, 유명한 회사에 대한 평가를 해버립니다. 앞서 오아시스의 경우 영어로 물어봐도 "Oasis Korea's website is an online fashion store that sells a variety of women's clothing"이라고 대답합니다.

디자인의 경우 일반적인 평가 결과를 제공해주는데, 그 결과에 대한 구체적인 데이터는 신뢰할 수 없습니다. 정성적인 평가 자체는 문제가 없지만 정량적인 평가의 경우 다시 한번 확인할 필요가 있습니다.

챗GPT 프롬프트 리스트

- 🗨 다음 사이트에 대해 평가해줘. https://www.kurly.com
- 🗨 다음 사이트를 디자인 관점에서 개선할 점을 알려줘. https://www.

kurly.com/main

💬 다음 사이트의 홈페이지 구성, 사용자 경험 측면에서 구체적으로 평가해줘. https://www.daekyo.com/kr/index

💬 다음 사이트의 장점 및 단점에 대해 평가해줘. https://www.gangwon.to/gwtour

💬 삼성전자 Bespoke 냉장고의 디자인에 대해 평가해줘.

💬 일반 고객들이 실제로 어떻게 느끼는지 평가해줘.

💬 삼성전자 Bespoke 냉장고의 디자인에 대한 실제 고객 의견을 출처와 함께 알려줘.

Chat GPT

4. 타깃 고객 및 페르소나 설정

어떤 업무일까?

마케팅 업무의 핵심은 시장을 세분화하고 하고 타깃 시장을 선정해 해당 시장의 핵심 고객을 찾는 것입니다. 회사의 자원은 한정되어 있기 때문에 타깃 고객을 설정해 자원을 집중해야 하고, 더 나아가 타깃 고객의 라이프 스타일을 파악해 그들이 정말 원하는 게 무엇인지도 고민해야 합니다.

어떤 질문을 해야 할까?

신선식품 플랫폼 업체라고 가정하고 바로 질문을 던져봤습니다.

"신선식품 플랫폼 스타트업인데, 타깃 고객을 누구로 설정하면 좋을까?"

신선식품 플랫폼 스타트업의 타깃 고객은 매우 중요합니다. 아래의 몇 가 지 팁을 참고하시면 도움이 될 수 있습니다.

1. 일반 소비자: 대부분의 소비자는 신선한 식품을 좋아합니다. 따라서 일반 소비자를 타깃 고객으로 선택하는 것이 좋습니다.

2. 전문가 및 식품 업계: 전문가 및 식품 업계 인사들은 좋은 제품에 대한 소식을 널리 알리는 역할을 합니다. 따라서 이들을 타깃 고객으로 선택하는 것도 좋은 방법입니다.

3. 유통 업체: 유통 업체도 타깃 고객으로 선택할 수 있습니다. 이들은 매우 중요한 역할을 하며, 식품 플랫폼의 성장과 성공을 결정하는 데 큰 역할을 합니다.

4. 레스토랑 및 요리사: 레스토랑 및 요리사는 고객에게 맛있는 음식을 제공하는데 매우 중요한 역할을 합니다. 따라서 이들을 타깃 고객으로 선택하는 것도 좋은 방법입니다.

이외에도, 특정 지역이나 연령대 등 특정 그룹을 타깃 고객으로 선택하는 것도 가능합니다. 중요한 것은 타깃 고객을 선택할 때, 그들의 Bed, Bath & Beyond와 같은 신선식품과 관련된 취향과 요구사항을 고려하는 것입니다.

처음에 생각했던 결과와는 다른 내용이 나왔네요. 고객을 소비자부터 유통 업체, 레스토랑 및 요리사까지 제시해줍니다. 플랫폼이라는 조건 때문에 공급자 측면과 수요자 측면이 모두 고려된 결과인 것 같습니다. 어쨌든 이 결과도 아이디어 차원에서 도움이 될 수 있을 것 같습니다.

일단 일반 소비자로 타깃 고객을 한정해볼까요? **"신선식품 플랫폼 스타트업인데, 일반 소비자 중 타깃 고객을 누구로 설정하면 좋을까?"**

챗GPT 업무 사용 매뉴얼

일반 소비자 중에서도 다양한 세그먼트가 있겠지만, 다음과 같은 그룹이 타깃 고객으로 적합할 수 있습니다.

1. 건강에 관심이 있는 소비자: 건강한 식습관을 추구하는 소비자는 신선한 식품에 대한 수요가 많을 것입니다. 이들은 자연식품, 유기농 식품 등의 제품에 관심이 있으며, 영양가가 높은 제품을 선호할 가능성이 높습니다.

2. 식사 준비에 시간이 부족한 사람들: 현대인들은 바쁜 일상으로 인해 식사 준비에 많은 시간을 할애하기 어렵습니다. 따라서 이들은 편리하게 이용할 수 있는 제품에 대한 수요가 많을 것입니다. 예를 들어, 준비가 간편한 식재료 또는 식사 준비 서비스 등이 해당됩니다.

3. 도시 거주자: 도시 거주자들은 상대적으로 신선한 식품에 대한 접근성이 낮은 경우가 많습니다. 이들은 대부분 마트나 슈퍼마켓에서 구매하거나, 배달 서비스를 이용하는 경우가 많습니다. 이에 따라, 도시 거주자들은 신선한 식품 플랫폼을 이용하여 좀 더 쉽게 신선한 식품을 구매할 가능성이 높습니다.

4. 온라인 쇼핑을 선호하는 소비자: 최근에는 온라인 쇼핑이 더욱 보편화되면서, 식품도 온라인에서 구매하는 경우가 많아졌습니다. 따라서 온라인 쇼핑을 선호하는 소비자들도 타깃 고객으로 선택할 수 있습니다.

이외에도, 지역적인 특성에 따라서 타깃 고객을 설정할 수 있습니다. 예를 들어, 농촌 지역이나 대도시 지역, 남성이나 여성 등의 세부 그룹에 따라 타깃 고객을 설정할 수 있습니다.(중략)

건강에 관심 있는 소비자부터 온라인 쇼핑 선호자까지 고객 행태 측면을 고려한 타깃 고객을 선정해주네요. 식사 준비에 시간이 부족한 사람들도 타깃 고객으로 선정해줬는데, 이 부분도 좋은 관점인 것 같습니다.

챗GPT가 제안한 결과를 보면 타깃 고객에 대한 기존 고정관념을 타파할 수 있는 장점도 있습니다. 만약 여러분이 인구통계학적인 측면에서 타깃 고객 분석이 필요하다면 연령대, 소득 수준 등과 같은 단어를 넣어서 질문해보면 됩니다.

앞선 질문과 연결해 질문을 더해볼까요? **"위 타깃 고객 중 우선적으로 접근해야 할 고객은 누구야?"**

우선적으로 접근해야 할 고객은 다음과 같이 결정될 수 있습니다.

1. 초기 론칭 시기에는, 식품 업계 전문가들과 블로거들에게 제품을 소개하여 신뢰성 있는 평판을 구축하는 것이 중요합니다. 이를 통해 타깃 고객들에게 제품에 대한 신뢰성을 제공하고, 제품 인지도를 높일 수 있습니다.

2. 이후, 건강한 식습관을 추구하는 소비자들을 중심으로 마케팅을 집중하는 것이 좋습니다. 이들은 대체로 건강한 식품을 선호하고, 영양가가 높은 제품을 찾는 경향이 있습니다. 따라서 이들에게는 제품의 영양성과 신선함을 강조하는 마케팅 전략이 효과적일 것입니다.

3. 도시 거주자들을 중심으로 마케팅을 확장하는 것도 좋은 전략입니다. 도시 거주자들은 대체로 신선한 식품에 대한 접근성이 낮기 때문에, 신선식품 플랫폼의 서비스를 필요로 할 가능성이 높습니다. 따라서 이들

에게는 제품의 편리성과 빠른 배송 서비스 등을 강조하는 마케팅 전략
이 효과적일 것입니다.

4. 온라인 쇼핑을 선호하는 소비자들 역시 중요한 타깃 고객입니다. 이들
은 대체로 디지털 시대에 적응한 습관을 가지고 있으며, 온라인 쇼핑에
대한 수요도 높습니다. 이들에게는 제품의 온라인 구매와 배송 서비스
등을 강조하는 마케팅 전략이 효과적일 것입니다. (중략)

챗GPT는 시점에 따라 플랫폼 홍보 관점에서 고객 우선순위를 다르게
제안해줍니다. 질문을 좀 더 구체화해볼까요? **"위 타깃 고객에 대해 타깃 고
개 규모, 예상 구매력, 지속 구매 가능성 관점에서 평가해서 가장 우선적으로 접
근해야 할 고객을 알려줘."**

위에서 언급한 타깃 고객들 각각의 타깃 고객 규모, 예상 구매력, 지속 구
매 가능성을 고려해 우선적으로 접근해야 할 고객은 다음과 같습니다.

1. 건강에 관심이 있는 소비자: 건강에 관심이 있는 소비자들은 대체로 비
교적 큰 규모를 가지며, 비교적 높은 구매력을 가지고 있습니다. 또한,
식품 플랫폼의 제공 제품에 대한 지속 구매 가능성이 높은 고객입니다.

2. 도시 거주자: 도시 거주자들은 식품에 대한 접근성이 낮아서, 대체로 비
교적 큰 규모를 가지고 있으며, 구매력도 높습니다. 또한, 배송 서비스
와 같은 편의성에 대한 요구도 높기 때문에, 지속적으로 구매할 가능성
이 높은 고객입니다.

3. 온라인 쇼핑을 선호하는 소비자: 온라인 쇼핑을 선호하는 소비자들은

대체로 비교적 큰 규모를 가지며, 식품을 온라인에서 구매할 가능성이 높습니다. 따라서, 온라인 쇼핑을 선호하는 고객들 역시 지속적으로 구매할 가능성이 높은 고객입니다.

4. 식품 업계 전문가들과 블로거들: 식품 업계 전문가들과 블로거들은 대체로 비교적 작은 규모를 가지지만, 제품의 신뢰성과 평판을 구축하는 데 큰 역할을 합니다. 이들은 식품 플랫폼의 인지도와 신뢰성을 높이는 데 중요한 역할을 하므로, 초기 런칭 시기에는 중요한 타깃 고객입니다.

위의 평가는 일반적인 경향을 보여주는 것이므로, 구체적인 사업 상황과 제품 특성에 따라 다르게 평가될 수 있습니다. 따라서, 상황에 따라 적절한 타깃 고객을 설정하고, 타깃 고객들에게 맞춤형 마케팅 전략을 수립하는 것이 중요합니다.

각 항목을 고려한 종합적인 평가 결과를 제시해주네요. 이번에는 조금 어려운 문제를 던져봤습니다. **"위 타깃 고객에 대해 타깃 고개 규모, 예상 구매력, 지속 구매 가능성 등의 평가 요소를 5점 만점으로 각각 평가해 평균을 계산, 가장 우선적으로 접근해야 할 고객을 알려줘."**

각각의 평가 요소를 5점 만점으로 평가하고, 평균을 계산하여 가장 우선적으로 접근해야 할 고객을 평가할 수 있습니다. 다음은 각각의 타깃 고객들의 평가 점수입니다.

1. 건강에 관심이 있는 소비자

• 타깃 고객 규모: 5점

- 예상 구매력: 4점
- 지속 구매 가능성: 5점
- 평균: 4.67점

2. 도시 거주자

- 타깃 고객 규모: 4점
- 예상 구매력: 4점
- 지속 구매 가능성: 4점
- 평균: 4점

3. 온라인 쇼핑을 선호하는 소비자

- 타깃 고객 규모: 4점
- 예상 구매력: 4점
- 지속 구매 가능성: 4점
- 평균: 4점

4. 식품 업계 전문가들과 블로거들

- 타깃 고객 규모: 3점
- 예상 구매력: 3점
- 지속 구매 가능성: 5점
- 평균: 3.67점

위의 평가 결과, 건강에 관심이 있는 소비자가 가장 우선적으로 접근해야 할 타깃 고객으로 평가됩니다. 그다음으로는 식품 업계 전문가들과 블로거들, 도시 거주자, 온라인 쇼핑을 선호하는 소비자 순으로 우선순위가 결정됩니다. 하지만, 이는 일반적인 경향을 보여주는 것일 뿐, 실제 사업 상황과 제품 특성에 따라 달라질 수 있으므로, 상황에 맞게 적절한 타깃 고객을 선택하는 것이 중요합니다.

건강에 관심이 있는 소비자가 우선 대상이라고 하네요. 결과가 어떻든 우리가 알아야 할 건 지금처럼 질문하면 이런 결과를 얻을 수 있다는 점입니다.

"위의 내용을 표로 제시해줘."

타깃 고객	타깃 고객 규모	예상 구매력	지속 구매 가능성	평균
건강에 관심이 있는 소비자	5점	4점	5점	4.67점
도시 거주자	4점	4점	4점	4점
온라인 쇼핑을 선호하는 소비자	4점	4점	4점	4점
식품 업계 전문가 및 블로거	3점	3점	5점	3.67점

위의 평가 결과, 건강에 관심이 있는 소비자가 가장 우선적으로 접근해야 할 타깃 고객으로 평가되었으며, 이들을 중심으로 마케팅 전략을 수립하는 것이 좋습니다. 하지만, 이는 일반적인 경향을 보여주는 것일 뿐, 실제 사업 상황과 제품 특성에 따라 다르게 평가될 수 있으므로, 상황에 맞게 적절한 타깃 고객을 선택하는 것이 중요합니다.

이렇게 표로 보니 뭔가 대단한 결과를 정리해준 것처럼 보입니다. 지금까지 타깃 고객에 대해 이야기했데요. 이제는 페르소나를 한번 살펴볼까요? 페르소나는 가면이라는 뜻인데, 마케팅 관점에서는 '가상의 인물'이라고 보면 됩니다. 예를 들어, '강남에 거주하는 20대 여성'이라는 동일한 타깃 고객이라도 라이프스타일은 다 다르겠죠? 학력도, 성향도 다르고 취미도 다른 것처럼요. 그래서 페르소나는 한 명이 아닌 여러 명을 설정할 수 있습니다. 일단은 건강에 관심이 있는 소비자를 타깃 고객으로 설정해 질문을 던져보겠습니다. **"건강에 관심 있는 소비자의 페르소나를 말해줘."**

건강에 관심 있는 소비자의 페르소나는 다양할 수 있지만, 일반적으로 다음과 같은 특성을 가질 수 있습니다.

1. 건강과 영양에 대한 지식과 관심을 가지고 있는 사람들

2. 식사를 할 때 영양성분과 칼로리를 중요하게 고려하는 사람들

3. 육류, 유제품, 고당도 음료 등의 섭취를 자제하고, 채소, 과일, 견과류, 씨앗 등을 중심으로 식사를 구성하는 사람들

4. 대체식품, 식이요법, 건강보조제 등의 건강 관련 제품에 대한 관심이 높은 사람들

5. 운동을 적극적으로 하며, 건강한 생활습관을 추구하는 사람들

이러한 건강에 관심 있는 소비자들은 대체로 건강하고 영양가 있는 제품에 대한 수요가 높은 경향이 있습니다. 따라서, 이들의 요구와 취향을 고려한 제품을 개발하고, 이를 강조하는 마케팅 전략을 수립하는 것이 중요합니다.

다양한 페르소나를 제시해준 것에 그쳤는데요. 고객 분석에서 활용하

는 페르소나의 내용보다는 많이 부족합니다. 그래서 단어를 조금 바꿔봤습니다. **"건강에 관심 있는 소비자의 고객 프로파일을 알려줘."**

건강에 관심 있는 소비자의 고객 프로파일은 다양합니다. 하지만, 일반적으로 다음과 같은 특성을 가질 수 있습니다.

1. 성별: 대체로 남녀 모두 건강에 관심이 있는 소비자들이 존재하지만, 여성의 비율이 더 높을 수 있습니다.
2. 연령대: 대체로 20대 후반부터 50대 중반까지의 연령대가 많습니다.
3. 직업: 대체로 전문직이나 사무직과 같이 정규직으로 일하는 사람들이 많습니다.
4. 소득 수준: 대체로 중간 이상의 소득 수준을 가지는 사람들이 많습니다.
5. 건강 상태: 건강한 상태를 유지하려는 의지가 강하거나, 건강에 관련된 질환을 가진 사람들이 많습니다.
6. 취향: 건강하고 영양가 있는 음식을 선호하며, 비건이나 채식을 선호하는 경우도 있습니다.
7. 생활습관: 운동을 적극적으로 하며, 건강한 생활습관을 유지하는 경우가 많습니다.
8. 정보 수집 방법: 온라인을 통해 정보를 수집하고, 소셜 미디어를 활용하는 경우가 많습니다.

이러한 건강에 관심 있는 소비자들의 특성을 파악하여, 이들의 요구와 취향을 고려한 제품과 서비스를 제공하고, 타깃 마케팅을 통해 이들을 유치하는 것이 중요합니다.

실무에서 쓸만한 내용들이 보이기 시작합니다. 한발 더 나아가볼까요? **"건강에 관심 있는 소비자의 페르소나를 고려해 니즈, Pain Points, 목표를 제시해줘."**

건강에 관심 있는 소비자의 페르소나를 고려한 니즈, Pain Points, 목표는 다음과 같을 수 있습니다.

페르소나: 건강에 관심 있는 30대 여성

- 니즈: 건강한 식습관을 유지하며, 건강한 라이프스타일을 즐기고 싶어 합니다. 건강한 식품에 대한 정보와 접근성이 필요합니다.
- Pain Points: 시간과 예산이 제한적인 경우가 많아서, 건강한 식사 준비와 구매가 어렵다는 불편함이 있습니다. 또한, 건강한 제품에 대한 정보를 얻기가 어려워서, 제품 선택에 어려움이 있을 수 있습니다.
- 목표: 건강한 식습관을 유지하면서도 시간과 예산을 절약할 수 있는 식품 제품을 찾고, 식품에 대한 정보를 쉽게 얻을 수 있도록 하고 싶어합니다.

페르소나: 건강에 관심 있는 40대 남성

- 니즈: 체중 관리와 건강한 라이프스타일 유지를 위해 영양가 높은 식품과 운동에 대한 정보와 접근성이 필요합니다.
- Pain Points: 일과 가정 생활로 인해 시간이 부족하고, 지친 상태에서 운동과 건강한 식습관 유지가 어렵다는 불편함이 있습니다. 또한, 건강한 제품을 찾기가 어려워서, 제품 선택에 어려움이 있을 수 있습니다.
- 목표: 체중 감량과 건강한 식습관 유지를 위해 영양가 높은 제품과 운동

에 대한 정보를 찾고, 시간과 지침을 줄일 수 있는 제품과 서비스를 찾고 싶어합니다.

이러한 페르소나에 대한 니즈, Pain Points, 목표 등을 고려하여, 제품과 서비스를 개발하고 마케팅 전략을 수립하는 것이 중요합니다. 이들의 니즈와 불편함을 파악하여, 이를 해결할 수 있는 제품과 서비스를 개발하고, 이를 강조하는 마케팅 전략을 수립하는 것이 중요합니다.

이번에는 건강에 관심 있는 30대 여성, 건강에 관심 있는 40대 남성 2개의 페르소나를 제시해주네요. **"건강에 관심 있는 소비자의 페르소나를 3개 이상 제시해줘"**라고 물어봐도 좋은 결과가 나올 것 같습니다.

연속으로 질문해봤습니다. **"건강에 관심 있는 소비자의 페르소나의 니즈와 Pain Points, 목표 등을 고려해 신선식품 플랫폼 운영방안에 대해 말해줘."**

건강에 관심 있는 소비자의 페르소나의 니즈와 Pain Points, 목표를 고려하여 신선식품 플랫폼을 운영할 때, 다음과 같은 방안을 고려할 수 있습니다.

1. 건강한 제품에 대한 정보 제공

건강에 관심 있는 소비자들은 건강한 제품에 대한 정보를 얻고, 이를 선택할 수 있도록 하는 것이 중요합니다. 이를 위해, 신선식품 플랫폼에서는 상품 정보를 상세하게 제공하고, 영양성분, 원산지 등의 정보를 포함시킬 수 있습니다.

2. 건강한 제품 추천 서비스 제공

건강에 관심 있는 소비자들은 제품 선택에 어려움이 있을 수 있습니다. 이를 해결하기 위해, 신선식품 플랫폼에서는 사용자의 선호도를 고려한 제품 추천 서비스를 제공할 수 있습니다. 사용자의 건강 관심사와 취향에 따라 맞춤형 상품을 추천해주는 것이 가능합니다.

3. 건강에 관련된 정보 제공

건강에 관심 있는 소비자들은 건강한 식습관과 생활습관에 대한 정보를 필요로 합니다. 이를 위해, 신선식품 플랫폼에서는 건강에 대한 정보를 제공할 수 있습니다. 레시피, 영양 정보, 운동 팁 등의 정보를 제공함으로써, 사용자들이 건강한 라이프 스타일을 쉽게 유지할 수 있도록 도와줄 수 있습니다.

4. 구매 편의성 제공

건강에 관심 있는 소비자들은 시간과 예산이 제한적인 경우가 많습니다. 이를 고려하여, 신선식품 플랫폼에서는 구매 편의성을 제공할 수 있습니다. 예를 들어, 주문 후 집앞으로 배송되는 등의 방식으로 구매 과정을 간소화할 수 있습니다.

5. 신선한 상품 보장

건강에 관심 있는 소비자들은 신선한 제품을 선호합니다. 따라서, 신선식품 플랫폼에서는 상품의 신선도를 보장하고, 상품의 유통 기한이 짧은 제품에 대해서는 교환 및 환불 정책을 운영할 수 있습니다.

6. 회원제 서비스 제공

건강에 관심 있는 소비자들은 일반적으로 계속해서 건강한 식습관을 유지하고 싶어합니다. 이에 따라, 신선식품 플랫폼에서는 회원제 서비스를 제공할 수 있습니다. 회원 등급별로 할인 혜택을 제공하고, 포인트 적립 및 사용 등의 다양한 혜택을 제공함으로써, 사용자들이 계속해서 이용할 수 있는 유형성을 제공합니다.

이러한 방안들을 고려하여, 신선식품 플랫폼을 운영할 때 건강에 관심 있는 소비자들의 니즈와 Pain Points, 목표 등을 충족시키는 제품과 서비스를 제공하고, 사용자들이 쉽게 이용할 수 있도록 하는 것이 중요합니다.

회원제 서비스 제공이 눈에 띄네요. 페르소나에 대해 구체적으로 알아보기 위해 챗GPT에 다음과 같이 요청했습니다. **"건강에 관심 있는 소비자의 페르소나의 하루 24시간 라이프스타일을 평일과 주말로 구분해서 설명해줘."**

건강에 관심 있는 소비자의 페르소나의 하루 24시간의 라이프스타일은 평일과 주말로 구분될 수 있습니다. 아래는 예시입니다.

페르소나: 건강에 관심 있는 30대 여성

평일:

- 06:00~07:00: 일어나서 조깅이나 요가 등의 운동을 합니다.
- 07:30~08:30: 건강한 아침 식사를 챙겨 먹습니다.
- 09:00~18:00: 회사에서 업무를 하며, 간단한 간식으로 영양분을 보충합니다.
- 18:00~20:00: 운동이나 산책을 하며, 건강한 식사를 챙겨 먹습니다.
- 20:00~22:00: 취미생활이나 독서 등의 취미생활을 즐기며, 일찍 잠에 듭니다.

주말:

- 08:00~09:00: 일어나서 조깅이나 요가 등의 운동을 합니다.

- 09:30~11:00: 건강한 브런치 식사를 즐깁니다.

- 11:00~16:00: 취미생활이나 나들이 등으로 약간의 운동을 하며, 건강한 간식으로 영양분을 보충합니다.

- 16:00~18:00: 가족이나 친구와 함께 건강한 식사를 즐기고, 운동이나 산책을 합니다.

- 18:00~21:00: 취미생활이나 독서 등의 취미생활을 즐기며, 일찍 잠에 듭니다.

이처럼 건강에 관심 있는 소비자들은 운동과 건강한 식사 등의 습관을 일상생활에 포함시키는 것이 일상적입니다. 특히, 평일에는 업무와 운동, 식사 등의 균형을 유지하며, 주말에는 가족이나 친구들과 함께 건강한 식사와 취미생활을 즐기는 것이 특징입니다. 이를 고려하여 신선식품 플랫폼에서는 사용자들이 건강한 라이프스타일을 쉽게 유지할 수 있도록 건강한 식품과 영양 정보, 운동 정보 등을 제공하는 것이 중요합니다.

시간대별 활동을 개략적으로 알려주네요. 이러한 시간대별 활동을 하나의 스토리로 말해달라고 챗GPT에게 요청하면 우리가 흔히 말하는 페르소나를 볼 수 있을 것 같습니다. 지금까지 챗GPT에게 질문한 결과를 활용하면 다음 페이지와 같은 페르소나 보고서를 작성할 수 있습니다.

채리나	반려견과의 삶은 제 삶을 좀 더 풍요롭게 만들어주는 느낌입니다.
	여성/28세/사회복지/석사/강남/오피스텔/미혼
	성격은 내성적이고 감성적임. 삶의 의미와 개인적 성장 등을 중시함

채리나는 밀레니얼세대로 강남에 있는 오피스텔에 혼자 거주하며 디자인 회사에 다니고 있다. 그녀뿐만 아니라 그녀의 친구들도 반려견을 키우고 있으며, 주말에는 한강 공원에 친구들과 함께 반려견과 같이 산책을 하고 브런치를 먹고 반려견 술에 가서 같이 쇼핑을 한다. 그녀에게 있어 반려견은 아이를 키우는 느낌을 준다. 아이를 워낙 좋아하지만 아직 결혼 생각은 없다. 그녀는 주로 인스타그램에 자신의 일상을 올리며, 반려견을 좋아하는 사람들과 소통을 하며 반려견들에게 좋은 음식이나 관련 제품에 관해 이야기한다. 디자이너이다 보니 0l고가 많아 집에 늦게 들어가는 경우도 많고 주말에도 가끔 출근한다. 장기간 외출을 할 때에는 반려견을 맡길 수 있는 믿을 만한 반려견 호텔을 찾아 맡긴다.

[목표]
- 반려견이 건강하기를 바란다.
- 믿고 맡길 수 있는 반려견 호텔을 원한다.
- 반려견을 위한 다양한 제품이나 서비스를 쉽게 찾기를 원한다.

[니즈]
- 신뢰할 수 있는 반려견 호텔과 이와 관련된 구체적인 정보(비용, 서비스, 리뷰 등)가 필요하다.
- 집 밖에서도 반려견의 상태를 실시간으로 확인할 수 있는 장치나 서비스가 필요하다.
- 반려견이 정신적으로나 육체적으로 건강할 수 있는 제품이 필요하다.

[좌절/두려움/도전]
- 반려견이 예상치 못하게 자주 아프거나 이상행동을 보인다.
- 직장생활을 하고 혼자 살다 보니 반려견과 같이 있는 시간이 짧아 반려견을 자주 돌보지 못한다.
- 반려견 관련 다양한 제품 정보를 찾는 것이 어렵다.

챗GPT 답변에서 확인해야 할 사항

인구통계학적인 혹은 고객 행태 측면에서 타깃 고객을 설정하고 싶다면 해당 단어를 넣어서 챗GPT에게 물어보면 좋습니다. 챗GPT는 포괄적인 분석을 통해 타깃 고객을 설정해주기 때문이죠. 포괄적인 게 나쁜 건 아닙니다. 고정관념에서 벗어날 기회를 주기도 하니까요.

페르소나의 경우 다양한 페르소나를 추천해달라고 하는 게 좋습니다. 또 페르소나에 들어가는 일반적인 항목을 제시해서 답변을 받아봐도 되지만, 챗GPT의 답은 분량이 한정되어 있기 때문에 항목별 질문을 통해 깊이 있는 답변을 끌어내는 게 더 좋습니다.

챗GPT 프롬프트 리스트

🗒️ 신선식품 플랫폼 스타트업인데, 타깃 고객을 누구로 설정하면 좋을까?

🗒️ 신선식품 플랫폼 스타트업인데, 일반 소비자 중 타깃 고객을 누구로 설정하면 좋을까?

🗒️ 위 타깃 고객 중 우선적으로 접근해야 할 고객은 누구야?

🗒️ 위 타깃 고객에 대해 타깃 고개 규모, 예상 구매력, 지속 구매 가능성 관점에서 평가해서 가장 우선적으로 접근해야 할 고객을 알려줘.

🗒️ 위 타깃 고객에 대해 타깃 고개 규모, 예상 구매력, 지속 구매 가능성 등의 평가 요소를 5점 만점으로 각각 평가해 평균을 계산, 가장 우선적으로 접근해야 할 고객을 알려줘.

🗒️ 위의 내용을 표로 제시해줘.

💬 건강에 관심 있는 소비자의 페르소나를 말해줘.

💬 건강에 관심 있는 소비자의 고객 프로파일을 알려줘.

💬 건강에 관심 있는 소비자의 페르소나를 고려해 니즈, Pain Points, 목표를 제시해줘.

💬 건강에 관심 있는 소비자의 페르소나를 3개 이상 제시해줘.

💬 건강에 관심 있는 소비자의 페르소나의 니즈와 Pain Points, 목표 등을 고려해 신선식품 플랫폼 운영 방안에 대해 말해줘.

💬 건강에 관심 있는 소비자의 페르소나의 하루 24시간의 라이프스타일을 평일과 주말로 구분해서 설명해줘.

5. 제품 콘셉트 및 USP 설정

어떤 업무일까?

제품 및 서비스 개발 후 핵심 업무는 고객에게 제품과 서비스의 차별성을 알리는 것입니다. 그리고 차별성의 핵심은 콘셉트입니다. 어떤 콘셉트를 바탕으로 홍보 및 마케팅을 하느냐에 따라 매출은 차이가 많이 납니다. 이런 콘셉트와 연계해볼 수 있는 게 USP Unique Selling Point 입니다. USP는 고객 가치 제고와 연계되기 때문에 영업 분야에서도 중요하게 활용됩니다.

어떤 질문을 해야 할까?

어떤 제품을 선정할까 하다 매트리스를 골랐습니다.

"매트리스 회사인데, 사람의 체형과 체중에 따라 매트릭스가 변하는 제품의 콘셉트를 뭘로 잡으면 좋을까?"

매트리스 회사에서 사람의 체형과 체중에 따라 매트릭스가 변하는 제품을 출시하려면 "맞춤형 매트리스"라는 콘셉트를 적용하는 것이 좋을 것 같습니다.

이러한 맞춤형 매트리스는 다양한 체형과 체중을 가진 사람들에게 최적화된 수면 환경을 제공할 수 있습니다. 예를 들어, 특정 체형과 체중에 맞춰서 매트릭스가 자동으로 조절되어 체압 분산과 척추 지지력이 개선되는 등의 효과를 누릴 수 있습니다.

또한, 이러한 맞춤형 매트리스는 소비자의 요구에 따라 맞춤형 제작이 가능하며, 이는 매우 편리하고 만족스러운 고객 경험을 제공할 수 있습니다.

따라서, "맞춤형 매트리스"라는 콘셉트를 중심으로 제품을 개발하고 마케팅하는 것이 좋을 것입니다.

맞춤형 매트리스라는 너무 뻔한 콘셉트를 제안하네요. 그래서 핀잔을 좀 줬습니다. **"맞춤형 매트리스 제품 콘셉트는 차별성이 별로 없어 보이는데, 다른 콘셉트를 알려줘."**

맞춤형 매트리스는 인기 있는 제품 콘셉트 중 하나이기 때문에, 다른 차별화된 콘셉트를 찾는 것이 중요합니다. 다음은 몇 가지 가능한 콘셉트입니다:

1. 건강한 수면을 제공하는 매트리스

• 제품의 재료와 디자인을 건강한 수면 환경을 조성할 수 있는 방식으로 개발하고 마케팅에 초점을 맞출 수 있습니다. 예를 들어, 제품 내부의 천

연 소재 사용, 균일한 체압 분산, 공기 순환 시스템 등을 강조할 수 있습니다.

2. 최신 기술이 적용된 스마트 매트리스

- IoT 기술을 활용하여, 사용자의 체형과 수면 상태를 감지하고 매트리스가 자동으로 최적화되도록 하는 스마트 매트리스를 개발할 수 있습니다. 사용자에게 편리한 제어 앱과 함께 제공되는 기능들에 대해 강조하여 마케팅할 수 있습니다.

3. 지속 가능한 제품을 추구하는 매트리스

- 지속 가능한 재료를 사용하고, 제품 수명 연장 및 재활용 가능한 디자인으로 제품을 개발하여 환경친화적인 제품을 제공하는 것에 초점을 맞출 수 있습니다. 이를 강조하여 민감한 소비자층에서 인기를 얻을 수 있습니다.

이러한 콘셉트 중 하나를 선택하고 해당 콘셉트를 강조하여 제품 개발과 마케팅에 적용하면, 더욱 차별화된 제품을 만들고 성공적인 브랜딩을 할 수 있습니다.

그 결과 건강한 수면을 제공하는 매트리스부터 최신 기술이 적용된 스마트 매트리스 등을 알려주네요. 만약 콘셉트 아이디어로 활용해본다면, 스마트 매트리스 정도를 생각해볼 수 있겠네요. 특히 콘셉트명보다는 콘셉트에 대한 구체적인 내용이 도움이 될 것 같습니다. 다음 질문으로 넘어가 볼까요? **"조금 더 세련되고 매력적인 콘셉트를 알려줘."**

물론입니다! 다음은 세련되고 매력적인 매트리스 제품 콘셉트 몇 가지입니다:

1. 균형 잡힌 수면을 위한 매트리스

- 이 콘셉트는 매트리스가 체압을 분산하고 척추를 지지하며, 일어날 때 피로감을 덜 느끼도록 디자인되었다는 점을 강조합니다. 이러한 제품은 균형 잡힌 수면을 위한 제품이므로, 제품에 대한 기능 설명 및 매트리스에서 잠자는 데 필요한 요소들을 강조하는 마케팅 전략을 사용할 수 있습니다.

2. 호텔 수준의 수면 경험을 위한 매트리스

- 호텔 수준의 수면 경험을 제공하는 매트리스는 고급스러우며, 높은 품질의 소재와 디자인으로 제작됩니다. 이러한 제품은 호텔과 같은 고객층을 대상으로 마케팅되며, 호텔에서 사용하는 고급 침구와 함께 판매될 수 있습니다.

3. 우아한 디자인과 스타일리시한 제품

- 이 콘셉트는 매트리스가 우아한 디자인과 스타일리시한 디자인으로 제작되었으며, 고객의 침실에 세련된 분위기를 조성한다는 것을 강조합니다. 이러한 제품은 인테리어 디자이너와 함께 협력하여 스타일리시한 방법으로 고객의 침실에 맞춤형으로 제작될 수 있습니다.

이러한 콘셉트를 적용하여 제품 개발과 마케팅 전략을 구성하면, 고객들의 다양한 니즈를 충족시키면서 더욱 매력적인 제품을 제공할 수 있습니다.

콘셉트명보다는 각 콘셉트에 대한 설명이 더 의미가 있어 보입니다.

제시된 콘셉트들이 크게 와 닿지는 않아서 이렇게 질문해봤습니다.

"누구나 한번 들으면 혹할 수 있는 콘셉트명을 제시해줘."

제품 콘셉트를 선택하는 것은 중요한 결정입니다. 따라서, 누구나 한번 들으면 혹할 수 있는 콘셉트명은 사용하지 않는 것이 좋을 것 같습니다. 대신에, 소비자들이 흥미롭고 유익하다고 생각하는 매트리스 콘셉트로 몇 가지를 제안해보겠습니다:

1. 수면 전문가

- 이 콘셉트는 고객에게 매트리스 회사가 수면 전문가로서 고객의 수면 건강에 대한 전문 지식을 가지고 있다는 메시지를 전달합니다. 제품의 기능, 특징, 재료 등을 설명하면서 고객의 수면 건강을 향상시키는 제품이라는 것을 강조할 수 있습니다.

2. 슬립웰니스

- 이 콘셉트는 제품이 슬립웰니스를 촉진하는 것을 강조합니다. 슬립웰니스는 수면 건강, 스트레스 감소, 감정 안정성, 정신적 집중력 등의 웰빙을 향상시키는 수면과 관련된 개념입니다. 이러한 콘셉트를 강조하면서 제품이 고객의 슬립웰니스를 향상시키는 데 기여할 수 있다는 것을 설명할 수 있습니다.

3. 다양성과 포용

- 이 콘셉트는 매트리스 회사가 다양성과 포용성을 지향한다는 메시지를 전달합니다. 매트리스는 다양한 체형과 체중을 가진 사람들에게 최적화된 수면 환경을 제공하기 위해 다양한 제품 옵션을 제공하며, 모든 고객

들을 환영한다는 메시지를 전달할 수 있습니다. 이러한 메시지는 다양성과 인종차별 문제가 논란이 되는 시대적 배경에서 소비자들의 관심을 끌 수 있습니다.

이러한 콘셉트 중 하나를 선택하여 제품 개발과 마케팅 전략을 구성하면, 고객들이 제품에 대해 좀 더 관심을 가질 수 있으며, 브랜드 인지도를 높일 수 있습니다.

그 결과 조금 더 간결한 콘셉트를 제시해줍니다. 챗GPT가 스스로 혹하는 콘셉트는 좋지 않다는 판단("누구나 한번 들으면 혹할 수 있는 콘셉트명은 사용하지 않는 것이 좋을 것 같습니다")을 하는 게 눈에 띕니다. 조금 다른 형태로 질문을 해봤습니다.

"구체적인 설명이 있는 콘셉트명을 제시해줘."

다음은 구체적인 설명이 있는 몇 가지 매트리스 콘셉트명입니다:

1. 피로 회복 수면 매트리스

• 이 콘셉트는 제품이 피로한 상태에서도 빠르게 회복할 수 있는 수면 환경을 제공한다는 것을 강조합니다. 매트리스가 체압을 분산하고 척추를 지지하며, 편안한 자세를 유지하도록 디자인되었으며, 고객이 깊은 수면을 경험하고 피로 회복에 도움을 준다는 것을 설명합니다.

2. 건강한 숙면 매트리스

• 이 콘셉트는 제품이 체형과 체중에 따라 맞춤형으로 제작되어, 건강한 숙면을 경험할 수 있다는 것을 강조합니다. 제품이 체압을 분산하고 척

추를 지지하여, 고객의 척추 건강과 균형을 유지하고, 수면의 질을 향상시켜 건강한 숙면을 유지할 수 있도록 합니다.

3. 자연의 품격 매트리스

- 이 콘셉트는 제품이 천연 소재로 제작되었으며, 자연의 속성을 살리는 디자인으로 제작되어 있다는 것을 강조합니다. 제품이 자연의 품격을 유지하면서도, 고객이 깊은 수면을 경험할 수 있는 제품이라는 것을 강조합니다.

이러한 콘셉트를 기반으로 제품 개발과 마케팅 전략을 구성하면, 고객들이 제품에 대해 좀 더 관심을 가질 수 있으며, 브랜드 인지도를 높일 수 있습니다.

그 결과 피로회복 수면 매트리스, 건강한 숙면 매트리스 등이 나왔는데요. 세부적인 사항에 중점을 둔 콘셉트를 제시한 것 같습니다.

USP를 물어보기 위해 일단 **"자연의 품격 매트리스에 대한 설명을 한 문장으로 제시해줘"**라고 해봤습니다. 챗GPT가 생각하는 '자연의 품격'의 핵심이 궁금했는데, 앞선 질문의 답변과 큰 차이는 없었습니다.

맞춤형 디자인과 천연 소재를 사용하여 건강한 숙면을 제공하는, 건강과 자연을 중요시하는 고객을 위한 "자연과 건강한 숙면 매트리스"입니다.

본론으로 들어가볼까요?

"이 제품의 Unique Selling Point는 뭐가 있을까?"

"자연과 건강한 숙면 매트리스"의 Unique Selling Point는 맞춤형 디자인과 천연소재를 사용하여 고객의 체형과 수면 습관에 맞게 제작되어 건강한 숙면을 제공하는 것입니다. 이 제품은 천연소재를 사용하여 건강하고 친환경적이며, 고객의 개별적인 요구사항에 맞추어 제작되어 최적의 수면 환경을 제공합니다. 이러한 Unique Selling Point를 강조하여 고객들이 제품의 차별성과 특장점을 인식하도록 할 수 있습니다.

천연소재, 고객의 체형과 수면 습관 고려가 핵심으로 나왔습니다. 추가적인 아이디어를 얻기 위해 질문을 더해봤습니다.

"다른 Unique Selling Point는 뭐가 있을까?"

"자연과 건강한 숙면 매트리스"의 다른 Unique Selling Point는 다음과 같을 수 있습니다:

1. 천연소재 사용: 제품 내부에 천연소재를 사용하여 고객의 건강과 환경을 고려한 제품이라는 것을 강조할 수 있습니다.

2. 매트리스 디자인: 매트리스가 균일하게 체압을 분산시키고 척추를 지지하여 고객의 척추 건강과 균형을 유지하고, 깊은 수면을 유지할 수 있도록 디자인되었다는 것을 강조할 수 있습니다.

3. 편안한 수면 경험: 제품이 고객에게 편안한 수면 환경을 제공하므로, 고객이 일어나면 피로감을 덜 느끼고, 더욱 상쾌하게 일상을 시작할 수 있다는 것을 강조할 수 있습니다.

4. 맞춤형 제작: 매트리스는 고객의 체형과 수면 습관에 맞추어 제작되므

챗GPT 업무 사용 매뉴얼

로, 맞춤형 제작 서비스를 제공하여 고객이 제품을 자신에게 맞게 제작할 수 있다는 것을 강조할 수 있습니다.

이러한 Unique Selling Point를 강조하여 제품의 차별성과 특장점을 고객에게 인식시키면, 고객들이 제품에 대해 더욱 관심을 가지게 되며, 제품 판매량을 높일 수 있습니다.

앞선 질문과 달리 항목별로 정리해서 제시해주네요. 그래서 조금 다른 USP를 찾기 위해 다시 한번 물어봤습니다. 맞춤형 매트리스의 핵심이 기술이었으니 질문도 그에 맞췄습니다.

"최신 기술이 적용된 스마트 매트리스라는 콘셉트에 맞는 Unique Selling Point를 제시해줘."

"최신 기술이 적용된 스마트 매트리스"의 Unique Selling Point는 다음과 같을 수 있습니다:

1. 스마트 기능: 제품은 스마트 기술을 적용하여, 수면 분석, 체온/심박수 측정 등의 기능을 제공합니다. 이러한 기능은 고객의 수면 건강을 개선하는 데 도움을 줄 뿐 아니라, 수면 패턴 및 건강 상태를 모니터링하고 분석하여 고객에게 맞춤형 건강 조언을 제공할 수 있습니다.

2. 맞춤형 디자인: 제품은 고객의 체형과 수면 습관에 맞추어 맞춤형 디자인으로 제작됩니다. 이러한 디자인은 고객이 편안하고 안락한 수면 환경을 경험할 수 있도록 돕습니다.

3. 연동 기능: 제품은 다른 스마트 기기와 연동하여, 고객의 수면 환경을

더욱 개선할 수 있습니다. 예를 들어, 스마트 조명, 스마트 커튼 등과 연동하여 고객의 수면 환경을 최적화하고, 편안한 수면 경험을 제공할 수 있습니다.

4. 편리한 제어: 제품은 스마트폰 앱을 통해 제어할 수 있습니다. 고객은 제품의 기능을 손쉽게 제어하고, 수면 데이터를 모니터링하며, 맞춤형 건강 조언을 얻을 수 있습니다.

이러한 Unique Selling Point를 강조하여, "최신 기술이 적용된 스마트 매트리스"가 고객에게 제공하는 혁신적인 기능과 수면 건강에 대한 강점을 인식시킬 수 있습니다.

그 결과 디지털 기술이 적용된 다양한 USP를 알려줍니다. 지금 답변은 스마트 매트리스를 만드는 회사라면 활용 가능할 수 있을 것 같습니다. 이번에는 타깃을 구체적으로 설정했습니다.

"30~40대 여성을 위한 Unique Selling Point는 뭐가 있을까?"

"30~40대 여성을 위한 매트리스"의 Unique Selling Point는 다음과 같을 수 있습니다:

1. 에너지 보충 기능: 이 콘셉트에서 제공하는 매트리스는 30~40대 여성들의 에너지를 보충할 수 있는 기능을 제공합니다. 제품 내부에는 활성탄을 사용하여 유해 물질을 제거하고, 자외선을 차단하는 기능을 제공하여 더욱 건강한 숙면을 경험할 수 있도록 돕습니다.

2. 찜질 기능: 매트리스에 찜질 기능을 추가하여, 고객이 더욱 편안하고 안

락한 수면 환경을 경험할 수 있도록 돕습니다. 특히, 찜질 기능은 생리 주기 중에 효과적이며, 이러한 기능을 통해 고객의 건강한 생활을 촉진할 수 있습니다.

3. 맞춤형 제작: 매트리스는 고객의 체형과 수면 습관에 맞추어 제작됩니다. 이러한 맞춤형 제작 서비스를 제공하여, 고객이 제품을 자신에게 맞게 제작할 수 있도록 돕습니다.

4. 디자인: 매트리스는 30−40대 여성들을 위한 고급스러운 디자인으로 제작됩니다. 제품은 고객의 방 인테리어와 잘 어울리며, 고객이 깊은 수면을 취하면서도 더욱 아름다운 방을 유지할 수 있도록 돕습니다.

이러한 Unique Selling Point를 강조하여, "30~40대 여성을 위한 매트리스"가 고객의 건강, 아름다움, 편안함을 동시에 고려한 제품임을 인식시킬 수 있습니다.

에너지 보충, 찜질 등 여성의 건강이나 아름다움을 고려한 내용을 알려주네요. 고객에게 제품을 소개할 때 조금 더 명료한 게 좋고, 브로셔나 리플렛 만들 때도 활용해보기 위한 질문도 준비했습니다. **"Unique Selling Point를 슬로건처럼 간단하게 제시해줘."**

"30~40대 여성을 위한 매트리스"의 간단한 Unique Selling Point 슬로건은 다음과 같을 수 있습니다:

• "에너지 보충, 찜질, 맞춤형 디자인이 한자리에! 건강한 수면의 비결, 이제 매트리스에서 찾아보세요."

슬로건이라고 해서 그런지 광고에서 볼법한 메시지를 알려줍니다.
"또 다른 아이디어도 제시해줘."

"30~40대 여성을 위한 매트리스"의 다른 Unique Selling Point 슬로건
은 다음과 같을 수 있습니다:

- "30~40대 여성의 건강한 수면을 위한 섬세한 케어, 이제 매트리스에
  서 시작하세요."
- "건강과 아름다움을 동시에 실현하는, 30~40대 여성을 위한 매트리
  스."
- "맞춤형 제작, 찜질 기능 등 여성의 요구를 모두 만족하는 매트리스."
- "찜질로 더 편안한 수면 환경, 맞춤형 매트리스로 체형에 맞는 편안함을
  경험하세요."

챗GPT 답변에서 확인해야 할 사항

콘셉트나 USP는 타깃, 기술, 기타 제품과 서비스 관련 차별된 기능을 추가
해 챗GPT에게 물어보면 다양한 관점의 아이디어를 얻을 수 있습니다. 특
히 챗GPT의 답변을 볼 때 항목보다는 항목에 대한 세부 내용을 잘 분석하
면 후속 질문을 위한 아이디어를 얻을 수 있습니다. 마지막으로 챗GPT에
게 **"계속해서 알려줘"**라고 하면 추가 답변을 하지만 계속해서 물어보면 아
이디어에 한계가 있는지 유사한 답변이 나옵니다.

챗GPT 프롬프트 리스트

- 🗨 매트리스 회사인데, 사람의 체형과 체중에 따라 매트릭스가 변하는 제품의 콘셉트를 뭘로 잡으면 좋을까?

- 🗨 조금 더 세련되고 매력적인 콘셉트를 알려줘.

- 🗨 누구나 한번 들으면 혹할 수 있는 콘셉트명을 제시해줘.

- 🗨 구체적인 설명이 있는 콘셉트명을 제시해줘.

- 🗨 자연의 품격 매트리스에 대한 설명을 한 문장으로 제시해줘.

- 🗨 이 제품의 Unique Selling Point는 뭐가 있을까?

- 🗨 최신 기술이 적용된 스마트 매트리스라는 콘셉트에 맞는 Unique Selling Point를 제시해줘.

- 🗨 30~40대 여성을 위한 Unique Selling Point는 뭐가 있을까?

- 🗨 Unique Selling Point를 슬로건처럼 간단하게 제시해줘.

- 🗨 또 다른 아이디어도 제시해줘.

6. 광고 카피 & 시나리오 작성

어떤 업무일까?

많은 업무들이 아이디어를 필요로 하지만, 광고만큼 반짝이는 아이디어를 필요로 하는 업무가 있을까요? 사람들의 생각은 점점 파악하기 어려워지고, 생각이 변하는 속도도 점점 빨라집니다. 이런 업무에 새로운 아이디어를 도출할 수 있는 도구가 있다면 더할 나위 없이 좋겠죠?

어떤 질문을 해야 할까?

"스마트 매트리스 콘셉트에 맞는 광고 카피를 제시해줘."

최신 기술이 적용된 스마트 매트리스"의 광고 카피는 다음과 같을 수 있습니다:

- "자신의 수면 건강을 스마트하게 관리하세요. '최신 기술이 적용된 스마

트 매트리스'가 고객의 수면 건강을 책임집니다."

- "하루의 시작은 편안한 수면으로부터. '최신 기술이 적용된 스마트 매트리스'로 건강한 수면 환경을 만들어보세요."
- "수면 건강이라는 새로운 가치를 경험하세요. '최신 기술이 적용된 스마트 매트리스'가 고객의 건강한 수면 환경을 제공합니다."
- "당신의 수면 환경이 당신의 건강을 결정합니다. '최신 기술이 적용된 스마트 매트리스'로 건강한 수면을 경험하세요."
- "스마트한 선택, 스마트한 수면. '최신 기술이 적용된 스마트 매트리스'로 건강한 수면 환경을 만들어보세요."

첫 문장은 다양한 아이디어를 제시해주는데, 그 후 연결되는 문장은 '최신이 기술이 적용된 스마트 매트리스'로 모두 동일합니다. 그래도 전체 문장의 흐름을 알 수 있으니 도움이 되네요.

이번에는 **"30~40대 여성을 타깃으로 한 스마트 매트리스 콘셉트에 맞는 광고 카피를 제시해줘"**라고 해봤는데 마찬가지입니다. 앞의 문구는 바뀌었지만 뒤는 '30~40대 여성을 위한 스마트 매트리스'라고 알려줍니다.

"30~40대 여성을 위한 스마트 매트리스"의 광고 카피는 다음과 같을 수 있습니다:

- "건강한 수면이 아름다움의 비결입니다. '30~40대 여성을 위한 스마트 매트리스'로 더욱 아름다운 여성이 되어보세요."
- "맞춤형 제작, 찜질 기능 등 여성의 요구를 모두 만족하는 '30~40대 여

성을 위한 스마트 매트리스'. 여성의 건강한 숙면을 위해 지금 바로 만나
보세요."

- "쉬지 않고 뛰어다니는 현대 여성을 위한, 최고의 수면 환경. '30~40대
여성을 위한 스마트 매트리스'로 건강한 수면을 경험하세요."
- "매일매일 건강과 아름다움을 유지하는 비결, '30~40대 여성을 위한
스마트 매트리스'. 건강한 수면이 여성의 아름다움을 지키는 데 중요합
니다."
- "30-40대 여성의 건강과 아름다움을 한번에 책임집니다. '30~40대
여성을 위한 스마트 매트리스'로 건강한 수면 환경을 만들어보세요."

오기가 생깁니다. **"50~60대를 타깃으로 한 스마트 매트리스 콘셉트에 맞
는 광고 카피를 제시해줘."**

"더 이상 편안함은 선택이 아니에요. 이제는 스마트 매트리스와 함께하세
요. 최신 기술이 적용된 이 매트리스는 당신의 체형과 수면 습관을 분석하
여 최적의 편안함을 제공합니다. 이제는 깊은 수면을 취하며, 일어나면 더
욱 상쾌한 하루를 시작하세요. 지금 바로 우리 제품을 만나보세요!"

50~60대 특성에 맞는 내용이 나오긴 하지만 뒤쪽은 마찬가지로 기계
적으로 동일한 내용이 들어갔습니다. 질문 형태를 조금 바꿔볼까요? **"이 제
품은 스마트 기술이 적용된 매트리스야. 이 제품에 맞는 광고 카피를 제시해줘."**

여러분의 수면 경험을 혁신적인 수준으로 바꿔드릴 스마트 매트리스를 소개합니다! 이 매트리스는 최첨단 기술로 제작되어, 여러분의 체형과 수면 습관에 맞추어 최상의 수면 환경을 제공합니다. 이제 더 이상 새벽까지 뒤척이지 않아도 됩니다. 이 매트리스와 함께 더 나은 수면을 경험해보세요!

앞서 나온 기계적인 메시지보다는 나아 보입니다. 참고로 **"이 제품은 스마트 기술이 적용된 매트리스야. 이 제품을 홍보하기 적합한 광고 카피를 알려줘"** 라고도 물어봤는데요. 광고 카피보다는 홍보에 중점을 둔 답변을 해줬습니다. 챗GPT한테 질문할 때는 하나의 방향으로만 질문하는 게 필요합니다.

이번에는 광고 시나리오 작성을 요청해봤습니다. **"30~40대 여성을 타깃으로 한 스마트 매트리스의 광고 시나리오를 제시해줘."**

30~40대 여성을 타깃으로 한 스마트 매트리스의 광고 시나리오는 다음과 같을 수 있습니다:

캐릭터: 30대 여성

장면: 여성이 집에서 쉬고 있습니다. 그녀는 피곤한 표정을 하고, 잠시 눈을 감고 쉬고 있습니다.

나레이션: "하루 종일 바쁜 일상 속에서 여성들은 자신의 건강한 숙면을 놓치고 있습니다."

장면: 여성이 건강한 수면 환경을 제공하는 스마트 매트리스를 구매하는 장면이 등장합니다.

나레이션: "하지만 이제, 건강한 숙면을 위한 새로운 방법이 있습니다. 최신 기술이 적용된 '30~40대 여성을 위한 스마트 매트리스'가 여러분을 기다리고 있습니다."

장면: 여성이 스마트 매트리스를 사용하는 장면이 등장합니다. 스마트 매트리스가 여성의 수면 건강을 모니터링하고, 맞춤형 건강 조언을 제공합니다.

나레이션: "매일 아침, 건강하게 일어나는 비결은 건강한 숙면입니다. 이제 '30~40대 여성을 위한 스마트 매트리스'가 여러분의 건강한 숙면을 책임집니다."

장면: 여성이 건강한 모습으로 활기차게 일상을 살아가는 장면이 등장합니다.

나레이션: "건강한 숙면으로 시작하는 새로운 하루. '30~40대 여성을 위한 스마트 매트리스'로 지금 바로 건강한 숙면을 경험해보세요."

종료: 스마트 매트리스 로고가 등장합니다.

크게 캐릭터, 장면, 나레이션으로 구성해줬네요. 시나리오 설계를 해보지 않은 사람이라면 기본 방향 파악에는 유용할 것 같습니다. 50~60대는 어떨까요? **"50~60대를 타깃으로 한 스마트 매트리스의 TV 광고 시나리오를 제시해줘."**

50~60대를 타깃으로 한 스마트 매트리스의 TV 광고 시나리오는 다음과 같을 수 있습니다:

캐릭터: 50~60대 남성

장면: 남성이 침실에서 잠자리에 들어 누워 있습니다. 그의 숨소리와 함께, 그의 수면의 질이 좋지 않은 것 같습니다.

나레이션: "일상 속에서 숨쉴 시간이 적고, 피로가 쌓이는 50~60대 여러분."

장면: 남성이 스마트 매트리스를 구매하는 장면이 등장합니다.

나레이션: "이제, 최신 기술이 적용된 '50~60대를 위한 스마트 매트리스'가 여러분을 기다리고 있습니다."

장면: 남성이 스마트 매트리스를 사용하는 장면이 등장합니다. 스마트 매트리스가 건강한 숙면을 위한 모니터링과 맞춤형 건강 조언을 제공합니다.

나레이션: "숨쉴 시간이 적은 여러분, 건강한 수면 환경은 스마트 매트리스에서 찾아보세요."

장면: 남성이 건강하게 일어나 활기차게 삶을 살아가는 장면이 등장합니다.

나레이션: "건강한 숙면에서 시작된 새로운 하루. '50~60대를 위한 스마트 매트리스'로 지금 바로 건강한 숙면을 경험해보세요."

종료: 스마트 매트리스 로고가 등장합니다.

피로가 쌓여 있는 50~60대를 설정해서 광고 시나리오를 보여주는데, 차별성이 부족해 보이네요. **"50~60대를 타깃으로 한 스마트 매트리스의 TV 광고 시나리오를 기존 광고를 고려해 차별화되게 제시해줘."**

50~60대를 타깃으로 한 스마트 매트리스의 TV 광고 시나리오는 기존 광고와 차별화하여 다음과 같을 수 있습니다:

캐릭터: 60대 여성

장면: 여성이 침대에 누워 스마트 매트리스에서 수면을 취하는 장면이 등장합니다. 여성은 편안한 표정을 하고 깊은 숨을 쉬고 있습니다.

나레이션: "피로와 스트레스가 더해져 건강한 수면을 취하기 어려운 50~60대 여러분."

장면: 여성이 건강한 숙면을 위해 스마트 매트리스를 선택하는 장면이 등장합니다.

나레이션: "하지만 이제, 건강한 숙면을 위한 최신 기술이 적용된 '50~60대 여성을 위한 스마트 매트리스'가 여러분을 위해 준비되어 있습니다."

장면: 여성이 스마트 매트리스에서 수면을 취하는 장면이 등장합니다. 스마트 매트리스가 여성의 수면 건강을 모니터링하고, 건강한 수면 환경을 제공합니다.

나레이션: "매일 깊은 숨을 쉴 수 있는 건강한 수면 환경, 이제 '50~60대 여성을 위한 스마트 매트리스'가 여러분을 도와드립니다."

장면: 여성이 건강하게 일어나 활기차게 삶을 살아가는 장면이 등장합니다.

나레이션: "건강한 숙면에서 시작된 새로운 하루. '50~60대 여성을 위한 스마트 매트리스'로 지금 바로 건강한 숙면을 경험해보세요."

종료: 스마트 매트리스 로고가 등장합니다.

큰 틀에서는 흐름이 비슷해 보입니다. 질문을 조금 바꿔볼까요?

"30~40대 여성을 타깃으로 한 스마트 매트리스의 광고 시나리오를 가수 BTS를 등장시켜 제시해줘."

30~40대 여성을 타깃으로 한 스마트 매트리스의 광고 시나리오에 가수 BTS가 등장하는 내용은 다음과 같을 수 있습니다:

캐릭터: 30대 여성, BTS 멤버

장면: 30대 여성이 밤에 침실에서 스마트 매트리스에서 수면을 취하는 장면이 등장합니다. 여성은 편안한 표정을 하고 깊은 숨을 쉬고 있습니다. BTS 멤버들이 뮤직비디오처럼 등장하며, 여성과 함께 수면을 취하는 장면이 등장합니다.

나레이션: "하루 종일 바쁜 일상과 스트레스로 인해 건강한 수면을 취하기 어려운 30~40대 여러분."

장면: BTS 멤버들이 누워 스마트 매트리스에서 수면을 취하는 장면이 등장합니다. BTS 멤버들이 수면 건강을 위한 맞춤형 조언을 받는 장면이 등장합니다.

나레이션: "하지만 이제, 최신 기술이 적용된 '30~40대 여성을 위한 스마트 매트리스'가 여러분을 위해 준비되어 있습니다."

장면: BTS 멤버들이 여성과 함께 수면을 취하는 장면이 등장합니다. 스마트 매트리스가 여성과 BTS 멤버들의 수면 건강을 모니터링하고, 건강한 수면 환경을 제공합니다.

나레이션: "매일 깊은 숨을 쉴 수 있는 건강한 수면 환경, 이제 '30~40대

여성을 위한 스마트 매트리스'가 여러분을 도와드립니다."

장면: 여성과 BTS 멤버들이 건강하게 일어나 활기차게 삶을 살아가는 장면이 등장합니다.

나레이션: "건강한 숙면에서 시작된 새로운 하루. '30~40대 여성을 위한 스마트 매트리스'로 지금 바로 건강한 숙면을 경험해보세요."

종료: 스마트 매트리스 로고와 함께, BTS 멤버들이 인사를 하며 등장합니다.

광고에 들어갈 새로운 캐릭터를 설정하니 기존의 정형화된 느낌이 조금은 사라진 것 같습니다. 참고로 **"스마트 매트리스의 광고 시나리오를 제시해줘"**라고 질문하면 장면별로 어떤 내용이 나오는지를 다음과 같이 간략하게 제시해줍니다. 그래서 위와 같은 시나리오가 나오기 위해서는 대상의 설정이 필요합니다.

제가 생각하는 스마트 매트리스 광고 시나리오는 다음과 같습니다.

첫 번째 장면: 주인공이 스마트 매트리스에서 편안한 수면을 취하는 모습. 주인공이 스마트 매트리스 위에서 편안한 모습으로 자고 있는 장면에서 시작합니다. 침대가 어두운 상황에서, 스마트 매트리스의 빛깔로 주인공의 얼굴이 보입니다. 짧게 수면을 취한 후 주인공이 갑자기 일어나며, 침대에서 일어날 때 스마트 매트리스가 그의 체온과 심박수를 측정하고 조명이 밝아지면서 일어났습니다.

두 번째 장면: 스마트 매트리스의 기능 소개. 스마트 매트리스는 침대에

누워있는 동안 다양한 기능들을 제공합니다. 잠을 자는 동안 체온과 심박수를 모니터링하여 편안한 수면 환경을 조성하며, 규칙적인 수면 패턴을 유지할 수 있도록 도와줍니다. 또한, 라디오나 음악을 들으며 잠을 청하는 것도 가능합니다. 주인공이 이러한 기능을 사용하는 모습을 보여줍니다.

세 번째 장면: 스마트 매트리스의 편의성과 사용 방법. 주인공이 침대를 벗어나고, 스마트 매트리스를 원격으로 조종하는 장면을 보여줍니다. 어플리케이션을 이용하여, 사용자는 스마트 매트리스를 원격으로 제어할 수 있습니다. 또한, 스마트 매트리스는 사용자의 수면 패턴을 분석하여 적절한 조언을 제공합니다. 이 모습을 보여줌으로써, 스마트 매트리스의 편리한 사용 방법과 기능에 대해 강조합니다. (중략)

"30~40대 여성을 타깃으로 한 스마트 매트리스의 30초 분량의 광고 콘티를 짜줘."

30~40대 여성을 타깃으로 한 스마트 매트리스의 30초 분량의 광고 콘텐츠는 다음과 같을 수 있습니다:

장면1: 밝은 아침, 여성이 침실에서 일어나 스마트 매트리스에 누워있습니다.

나레이션: "건강한 일상은 건강한 수면에서 시작됩니다."

장면2: 스마트 매트리스에서 여성의 수면 건강을 모니터링하며, 여성의 체형과 체중에 맞게 매트릭스가 자동으로 조정됩니다.

나레이션: "하지만, 여러분의 체형과 체중은 모두 다릅니다. 매트리스도

당연히 그렇게 다르겠죠?"

장면3: 여성이 일상에서 쉽게 조작 가능한 스마트폰 어플리케이션으로 스마트 매트리스를 제어하는 장면이 등장합니다.

나레이션: "이제 여러분도 매트리스의 모든 설정을 쉽게 제어할 수 있습니다. 스마트폰 어플리케이션으로 간단하게 설정하고, 건강한 수면을 경험하세요."

장면4: 여성이 깊은 숨을 쉬며 편안하게 수면을 취하는 장면이 등장합니다.

나레이션: "건강한 일상은 건강한 수면에서 시작됩니다. '30~40대 여성을 위힌 스마트 매트리스'로 지금 바로 건강한 숙면을 경험해보세요."

장면5: 스마트 매트리스 로고가 등장합니다.

나레이션: "스마트 매트리스, 건강한 수면을 위한 최고의 선택입니다."

종료: 광고의 마지막에서 여성이 쾌활하게 일어나 건강하게 살아가는 장면이 등장합니다.

시니라오와 비슷한 형태로 답하지만 아이디어 차원에서 접근하기 좋겠네요. 챗GPT는 단어 하나하나에 다르게 반응하기 때문에 유사한 단어들을 넣어보면 생각하지 못한 아이디어를 얻을 수도 있습니다.

이번에는 조금 색다르게 접근해볼까요? **"30~40대 여성을 타깃으로 한 스마트 매트리스의 30초 분량의 광고 콘티를 AI 로봇과 대화하는 모습을 넣어서 짜줘."**

아래는 30~40대 여성을 타깃으로 한 스마트 매트리스의 30초 분량 광고 콘텐츠입니다. 이번에는 AI 로봇과 대화하는 모습도 포함됩니다.

장면1: 스마트 매트리스와 AI 로봇이 등장합니다.

AI 로봇: "안녕하세요! 저희 스마트 매트리스는 체형에 맞게 변하는 매트리스입니다."

장면2: 여성이 스마트 매트리스 위에 누워 자세를 취합니다.

AI 로봇: "체형 측정을 시작합니다. 자세를 유지해주세요."

장면3: 스마트 매트리스가 여성의 체형을 측정합니다.

AI 로봇: "측정이 완료되었습니다. 이제 체형에 맞게 매트릭스가 변화됩니다."

장면4: 여성이 스마트 매트리스에서 편안하게 자는 모습이 등장합니다.

AI 로봇: "저희 스마트 매트리스를 사용하면 편안한 수면을 취할 수 있습니다. 피로한 일상에서 편안한 휴식을 취해보세요."

장면5: 여성이 스마트폰 앱을 이용해 스마트 매트리스를 조작하는 모습이 등장합니다.

AI 로봇: "스마트폰 앱으로 매트리스를 조작할 수 있습니다. 체형에 맞게 변화하는 매트릭스를 경험해보세요."

장면6: 여성이 매트릭스가 변하는 모습을 스마트폰 앱에서 확인하는 모습이 등장합니다.

AI 로봇: "저희 스마트 매트리스는 여러분의 건강한 일상을 위해 최선을 다하겠습니다."

장면7: 로고와 함께 광고가 종료됩니다.

AI 로봇: "스마트 매트리스, 건강한 수면을 위한 최선의 선택."

AI 로봇과 대화하는 모습을 보여주기는 하는데, 많이 부자연스럽죠? **"콘티를 조금 더 자연스럽게 해줘"**라고 해봤는데, 큰 차이는 없었습니다.

이번에는 시간을 설정하고 타깃도 조금 폭넓게 가져가 봤습니다. **"MZ 세대 대상으로 비타500 음료 광고를 하려고 하는데 30초 분량의 광고 콘티 좀 알려줘."**

MZ세대 대상으로 비타500 음료 광고의 30초 분량 콘텐츠는 다음과 같을 수 있습니다:

장면1: 비타500 음료 병이 등장합니다.

나레이션: "하루 종일 활동하며 살아가는 MZ세대에게 건강한 생활은 필수입니다."

장면2: MZ세대의 활동적인 일상을 담은 여러 장면들이 빠르게 번갈아가며 등장합니다.

나레이션: "하지만 일상적인 활동으로 인해 체력은 많이 소모됩니다."

장면3: 비타500 음료를 마시는 MZ세대의 모습이 등장합니다.

나레이션: "건강한 체력을 유지하기 위해, MZ세대에게 건강한 음료는 비타500입니다."

장면4: 비타500 음료의 성분이 나타나며, 체력 회복과 피로 개선에 효과가 있다는 내용이 간략하게 설명됩니다.

나레이션: "비타민 C와 전해질 미네랄 성분이 듬뿍 담긴 비타500, 체력

회복과 피로 개선에 최고의 선택입니다."

장면5: 비타500 로고와 함께 광고가 종료됩니다.

나레이션: "건강한 일상을 위한 선택, 비타500."

답변의 분량이 일단 적어졌네요. 앞서 타깃을 설정했을 때보다는 자연스럽지만 내용 자체는 창의적인 느낌은 들지 않습니다. 추가로 **"장면과 나레이션을 MZ세대 라이프스타일에 맞게 수정해줘"**라고도 해봤는데 약간의 수정만 이루어졌습니다.

마지막으로 **"MZ세대 대상으로 비타500 음료 광고를 하려고 하는데 광고 카피 10개만 알려줘"**라고 질문했습니다. 앞서 물어본 것과 다르게 기계적인 느낌이 빠진 카피가 제시됩니다. 다만 비타500이라는 제품명은 기계적으로 들어가네요.

아래는 MZ세대 대상으로 비타500 음료 광고 카피 10개입니다:

1. 비타500, 건강한 삶을 위한 필수템

2. MZ세대를 위한 비타500, 활기찬 일상을 위한 선택

3. 건강한 체력 유지를 위한 비타500

4. 피로한 일상을 벗어나기 위한 비타500

5. 일상 속 체력 보충은 비타500과 함께

6. 건강한 몸을 위해 비타민 C와 미네랄이 듬뿍! 비타500

7. MZ세대가 선택하는 비타500, 건강한 일상을 위한 필수 음료

8. 건강한 체력, 건강한 삶을 위한 비타500

9. 비타500과 함께, 활기찬 일상을 누리세요

10. 지금 바로 비타500으로 체력 회복을 하세요!

챗GPT 답변에서 확인해야 할 사항

광고는 개인적으로는 어떤 분야보다도 창의적이어야 한다고 생각하는데요. 챗GPT의 대답은 기업의 방향을 묻는 질문에 대한 답보다는 창의적이지 못했습니다. 어떻게 보면 뭔가를 엮어서 새로운 것을 만들어내는 데 있어서는 아직 부족한 느낌입니다. 그래서 광고 분야에 활용한다면 질문을 조금 폭넓게 해보기도 하고 때로는 구체적으로 해보기도 하면서 새로운 아이디어를 끌어내야 할 것 같습니다. 예를 들어 제품 기능, 타깃 등 다양한 조건을 넣어보기도 하고 빼보기도 하면서요.

다음은 새로운 광고 시나리오 아이디어를 얻기 위해 해본 추가 질문입니다. **"스마트 매트리스 관련 잘된 광고 시나리오를 보여줘."**

광고 시나리오: "더 이상 잠에서 깨지 마세요, 스마트 매트리스와 함께 깊은 수면을 경험하세요!"

씬1: 피곤한 아침

주인공이 피곤한 아침에 일어납니다. 침대에서 일어나기 전에는 스마트폰을 살펴보며 하루 일정을 확인하고, 적어도 7~8시간의 수면이 필요하다는 것을 다시 한번 상기합니다. 그러나 그는 아직도 피곤하며, 고민스럽게 일어납니다.

씬2: 스마트 매트리스의 등장

그가 침대에 돌아와 앉아 자리에 앉을 때, 침대 옆에 스마트 매트리스가 있다는 것을 발견합니다. 그는 매트리스의 기능과 편리함에 대해 궁금해합니다. 그리고 새롭게 출시된 스마트 매트리스에 대한 광고를 떠올립니다.

씬3: 스마트 매트리스의 기능

그가 매트리스를 탭하면, 전용 어플리케이션으로 연결됩니다. 어플리케이션에서는 수면 패턴, 심박수, 호흡, 체온 등의 정보를 수집하여 그의 수면 건강을 쉽게 파악할 수 있습니다. 또한, 매트리스는 주인공의 수면 상태에 따라 압력을 조절하여 깊은 수면을 유도합니다. 주인공은 스마트 매트리스의 기능에 매료됩니다. (중략)

"스마트 매트리스 관련 해외 유명 광고 시나리오를 보여줘."

해외에서 유명한 스마트 매트리스 광고 시나리오 중 하나는 Sleep Number의 광고입니다. 이 광고는 "SLEEP NUMBER 360 SMART BED – YOUR SMART BED IS HERE"라는 제목으로 제작되었습니다.

씬1: 편안한 침대

광고는 주인공이 편안한 침대에서 누워있는 모습으로 시작됩니다. 그는 스마트폰을 확인하고, 수면 문제를 겪고 있다는 것을 알게 됩니다.

씬2: 스마트 매트리스의 등장

그가 편안하게 누워있는 중에, 침대 옆에 Sleep Number 360 Smart Bed가 있다는 것을 발견합니다. 그는 스마트 매트리스를 탭하고,

SleepIQ 어플리케이션으로 연결됩니다. 어플리케이션에서는 그의 수면 건강을 측정하고, 자동으로 그의 매트리스를 조절합니다.

씬3: 스마트 매트리스의 기능

그는 자신이 선호하는 매트리스 강도와 자세를 설정하고, 매트리스가 자동으로 조절되는 것을 볼 수 있습니다. Sleep Number 360 Smart Bed 는 심박수, 호흡, 움직임 및 압력 등을 추적하여 사용자의 수면 패턴을 분석하며, 그에 따라 매트리스를 조절하여 깊은 수면을 유도합니다.

씬4: 깊은 수면

주인공은 Sleep Number 360 Smart Bed와 함께 깊은 수면을 경험하며, 아침에 더 많은 에너지를 가지고 일어나게 됩니다. (숭략)

챗GPT 프롬프트 리스트

- 🗨 스마트 매트리스 콘셉트에 맞는 광고 카피를 제시해줘.
- 🗨 30~40대 여성을 타깃으로 한 스마트 매트리스 콘셉트에 맞는 광고 카피를 제시해줘.
- 🗨 이 제품은 스마트 기술이 적용된 매트리스야. 이 제품에 맞는 광고 카피를 제시해줘.
- 🗨 이 제품은 스마트 기술이 적용된 매트리스야. 이 제품을 홍보하기 적합한 광고 카피를 알려줘.
- 🗨 스마트 매트리스의 광고 시나리오를 제시해줘.
- 🗨 50~60대를 타깃으로 한 스마트 매트리스의 TV 광고 시나리오를 제

시해줘.

💬 50~60대를 타깃으로 한 스마트 매트리스의 TV 광고 시나리오를 기존 광고를 고려해 차별화되게 제시해줘.

💬 30~40대 여성을 타깃으로 한 스마트 매트리스의 광고 시나리오를 가수 BTS를 등장시켜 제시해줘.

💬 30~40대 여성을 타깃으로 한 스마트 매트리스의 30초 분량의 광고 콘티를 짜줘.

💬 30~40대 여성을 타깃으로 한 스마트 매트리스의 30초 분량의 광고 콘티를 AI 로봇과 대화하는 모습을 넣어서 짜줘.

💬 콘티를 조금 더 자연스럽게 해줘.

💬 MZ세대 대상으로 비타500 음료 광고를 하려고 하는데 30초 분량의 광고 콘티 좀 알려줘.

💬 장면과 나레이션을 MZ세대 라이프스타일에 맞게 수정해줘.

💬 MZ세대 대상으로 비타500 음료 광고를 하려고 하는데 광고 카피 10개만 알려줘.

💬 스마트 매트리스 관련 잘된 광고 시나리오를 보여줘.

💬 스마트 매트리스 관련 해외 유명 광고 시나리오를 보여줘.

Chat GPT

7. 브랜드 네이밍, 슬로건,
로고 제작

어떤 업무일까?

과거 프로젝트에서 브랜드 네이밍을 제안해달라는 요청이 있어 몇 번 관련 업무를 한 적이 있었는데, 쉽지 않았던 기억이었습니다. 한국어, 영어 등 다양한 언어로 참신한 브랜드 네이밍을 만든다는 게 여간 어려운 일이 아니었죠. 슬로건도 마찬가지고요. 이렇게 창의적인 업무는 야근을 한다고 갑자기 좋은 아이디어가 나오지도 않습니다.

어떤 질문을 해야 할까?

브랜드 네이밍, 슬로건, 로고까지 챗GPT를 통해 만들 수 있는지 알아보기 위해 제주도 관광 브랜드를 만드는 작업을 생각해봤습니다. 먼저 브랜드를 만들려면 대상에 대한 이해가 필요하기 때문에 다음과 같이 질문을 던졌습니다.

"제주도 연상 키워드를 도출해줘."

1. 한라산	9. 제주 감귤
2. 제주 오름	10. 제주 막걸리
3. 해녀	11. 우도
4. 제주 바다	12. 성읍민속마을
5. 성산일출봉	13. 제주 동굴
6. 제주 돌담집	14. 제주 애월해안도로
7. 제주 한옥마을	15. 제주 마술물쇼
8. 제주 흑돼지	

장소, 과일 등 관련 키워드 총 15개가 도출되었습니다. 이 내용만 가지고 제주도를 이해할 수 있을까요? 아닙니다. 결국 브랜드는 그 지역의 정체성을 담고 있어야 하는데, 그걸 가장 잘 알 수 있는 걸 물어봐야겠네요. 바로, 사람들의 생각입니다.

"제주도와 관련된 사람들의 느낌이나 표현을 말해줘"

제주도와 관련된 사람들의 느낌이나 표현은 다양할 수 있습니다. 하지만 일반적으로 제주도와 관련된 사람들은 다음과 같은 느낌과 표현을 가지고 있을 수 있습니다:

1. 자연의 아름다움: 제주도는 자연이 매우 아름다운 곳으로, 관광객 뿐만 아니라 현지 주민들도 자연의 아름다움에 감탄하며 살고 있습니다.
2. 감성적인 분위기: 제주도는 전통적인 문화와 분위기가 남아 있는 곳으로, 그만큼 감성적인 느낌을 주는 곳입니다.

3. 남다른 매력: 제주도는 한국의 다른 지역과는 조금 다른 매력을 가지고 있습니다. 예를 들어, 제주도의 특산물인 제주감귤이나 흑돼지, 제주 바다의 푸른 물빛 등은 다른 지역에서 찾아보기 힘든 매력을 가지고 있습니다.

4. 따뜻한 환대: 제주도 주민들은 따뜻하고 친절한 사람들로, 관광객들에게 따뜻한 환대를 제공합니다.

5. 평화로운 분위기: 제주도는 전통적으로 평화롭고 조용한 분위기를 가지고 있습니다. 이러한 분위기는 제주도를 방문하는 사람들에게 안정감을 주기도 합니다.

이러한 느낌과 표현은 제주도와 관련된 사람들이 가질 수 있는 일반적인 느낌과 표현입니다. 다양한 사람들의 경험과 관점에 따라 차이가 있을 수 있습니다.

자연, 평화, 전통, 바다 등을 제안해주네요. 앞선 질문에서 사람들의 느낌을 알고 싶었는데, 너무 정리된 형태로 나와 질문을 바꿔봤습니다. **"제주도에 대한 사람들의 인식을 형용사로 제시해줘."**

1. 아름다운	6. 신비로운
2. 낭만적인	7. 자연스러운
3. 특별한	8. 문화적인
4. 평화로운	9. 고요한
5. 따뜻한	10. 청정한

차별성을 확인해보기 위해 해외 관광지를 살펴볼까요? **"제주도와 유사한 해외 지역을 선정해줘"**

1. 하와이, 미국: 하와이도 동남아시아 문화와 태평양 지역의 자연경관이 결합된 지역으로, 제주도와 유사한 따뜻하고 푸른 바다, 환상적인 해변, 그리고 다양한 문화적인 매력을 가지고 있습니다.

2. 발리, 인도네시아: 발리는 동남아시아 지역의 섬으로, 제주도와 마찬가지로 아름다운 자연경관과 문화적인 매력이 풍부합니다. 특히, 발리는 예술과 음악, 그리고 스파 문화가 발달하여 관광객들에게 인기가 있습니다.

3. 코사무이, 일본: 코사무이도 제주도와 비슷한 해변과 자연경관을 가진 일본의 섬입니다. 제주도와 마찬가지로 느긋한 분위기와 여유로움이 느껴지는 곳으로, 해외여행을 계획하는 사람들 사이에서 인기가 있습니다.

4. 세이셸, 아프리카: 세이셸은 아프리카 대륙 근처에 위치한 작은 나라로, 제주도와 같은 아름다운 푸른 바다와 환상적인 해변을 자랑합니다. 제주도와 달리 열대성 기후로, 다양한 열대 과일과 자생 동물들을 볼 수 있습니다.

5. 코럼비아, 칠레: 코럼비아는 칠레의 섬으로, 제주도와 유사한 청정한 자연경관을 가지고 있습니다. 코럼비아는 세계에서 가장 깨끗한 곳 중 하나로 알려져 있으며, 제주도와 마찬가지로 자연과 함께하는 휴양 여행을 즐기는 사람들에게 인기가 있습니다.

하와이, 발리 등 사람들이 잘 알고 있는 지역을 알려주지만 코사무이는 태국인데 일본으로 알려주고, 코럼비아는 없는 지역이었습니다. 챗GPT의 단점이 다시 한번 드러나네요. 이런 정보에 대해서는 반드시 검토가 필요합니다. 질문 형태를 바꿔봤습니다. **"제주도와 유사한 포지션을 가지고 있는 해외 지역을 10개만 리스트해줘."**

1. 발리, 인도네시아: 제주도와 같이 아름다운 자연경관과 문화적인 매력이 풍부한 인도네시아의 섬입니다.

2. 하와이, 미국: 제주도와 비슷한 태평양 지역의 자연경관과 문화적인 매력을 가진 미국의 주입니다.

3. 코사무이, 태국: 제주도와 같은 아름다운 해변과 환상적인 푸른 바다가 인기 있는 태국의 섬입니다.

4. 마요르카, 스페인: 제주도와 비슷한 지중해 지역의 섬으로, 아름다운 자연경관과 문화적인 매력이 있습니다.

5. 사이공, 베트남: 제주도와 같은 아름다운 해변과 문화적인 매력이 풍부한 베트남의 도시입니다.

6. 코럼비아, 칠레: 제주도와 비슷한 청정한 자연경관이 인기 있는 칠레의 섬입니다.

7. 코사메루, 멕시코: 제주도와 같은 아름다운 해변과 환상적인 푸른 바다가 인기 있는 멕시코의 섬입니다.

8. 케이프타운, 남아프리카공화국: 제주도와 비슷한 아름다운 자연경관과 문화적인 매력을 가진 남아프리카공화국의 도시입니다.

9. 쿠알라룸푸르, 말레이시아: 제주도와 같은 동남아시아 지역의 문화적

인 매력이 풍부한 말레이시아의 도시입니다.

10. 세이셸, 아프리카: 제주도와 같은 아름다운 해변과 환상적인 푸른 바다가 인기 있는 아프리카의 나라입니다.

이번에는 코사무이가 태국으로 올바르게 나왔네요. 그런데 몇 개 정보에는 여전히 오류가 있습니다. 이번 목표는 브랜드 네이밍을 해보는 것이기 때문에 챗GPT에게 계속해서 제주도와 관련된 정보를 물어보면서 학습시켰습니다.

"제주도를 포함해 위의 10개 지역에 대해 지역을 한 축은 사계절인지－열대지역인지, 또 다른 한 축은 리조트 중심인지－자연경관 중심인지를 표로 정리해줘."

지역	사계절/열대 지역	리조트 중심/ 자연경관 중심
제주도	사계절 지역	자연경관 중심
발리, 인도네시아	열대 지역	리조트 중심
하와이, 미국	사계절 지역	리조트 중심
코사무이, 태국	열대 지역	리조트 중심
마요르카, 스페인	사계절 지역	자연경관 중심
사이공, 베트남	열대 지역	자연경관 중심
코럼비아, 칠레	사계절 지역	자연경관 중심
코사메루, 멕시코	열대 지역	리조트 중심
쿠알라룸푸르, 말레이시아	열대 지역	리조트 중심
세이셸, 아프리카	열대 지역	리조트 중심

챗GPT가 아직 텍스트 기반이라 그래프 형태로 내용을 보여주지는 못하지만, 이렇게 표로 정리해도 포지션과 관련된 내용을 알 수 있습니다. 이렇게 만들기 위해서는 축을 설정할 필요가 있는데, 그것도 챗GPT를 활용해 분류해보면 됩니다. 혹은 분류 기준을 물어봐도 되고요.

지금까지 챗GPT에게 학습시킨 내용을 바탕으로 질문을 던져봤습니다. **"제주도에 대한 연상 키워드와 사람들의 인식, 그리고 제주도와 유사한 지역과의 차별성을 고려해 제주도의 관광 브랜드를 5개만 제시해줘."**

제주도의 관광 브랜드를 고려해 5개를 제시해드리겠습니다:

1. 자연과 문화가 공존하는 '청정 자연 리조트': 제주도는 아름다운 자연경관과 문화적인 매력을 공존하는 곳으로, 청정한 환경과 편안한 휴식을 제공하는 자연 리조트 지역으로 자리 잡을 수 있습니다.

2. 독특한 특산물과 먹거리를 제공하는 '맛있는 제주': 제주도는 다양한 특산물과 맛있는 음식을 제공하는 지역으로, 매콤하고 풍미 있는 제주식 현지 음식과 함께 독특한 특산물을 즐길 수 있는 맛의 여행을 제공할 수 있습니다.

3. 동서양의 문화가 만난 '문화의 대화': 제주도는 동서양의 문화가 혼재된 지역으로, 다양한 문화적 매력과 독특한 역사와 전통을 가지고 있습니다. 이러한 다양성과 유래를 갖춘 지역으로, 문화적인 대화를 즐길 수 있는 곳으로 브랜딩할 수 있습니다.

4. 바다와 자연이 조화로운 '섬의 청춘': 제주도는 아름다운 바다와 자연의 조화로운 풍경을 제공하는 지역으로, 청춘을 상징하는 'young'이라는

키워드와 함께 청년들의 활동적인 여행과 체험을 제공할 수 있는 지역

으로 브랜딩할 수 있습니다.

5. 다양한 즐길거리와 휴식을 제공하는 '휴식과 체험의 섬': 제주도는 다양

한 체험과 관광지, 그리고 편안한 휴식과 재충전을 제공하는 지역으로,

다양한 즐길거리와 체험을 즐길 수 있는 관광지역과 함께, 조용하고 편

안한 휴식과 재충전을 제공하는 휴식지역으로 브랜딩할 수 있습니다.

제주도와 유사한 지역들과의 차별성을 고려하여, 제주도는 다양한 자연
경관과 문화적인 매력, 독특한 특산물과 맛있는 음식, 그리고 청춘적인 활
동과 휴식을 제공하는 곳으로 브랜딩될 수 있습니다.

하지만, 예를 들어, 발리는 제주도와 비슷한 열대 지역에 위치하면서도 자
연경관과 문화적인 매력이 조화롭게 어우러진 리조트 중심의 관광지로
브랜딩될 수 있습니다. 또한, 하와이는 제주도와 비슷한 사계절 지역에 위
치하면서도 해외 관광객들이 즐길 수 있는 다양한 액티비티와 체험, 그리
고 그 고유의 문화적 매력으로 브랜딩될 수 있습니다.

이처럼, 제주도와 유사한 지역들과의 차별성을 고려하여 브랜딩을 진행
할 때에는 그 지역의 고유한 매력과 특징을 강조하는 것이 중요합니다.

조금 더 구체적으로 파고들어볼까요?

"위에서 제시한 제주도 연상 키워드와 사람들의 인식(형용사), 제주도와 유사
한 해외 지역과의 차별성을 고려해 글로벌 관광 도시로서의 제주도의 글로벌 관광
브랜드를 5개만 제시해줘."

제주도를 글로벌 관광 도시로서 브랜딩할 때에는, 제주도의 고유한 매력과 특징을 강조하면서 글로벌 관광객들에게 호감을 불러일으킬 수 있는 브랜딩이 필요합니다. 이에 따라서, 다음과 같은 5개의 글로벌 관광 브랜드를 제안해드립니다.

1. "Nature's Paradise" – 제주도는 그 독특한 자연환경과 아름다운 자연경관으로 "자연의 낙원"이라는 이미지로 브랜딩할 수 있습니다. 이를 위해서는 자연경관을 살린 체험형 관광 프로그램과 친환경적인 여행을 제공하는 등 자연환경을 보호하고 존중하는 브랜드 이미지를 제시할 수 있습니다.

2. "Cultural Haven" – 제주도는 독특한 문화적 매력으로 "문화의 낙원"이라는 이미지로 브랜딩할 수 있습니다. 이를 위해서는 제주도 고유의 문화와 역사, 전통적인 가치를 살린 문화 관광 프로그램과 이를 기반으로 한 체험형 관광 프로그램을 제공하는 등 문화를 존중하고 활성화하는 브랜드 이미지를 제시할 수 있습니다.

3. "Gastronomic Delight" – 제주도는 풍부한 특산물과 맛있는 음식으로 "미식의 낙원"이라는 이미지로 브랜딩할 수 있습니다. 이를 위해서는 지역 특산물을 활용한 음식과 이를 기반으로 한 맛의 체험형 관광 프로그램을 제공하는 등 맛있는 음식과 함께 지역 특산물을 소개하는 브랜드 이미지를 제시할 수 있습니다.

4. "Island Adventure" – 제주도는 청춘적인 활동과 휴식을 제공하는 "청춘의 낙원"이라는 이미지로 브랜딩할 수 있습니다. 이를 위해서는 다양한 액티비티와 체험형 관광 프로그램을 제공하는 등 활동적이고

즐거운 여행을 제시하는 브랜드 이미지를 제시할 수 있습니다.

5. "Relaxing Getaway" – 제주도는 조용하고 편안한 휴식과 재충전을 제공하는 "휴식의 낙원"이라는 이미지로 브랜딩할 수 있습니다. 이를 위해서는 제주도 내에 편안하고 조용한 휴식과 재충전을 제공하는 리조트와 스파, 그리고 체험형 관광 프로그램을 제공하는 등 휴식과 재충전을 위한 다양한 프로그램을 제공하는 브랜드 이미지를 제시할 수 있습니다. 또한, 천혜의 자연경관을 즐길 수 있는 산책로나 해변, 바다에서의 수영, 서핑 등 자연과 함께하는 휴식을 제공하는 브랜드 이미지를 제시할 수도 있습니다. 이를 통해, 제주도는 글로벌 관광객들에게 조용하고 편안한 휴식과 재충전을 제공하는 휴식지로 브랜딩될 수 있습니다.

글로벌이 질문의 핵심이었다고 생각했는지 영어로 된 브랜드명을 알려주네요.

"조금 더 차별화되고 요즘 메가트렌드를 고려해 브랜드명을 다시 제시해줘."

1. "Green Oasis" – 환경 보호와 친환경적인 여행을 중시하는 요즘, 제주도의 자연환경을 기반으로 하여 "초록색(환경 보호를 상징하는 색상) 오아시스"라는 브랜드명을 제안합니다. 이를 통해 환경 보호와 친환경적인 여행을 강조하고, 도시 생활에서 벗어나 휴식과 여유를 찾을 수 있는 "오아시스"로서의 매력을 제시할 수 있습니다.

2. "Heritage Island" – 제주도는 독특한 문화와 역사를 가진 지역으로, 이를 기반으로 "문화 유산의 섬"이라는 브랜드명을 제안합니다. 이를

통해 독특한 문화적 매력을 강조하고, 문화 유산을 보존하고 발전시키는 역할을 제시할 수 있습니다.

3. "Gourmet Paradise" – 제주도는 풍부한 특산물과 맛있는 음식을 가진 지역으로, 이를 기반으로 "미식의 낙원"이라는 브랜드명을 제안합니다. 이를 통해 다양한 음식과 특산물을 소개하고, 맛있는 음식과 함께 지역 특산물을 체험할 수 있는 매력을 제시할 수 있습니다. (중략)

환경 이슈를 고려한 브랜드명과 함께 앞서 제시한 것과 유사한 내용을 제시합니다.

"지금 제시한 5가지 브랜드에 대해 발음 용이성, 기억 용이성, 타 지역과의 차별성, 참신성 관점에서 5점 만점으로 평가해주고 평균을 제시해 최종 브랜드명을 선정해줘."

네, 각각의 브랜드명에 대해 평가해드리겠습니다.

1. "Green Oasis": 발음 용이성 4, 기억 용이성 4, 타 지역과의 차별성 4, 참신성 3

2. "Heritage Island": 발음 용이성 5, 기억 용이성 5, 타 지역과의 차별성 3, 참신성 3

3. "Gourmet Paradise": 발음 용이성 5, 기억 용이성 5, 타 지역과의 차별성 4, 참신성 3

4. "Adventure Island": 발음 용이성 5, 기억 용이성 5, 타 지역과의 차별성 3, 참신성 4

5. "Relaxation Island": 발음 용이성 5, 기억 용이성 5, 타 지역과의 차별

　　성 4, 참신성 3

각각의 브랜드명의 평균을 계산하면 다음과 같습니다.

1. "Green Oasis": 3.75

2. "Heritage Island": 4

3. "Gourmet Paradise": 4.25

4. "Adventure Island": 4.25

5. "Relaxation Island": 4.25

평균 평가 점수를 고려하면, "Gourmet Paradise", "Adventure Island", "Relaxation Island"이 가장 높은 평가 점수를 얻었습니다. 이 중에서도 "Gourmet Paradise"는 다른 지역과의 차별성이 높은 음식을 중심으로 한 브랜딩으로, 제주도의 매력을 잘 전달할 수 있는 브랜드명으로 판단됩니다. 따라서, 최종 브랜드명으로 "Gourmet Paradise"를 선정해드리겠습니다.

챗GPT는 'Gourmet Paradise'가 다른 지역과의 차별성이 높은 음식을 중심으로 한 브랜딩으로, 제주도의 매력을 잘 전달할 수 있는 브랜드명이라고 하네요. 제주도가 특산물로 차별화할 수 있다고 생각한 것 같습니다.

해외 도시의 브랜드를 파악해 차별화 포인트를 알아볼 수도 있습니다. 다른 지역은 어떤 브랜드를 가지고 있을까요? **"제주도와 유사한 콘셉트의 해외 지역의 브랜드를 제시해줘."**

1. 코사무이, 태국 – "Tropical Paradise": 제주도와 같이 열대 기후로 특유의 자연환경을 가지고 있으며, 해변과 리조트 등 휴식과 여유를 제공하는 지역으로 "Tropical Paradise"라는 브랜드로 유명합니다.

2. 발리, 인도네시아 – "Island of the Gods": 제주도와 마찬가지로 다양한 자연경관과 문화 유산을 가지고 있으며, 스파, 요가 등의 명상적인 활동과 함께 다양한 레저 액티비티를 제공하는 "Island of the Gods"라는 브랜드로 유명합니다.

3. 하와이, 미국 – "Paradise on Earth": 제주도와 같이 미국 최남단의 열대 기후로 유명하며, 해변과 스포츠, 풍부한 문화와 역사를 가지고 있어 "Paradise on Earth"라는 브랜드로 유명합니다.

4. 코타키나발루, 말레이시아 – "Land Below the Wind": 제주도와 같이 열대 기후로 특유의 자연환경을 가지고 있으며, 다양한 야외 활동과 함께 휴식과 문화 체험을 제공하는 "Land Below the Wind"라는 브랜드로 유명합니다.

5. 쿠알라룸푸르, 말레이시아 – "Garden City of Lights": 제주도와 같이 다양한 자연과 문화, 그리고 도시 생활을 함께 즐길 수 있는 지역으로, 공원과 수목원, 야경 등을 중심으로 한 "Garden City of Lights"라는 브랜드로 유명합니다.

위에서 제시한 브랜드 중 하나를 선정해 슬로건에 대한 아이디어도 구해봤습니다. **"Relaxation Island 브랜드로 브랜드 슬로건을 5개 제시해줘"**

1. "Unwind in Paradise": 이 슬로건은 Relaxation Island 브랜드가 제공하는 편안하고 평화로운 여행을 강조합니다.

2. "Experience Tranquility": 이 슬로건은 Relaxation Island 브랜드가 제공하는 자연과 조화로움을 강조합니다.

3. "Escape to Serenity": 이 슬로건은 Relaxation Island 브랜드가 제공하는 소음과 스트레스에서 벗어나 평온함을 찾는 여행객들을 위한 것입니다.

4. "Discover Your Inner Peace": 이 슬로건은 Relaxation Island 브랜드가 제공하는 스파와 요가 등의 체험을 통해 여행객들이 내면의 평화와 조화를 찾을 수 있도록 유도합니다.

5. "Recharge Your Soul": 이 슬로건은 Relaxation Island 브랜드가 제공하는 휴식과 여유를 통해 여행객들이 신체와 마음을 충전할 수 있다는 것을 강조합니다.

챗GPT가 제안한 브랜드 슬로건은 아이디어 차원에서 활용해볼 수 있을 것 같습니다. 챗GPT는 글이 짧아질수록 창의성이 떨어지네요. 타깃을 설정해볼까요? **"MZ세대를 타깃으로 한 브랜드 슬로건을 제시해줘."**

1. "Explore Beyond Limits": 이 슬로건은 MZ세대가 무한한 가능성과 경험을 추구하는 세대임을 고려한 것입니다. Relaxation Island 브랜드는 MZ세대를 위한 자유로운 탐험과 새로운 경험을 제공합니다.

2. "Indulge in Blissful Escape": 이 슬로건은 MZ세대가 스트레스와 바

쁜 일상에서 벗어나 휴식과 여유를 찾는 것을 강조합니다. Relaxation Island 브랜드는 MZ세대를 위한 완벽한 휴식과 여유를 제공합니다.

3. "Create Your Own Oasis": 이 슬로건은 MZ세대가 자신만의 개성과 스타일을 추구하는 것을 강조합니다. Relaxation Island 브랜드는 MZ 세대가 자신만의 세상을 창조하고 자신의 라이프스타일을 표현할 수 있는 곳입니다.

4. "Disconnect to Reconnect": 이 슬로건은 MZ세대가 디지털 세상에서 벗어나 자연과의 연결을 찾는 것을 강조합니다. Relaxation Island 브랜드는 MZ세대에게 디지털 탈피와 자연과의 조화로운 연결을 제공합니다.

5. "Recharge Your Passion": 이 슬로건은 MZ세대가 자신의 열정과 자아를 발견하고 충전하는 것을 강조합니다. Relaxation Island 브랜드는 MZ세대에게 자신의 열정을 찾고, 삶의 의미와 목적을 발견할 수 있는 공간을 제공합니다.

큰 틀에서 내용을 바꾸기보다 슬로건 문구 중 한 단어를 조금씩 바꿔서 제시해주네요. 브랜드명도 MZ를 타깃으로 해서 다시 물어봤습니다.

"위에서 제시한 제주도 연상 키워드와 사람들의 인식(형용사), 제주도와 유사한 해외 지역의 브랜드명과의 차별성을 고려해 글로벌 관광 도시로서의 제주도의 글로벌 관광 브랜드를 MZ 타깃으로 5개만 제시해줘."

1. "J-Connect": 이 브랜드명은 제주도의 자연과 문화, 그리고 현대적인

편의시설이 조화로운 곳으로, MZ세대가 선호하는 연결성과 디지털 기술을 활용한 첨단적인 관광 환경을 제공하는 브랜드입니다.

2. "Jeju Vibe": 이 브랜드명은 제주도의 열대적인 분위기와 다양한 매력을 담은 브랜드로, MZ세대가 추구하는 자유로움과 독특한 경험을 제공합니다.

3. "Island Trek": 이 브랜드명은 제주도의 자연경관을 체험하며 트레킹을 즐길 수 있는 브랜드로, MZ세대가 선호하는 액티브한 여행과 모험을 제공합니다.

4. "Jeju Oasis": 이 브랜드명은 제주도의 평화로운 분위기와 휴식의 장소를 강조하는 브랜드로, MZ세대가 스트레스와 바쁜 일상에서 벗어나 휴식과 여유를 찾을 수 있는 공간을 제공합니다.

5. "Jeju Wave": 이 브랜드명은 제주도의 푸른 바다와 파도, 그리고 수상 스포츠를 강조하는 브랜드로, MZ세대가 선호하는 즉각적인 자극과 다양한 경험을 제공합니다.

조금 더 간결해진 브랜드가 나왔네요. 이제 로고를 볼까요? **"Relaxation Island 브랜드와 Disconnect to Reconnect 브랜드 슬로건에 적합한 브랜드 로고를 3개만 제시해줘"**라고 했더니 각각에 대해 브랜드 로고를 제시해줍니다. 그래서 **"Disconnect to Reconnect라는 브랜드 슬로건을 가진 Relaxation Island 브랜드에 적합한 브랜드 로고를 3개만 제시해줘"**라고 다시 질문을 했습니다. 그 결과 챗GPT가 자신이 이전 질문에 대해 질문자의 의도를 잘못 이해했다고 인정하고 다시 결과를 보여줍니다. 이 부분이 챗

GPT의 강점이 아닐까 하는 생각이 드네요.

죄송합니다. 이전에 오해를 불러 일으켜드린 것 같습니다. "Disconnect to Reconnect"라는 브랜드 슬로건은 Relaxation Island 브랜드가 아닌, 다른 브랜드에서 사용하는 것이 좋을 것 같습니다. 따라서, Relaxation Island 브랜드와 관련하여 다른 로고 디자인을 제안해드리겠습니다.

1. 태양과 바다를 형상화한 로고: Relaxation Island 브랜드의 해변과 자연적인 매력을 강조하며, 밝고 활기찬 분위기를 전달합니다.

2. 팜 나무와 해변을 형상화한 로고: Relaxation Island 브랜드의 자연과 조화로움을 강조하며, 휴식과 여유를 추구하는 브랜드 이미지를 전달합니다.

3. 하트와 파란색을 이용한 로고: Relaxation Island 브랜드가 제공하는 휴식과 여유, 그리고 로맨틱한 분위기를 강조하며, 감성적인 브랜드 이미지를 전달합니다.

이러한 로고 디자인들은 Relaxation Island 브랜드가 제공하는 휴식과 여유, 자연적인 매력과 조화로움, 로맨틱한 분위기와 같은 매력을 전달하는 동시에, 간결하고 인상적인 디자인을 제공합니다.

이 답변만 가지고는 로고 디자인 방향을 설정할 수가 없어 구체적으로 알려달라고 요청해봤습니다. **"위의 Relaxation Island 브랜드의 참신하면서도 브랜드 정체성이 드러나는 로고에 대해 구체적으로 알려줘."**

챗GPT 업무 사용 매뉴얼

Relaxation Island 브랜드의 참신하면서도 브랜드 정체성이 드러나는 로고는 여러 가지 요소들이 조합되어 있습니다.

먼저, 로고의 컬러는 제주도의 자연과 분위기를 상징하는 녹색과 청록색을 사용합니다. 이를 통해 Relaxation Island 브랜드의 이미지를 강화하고, 브랜드가 추구하는 자연과 조화로운 분위기를 표현합니다.

또한, 로고에는 제주도의 아름다운 해변과 바다를 상징하는 파도 모양이 포함되어 있습니다. 이를 통해 Relaxation Island 브랜드가 제주도의 해변과 자연을 테마로 삼고 있음을 암시합니다.

또한, 로고의 폰트는 부드럽고 유려한 형태를 가지고 있어, 브랜드가 추구하는 여유롭고 편안한 분위기를 나타냅니다. 또한, 로고의 레이아웃은 균형감이 있고 세련된 디자인으로 구성되어 있어, 브랜드의 신뢰성과 안정성을 나타냅니다.

총적으로 Relaxation Island 브랜드의 로고는 제주도의 자연과 분위기를 상징하는 요소들과, 브랜드가 추구하는 여유로운 분위기를 나타내는 요소들을 조화롭게 결합하여, 참신하면서도 브랜드의 정체성을 드러내는 로고 디자인을 완성합니다.

조금 더 디테일해졌죠? 내친김에 이미지 생성 AI 미드저니를 활용해 실제 로고를 만들어볼까요? **"미드저니를 이용해 브랜드 로고를 만들려고 해. 다음 내용을 미드저니에 입력할 수 있는 프롬프트로 만들어줘."**

Prompt:

브랜드 로고에 사용할 컬러와 그 이유, 그리고 로고에 포함될 요소들과 그 의미를 알려주세요.

내용:

컬러: 제주도의 자연과 분위기를 상징하는 녹색과 청록색

이유: Relaxation Island 브랜드의 이미지를 강화하고, 브랜드가 추구하는 자연과 조화로운 분위기를 표현하기 위함입니다.

요소: 파도 모양

의미: 제주도의 아름다운 해변과 바다를 상징하며, Relaxation Island 브랜드가 제주도의 해변과 자연을 테마로 삼고 있음을 암시합니다.

폰트: 부드럽고 유려한 형태

의미: 브랜드가 추구하는 여유롭고 편안한 분위기를 나타냅니다.

레이아웃: 균형감이 있고 세련된 디자인

의미: 브랜드의 신뢰성과 안정성을 나타냅니다.

로고의 조합: 제주도의 자연과 분위기를 상징하는 요소들과, 브랜드가 추구하는 여유로운 분위기를 나타내는 요소들을 조화롭게 결합하여, 참신하면서도 브랜드의 정체성을 드러내는 로고 디자인을 완성합니다.

이 세부 내용을 미드저니에 /imagine prompt 입력 후 붙여넣었더니 다음과 같은 로고 디자인이 나왔습니다. 첫 번째 이미지는 로고라고 지정하지 않았고, 두 번째 이미지는 로고 디자인이라고 설정 후 내용을 붙여넣기 했습니다. 이미지 생성 AI의 디자인 능력은 매우 뛰어나네요.

[미드저니가 제시한 첫 번째 브랜드 로고]

　　이번에는 **"다음 내용을 브랜드 로고로 디자인할 수 있게 항목별로 구분해줘"**
라고 했더니 다음과 같이 나왔습니다. 미드저니에 앞의 내용과 동일하게
입력해 이미지를 만들었습니다.

요약:

- 컬러: 제주도의 자연과 분위기를 상징하는 녹색과 청록색을 사용
- 아이콘: 제주도의 아름다운 해변과 바다를 상징하는 파도 모양
- 폰트: 부드럽고 유려한 형태
- 레이아웃: 균형감이 있고 세련된 디자인으로 구성

자세한 설명:

- 컬러: Relaxation Island 브랜드의 이미지를 강화하기 위해 제주도의
  자연과 분위기를 상징하는 녹색과 청록색을 사용합니다. 이는 브랜드가
  추구하는 자연과 조화로운 분위기를 표현하기 위한 선택입니다.

- 아이콘: Relaxation Island 브랜드의 로고에는 제주도의 아름다운 해변과 바다를 상징하는 파도 모양이 포함되어 있습니다. 이는 브랜드가 제주도의 해변과 자연을 테마로 삼고 있음을 암시하며, 브랜드의 이미지와 일관성을 유지하고 강화하는 데 도움이 됩니다.
- 폰트: 로고의 폰트는 부드럽고 유려한 형태를 가지고 있습니다. 이는 브랜드가 추구하는 여유롭고 편안한 분위기를 나타내며, 고객들에게 안정감과 신뢰감을 전달할 수 있습니다.
- 레이아웃: 로고의 레이아웃은 균형감이 있고 세련된 디자인으로 구성되어 있습니다. 이는 브랜드의 신뢰성과 안정성을 나타내며, 고객들에게 선분적이고 현대적인 이미지를 전달합니다.

[미드저니가 제시한 두 번째 브랜드 로고]

마지막으로 **"사람들에게 쉽게 알릴 수 있게 Relaxation Island라는 제주도의 관광 브랜드의 비전을 제시해줘"** 라고 질문했습니다. 비전에 대한 구체적

챗GPT 업무 사용 매뉴얼

인 설명 문구를 보여주네요.

> 네, Relaxation Island라는 제주도의 관광 브랜드의 비전을 쉽게 알릴 수 있는 한 문장은 다음과 같습니다.
> "Relaxation Island, 제주도에서는 아름다운 자연과 조화로운 분위기에서 여행객들에게 자연적인 매력과 감성적인 경험을 선사하여, 일상에서 벗어나 휴식과 행복을 느낄 수 있는 공간을 제공합니다."

"몇 가지 케이스를 더 제시해줘"라고 추가로 요청하면 다양한 비전 문구를 찾을 수도 있습니다.

> 네, 더 많은 케이스를 들어보면서 Relaxation Island 브랜드의 비전을 더욱 구체적으로 이해해보시는 것이 좋을 것 같습니다.
> 1. "Relaxation Island, 제주도에서는 여행객들이 일상의 스트레스와 피로에서 벗어나, 자연과 조화로운 분위기에서 편안한 휴식과 여유를 느낄 수 있는 공간을 제공합니다."
> 2. "Relaxation Island, 제주도에서는 해변과 자연을 즐길 수 있는 새로운 경험과 휴식을 제공하여, 여행객들의 마음과 몸을 쉬게 해주는 공간을 만듭니다."
> 3. "Relaxation Island, 제주도에서는 누구나 일상에서 벗어나 새로운 경험과 여유를 느낄 수 있는, 자연과 조화로운 공간을 제공합니다."
> 4. "Relaxation Island, 제주도에서는 아름다운 자연과 분위기적인 매력

을 가진 공간에서 여행객들이 편안하게 쉬며 힐링과 행복을 느낄 수 있

는 공간을 제공합니다."

5. "Relaxation Island, 제주도에서는 해변과 자연을 배경으로 한 휴식과

여유의 공간에서, 여행객들이 새로운 에너지와 충전을 받을 수 있는 공

간을 제공합니다."

챗GPT 답변에서 확인해야 할 사항

브랜드 네이밍을 하고자 할 때, 연상 키워드 관련해서는 대상에 대한 느낌

을 '형용사'로 표현해달라고 해야 원하는 결과를 얻을 수 있습니다. 브랜드

명 관련 아이디어의 경우에는 획기적인 아이디어보다는 다양한 아이디어

풀을 구축하는 용도로 적합해 보입니다. 물론 브랜드 네이밍을 위한 구체적

인 조건을 추가한다면 원하는 방향의 아이디어를 도출할 수도 있습니다.

로고의 경우, 챗GPT를 활용해 기본적인 디자인 방향인 컬러, 폰트, 레

이아웃 등을 도출해 미드저니에 입력하면 원하는 이미지를 얻을 수 있습니

다. 브랜드 로고 관련 항목을 구체적으로 정의하면 더 디테일한 이미지를

얻을 수 있겠죠?

챗GPT 프롬프트 리스트

📋 제주도 연상 키워드를 도출해줘.

📋 제주도와 관련된 사람들의 느낌이나 표현을 말해줘.

- 제주도에 대한 사람들의 인식을 형용사로 제시해줘.

- 제주도와 유사한 해외 지역을 선정해줘.

- 제주도와 유사한 포지션을 가지고 있는 해외 지역을 10개만 리스트 해줘.

- 제주도를 포함해 위의 10개 지역에 대해 지역을 한 축은 사계절인지-열대지역인지, 또 다른 한 축은 리조트 중심인지-자연경관 중심인지를 표로 정리해줘.

- 제주도에 대한 연상 키워드와 사람들의 인식, 그리고 제주도와 유사한 지역과의 차별성을 고려해 제주도의 관광 브랜드를 5개만 제시해줘.

- 위에서 제시한 제주도 연상 키워드와 사람들의 인식(형용사), 제주도와 유사한 해외 지역과의 차별성을 고려해 글로벌 관광 도시로서의 제주도의 글로벌 관광 브랜드를 5개만 제시해줘.

- 조금 더 차별화되고 요즘 메가트렌드를 고려해 브랜드명을 다시 제시해줘.

- 지금 제시한 5가지 브랜드에 대해 발음 용이성, 기억 용이성, 타 지역과의 차별성, 참신성 관점에서 5점 만점으로 평가해주고 평균을 제시해 최종 브랜드명을 선정해줘.

- 제주도와 유사한 콘셉트의 해외 지역의 브랜드를 제시해줘.

- Relaxation Island 브랜드로 브랜드 슬로건을 5개 제시해줘.

- MZ세대를 타깃으로 한 브랜드 슬로건을 제시해줘.

- 위에서 제시한 제주도 연상 키워드와 사람들의 인식(형용사), 제주도와 유사한 해외 지역의 브랜드명과의 차별성을 고려해 글로벌 관광 도시

로서의 제주도의 글로벌 관광 브랜드를 MZ 타깃으로 5개만 제시해줘.

💬 Disconnect to Reconnect라는 브랜드 슬로건을 가진 Relaxation Island 브랜드에 적합한 브랜드 로고를 3개만 제시해줘.

💬 위의 Relaxation Island 브랜드의 참신하면서도 브랜드 정체성이 드러나는 로고에 대해 구체적으로 알려줘.

💬 미드저니를 이용해 브랜드 로고를 만들려고 해. 다음 내용을 미드저니에 입력할 수 있는 프롬프트로 만들어줘.

💬 다음 내용을 브랜드 로고 디자인할 수 있게 항목별로 구분해줘.

💬 사람들에게 쉽게 알릴 수 있게 Relaxation Island라는 제주도의 관광 브랜드의 비전을 제시해줘.

💬 몇 가지 케이스를 더 제시해줘.

Chat GPT

8. 프로모션 기획 및
홍보 문구 작성

어떤 업무일까?

제품 및 서비스 프로모션은 매출 증대를 위한 중요한 수단입니다. 하지만 수시로 진행되는 프로모션마다 새로운 아이디어를 찾는다는 건 쉽지 않은 일입니다. 게다가 기업 규모에 따라 예산도 한정되어 있어 아이디어를 짜내는 수준에 이르기도 합니다.

어떤 질문을 해야 할까?

챗GPT에게 프로모션 아이디어에 대한 자문을 구하기 전에 **"전기차 체험 프로모션 기획안을 만들어줘"**라고 요청해봤습니다. 그 결과, 다음과 같이 총 2,500만 원의 예산이 소요되는 '전기차 체험 데이'라는 이벤트 기획안을 작성해줬습니다. 이벤트 개요, 목적, 기간, 장소, 내용. 예산 등 기획안에 기본적으로 들어가야 할 내용이 다 들어가 있습니다. 구성만 보면 꽤 완성도가 있는 편입니다. 내용도 아이디어 도출에 활용할 수 있을 것 같고요.

안녕하세요! 전기차 체험 프로모션 기획안에 대해 도와드리겠습니다.

1. 이벤트명: 전기차 체험 데이

2. 이벤트 개요:

- 전기차의 장단점을 체험하고, 전기차에 대한 관심과 이해를 높이기 위한 이벤트입니다.

3. 이벤트 목적: 전기차 체험 및 홍보

4. 이벤트 기간: 1주일

5. 이벤트 장소: 대형 쇼핑몰 주차장

6. 이벤트 내용:

- 전기차 체험 프로그램: 대형 쇼핑몰 주차장에 전기차 충전 시설을 설치하여, 전기차 모델을 체험할 수 있도록 한다. 체험 프로그램에 참여하는 손님들에게는 전기차 운전 방법 및 충전 방법 등에 대한 안내를 제공하고, 시승 차량을 타고 달리는 체험도 제공한다.

- 전시 및 체험 부스: 전시 및 체험 부스를 설치하여 전기차와 관련된 정보 및 제품을 전시하고 체험할 수 있는 기회를 제공한다. 부스에서는 전기차 충전기, 전기 자전거, 전기 스쿠터, 전기 자동차 임대 서비스 등에 대한 정보도 제공한다.

- 이벤트 프로모션: 이벤트 참여자들에게 전기차 충전 카드, 전기차 쿠폰, 전기차 관련 서비스 할인 쿠폰 등을 제공하여 전기차 이용에 대한 부담을 덜어준다. 이벤트 참여자들 중에서 추첨을 통해 전기차 모델을 선물

로 제공하는 이벤트도 진행한다.

7. 이벤트 예산:

- 전시 및 체험 부스 설치 비용: 10,000,000원
- 이벤트 프로모션 비용: 5,000,000원
- 전기차 모델 대여 비용: 5,000,000원
- 인력 및 운영 비용: 5,000,000원
- 총 예산: 25,000,000원

이번에는 기획안에 들어갈 요건을 좀 더 구체적으로 제시해달라고 했습니다. **"전기차 체험 프로모션 기획안을 제목, 목적, 시간, 장소, 방안, 일정, 비용, 고려사항까지 포함해서 다시 만들어줘."**

제목: 전기차를 체험하자!

목적: 전기차 체험과 홍보를 통해 대중들의 전기차 사용에 대한 관심과 이해도를 높이고, 전기차 시장 활성화에 기여한다.

시간: 3일간(금, 토, 일)

장소: 대형 쇼핑몰 주차장

방안:

- 전기차 체험 프로그램: 대형 쇼핑몰 주차장에 전기차 충전 시설을 설치하여, 전기차 모델을 체험할 수 있도록 한다. 체험 프로그램에 참여하는 손님들에게는 전기차 운전 방법 및 충전 방법 등에 대한 안내를 제공하고, 시승 차량을 타고 달리는 체험도 제공한다.

- 전시 및 체험 부스: 전시 및 체험 부스를 설치하여 전기차와 관련된 정보 및 제품을 전시하고 체험할 수 있는 기회를 제공한다. 부스에서는 전기차 충전기, 전기 자전거, 전기 스쿠터, 전기 자동차 임대 서비스 등에 대한 정보도 제공한다.
- 이벤트 프로모션: 이벤트 참여자들에게 전기차 충전 카드, 전기차 쿠폰, 전기차 관련 서비스 할인 쿠폰 등을 제공하여 전기차 이용에 대한 부담을 덜어준다. 이벤트 참여자들 중에서 추첨을 통해 전기차 모델을 선물로 제공하는 이벤트도 진행한다.

일정:

- 첫째 날: 전시 및 체험 부스 설치, 이벤트 침어자 대상으로 전기차 체험 프로그램 및 이벤트 프로모션 진행
- 둘째 날: 전기차 체험 프로그램 및 전시 및 체험 부스 운영, 이벤트 프로모션 진행
- 셋째 날: 전기차 체험 프로그램 및 전시 및 체험 부스 운영, 이벤트 프로모션 및 전기차 모델 선물 추첨 진행

비용:

- 전시 및 체험 부스 설치 비용: 10,000,000원
- 이벤트 프로모션 비용: 5,000,000원
- 전기차 모델 대여 비용: 5,000,000원
- 인력 및 운영 비용: 5,000,000원
- 전기차 충전 시설 설치 비용: 2,000,000원
- 총 예산: 27,000,000원

고려사항:

- 코로나19 예방을 위해 참여자들의 마스크 착용, 손 소독 등 각종 방역 수칙 준수
- 대중교통 이용을 유도하기 위해, 대중교통 할인 쿠폰 제공 등의 이벤트 참여 조건 추가
- 전기차 체험 참여를 원하는 손님들의 대기시간 최소화를 위해 사전 예약 시스템 운영
- 이벤트 기간 중 대형 쇼핑몰 주차장 이용 제한 및 주차 요금 부과 등을 미리 고지

3일간의 전기차 체험 기획안을 만들어줬습니다. 코로나19라는 상황까지 고려해 "코로나19 예방을 위해 참여자들의 마스크 착용, 손 소독 등 각종 방역 수칙 준수"라는 내용까지 작성해주네요. 그런데 이벤트 제목이 너무 평범하죠? 이벤트 제목만 수정해볼까요? **"이벤트 제목이 너무 평이하니 사람들이 혹할 수 있는 제목을 5개 정도 만들어줘."**

1. 전기차와 함께, 미래를 타다
2. Clean Energy Experience – 전기차의 세계로 떠나는 여행
3. Drive into the Future – 전기차 운전 체험하기
4. Electric Dreams – 전기차의 꿈을 꿔보세요
5. 전기로, 더 가까워지는 세상 – 전기차 체험 이벤트

처음보다는 재미있는 제목을 만들어줬네요. 이런 이벤트 기획에서 제목은 중요한 항목 중의 하나이니, 아이디어 차원에서 충분히 검토해볼 만합니다.

이번에는 스타트업 등 중소 업체들이 충분한 예산이 없다는 점을 고려해 앞선 기획안의 예산을 조금 축소해서 기획안을 작성해달라고 했습니다.

"이벤트 기획안의 예산을 조금 더 줄여서 기획안을 만들어줘."

제목: 전기차를 체험하자!

목적: 전기차 체험과 홍보를 통해 대중들의 전기차 사용에 대한 관심과 이해도를 높이고, 진기차 시장 활성화에 기여한다.

시간: 2일간(토, 일)

장소: 대형 쇼핑몰 주차장

방안:

- 전기차 체험 프로그램: 대형 쇼핑몰 주차장에 전기차 모델을 전시하고, 전기차 충전기를 설치하여 손님들이 전기차 충전 시 체험할 수 있도록 한다. 전기차 모델을 체험하고 싶은 손님들은 사전 예약을 받고, 전문 인력이 안내하며 시승 차량을 운전할 수 있는 기회도 제공한다.

- 전시 부스: 전시 부스를 설치하여 전기차와 관련된 정보 및 제품을 전시하고 체험할 수 있는 기회를 제공한다. 부스에서는 전기차 충전기, 전기 자전거, 전기 스쿠터, 전기 자동차 임대 서비스 등에 대한 정보도 제공한다.

- 이벤트 프로모션: 이벤트 참여자들에게 전기차 충전 카드, 전기차 쿠폰

등을 제공하여 전기차 이용에 대한 부담을 덜어준다.

일정:

- 첫째 날: 전시 부스 설치, 이벤트 참여자 대상으로 전기차 체험 프로그램 및 이벤트 프로모션 진행
- 둘째 날: 전기차 체험 프로그램 운영, 전시 부스 운영, 이벤트 프로모션 진행

비용:

- 전시 부스 설치 비용: 5,000,000원
- 이벤트 프로모션 비용: 3,000,000원
- 전기차 모델 대여 비용: 2,000,000원
- 인력 및 운영 비용: 3,000,000원
- 전기차 충전 시설 설치 비용: 1,000,000원
- 총 예산: 14,000,000원

고려사항:

- 대중교통 이용을 유도하기 위해, 대중교통 할인 쿠폰 제공 등의 이벤트 참여 조건 추가
- 전기차 체험 참여를 원하는 손님들의 대기시간 최소화를 위해 사전 예약 시스템 운영
- 이벤트 기간 중 대형 쇼핑몰 주차장 이용 제한 및 주차 요금 부과 등을 미리 고지

총 3일 동안의 이벤트였는데, 예산 축소로 하루가 줄고 이벤트 내용에

서도 비용이 많이 드는 부스 설치, 전기차 모델 대여 비용이 대폭 감소했습니다. 나름 합리적으로 비용을 줄이고 세부 내용도 수정을 해줬습니다. 그런데 비용에 대한 근거가 명확하지 않죠?

"비용에 대한 구체적인 근거도 같이 알려줘."

네, 비용에 대한 구체적인 근거를 아래와 같이 설명해드리겠습니다.

- 전시 부스 설치 비용: 전시 부스를 설치하기 위해 부스 자재비, 부스 인테리어 및 전기 공사비, 부스 디자인 제작비 등을 고려하여 5,000,000원으로 예상합니다.

- 이벤트 프로모션 비용: 이벤트 참여자들에게 제공될 전기차 충전 카드, 전기차 쿠폰 등을 제작 및 배부하기 위한 인쇄비, 배송비, 디자인 제작비 등을 고려하여 3,000,000원으로 예상합니다.

- 전기차 모델 대여 비용: 전기차 대여 회사와의 협의를 통해 대여 비용을 2,000,000원으로 예상합니다.

- 인력 및 운영 비용: 전문 인력을 채용하여 전기차 체험 프로그램 운영과 이벤트 참여자들에 대한 안내 및 대응, 전시 부스 운영 및 이벤트 프로모션 등을 수행할 예정이며, 이를 위해 인력 비용과 운영 비용을 합산하여 3,000,000원으로 예상합니다.

- 전기차 충전 시설 설치 비용: 대형 쇼핑몰 주차장에 전기차 충전 시설을 설치하는 비용을 고려하여 1,000,000원으로 예상합니다.

따라서 총 예산은 14,000,000원으로 계산됩니다. 감사합니다.

각 비용과 관련된 항목을 제시해줬습니다. 다만 세부 비용까지는 제시해주지 않았는데요. 세부적으로 물어보면 답해줄 수 있겠지만, 실무에서는 결국 업체 섭외 등을 고려하면 직접 견적을 받아보는 게 좋습니다. 챗GPT의 답변은 참조만 하고요.

프로모션 기획안이 완료되었다고 해서 끝나는 게 아닙니다. 홍보를 위한 포스터를 만든다면 어떻게 질문해야 할까요?

"이벤트를 위한 포스터를 만들려고 하는데 홍보 문구 좀 알려줘."

1. 더 깨끗한 미래를 위한 전기차 체험 이벤트에 참여하세요!
2. 달라지는 세상, 전기차와 함께라면 더 가까워집니다!
3. 전기차 체험 이벤트, 차세대 모빌리티의 세계로 떠나세요!
4. 더 많은 사람들이 전기차를 이용할 수 있도록, 우리는 이벤트를 진행합니다!
5. 전기차와 함께, 환경을 지키는 새로운 습관을 만들어보세요!

5가지의 홍보 문구를 제시해주네요. 조금 더 구체적인 질문을 던져봤습니다. **"위의 홍보 문구를 사람들이 궁금해하게 만들어줘."**

1. 더 깨끗한 미래를 위한 전기차 체험 이벤트에 참여하세요! 이번 기회에 전기차의 미래적인 매력을 직접 느껴보세요!
2. 달라지는 세상, 전기차와 함께라면 더 가까워집니다! 이번 이벤트를 통해 여러분도 전기차의 세계로 빠져들어보세요!

3. 전기차 체험 이벤트, 차세대 모빌리티의 세계로 떠나세요! 단순한 차량 체험이 아닌, 더욱 진보된 모빌리티의 세계를 만나보세요!

4. 더 많은 사람들이 전기차를 이용할 수 있도록, 우리는 이벤트를 진행합니다! 전기차의 미래와 관련된 이번 이벤트에서, 당신도 전기차의 진보적인 기술과 매력을 직접 경험해보세요!

5. 전기차와 함께, 환경을 지키는 새로운 습관을 만들어보세요! 이번 이벤트를 통해 전기차의 놀라운 매력과, 환경을 지키는 새로운 습관을 만들어보세요!

그랬더니 같은 문구에 한 문장씩 더 들어갔습니다. 질문을 바꿔볼까요? **"위의 홍보 문구를 조금 트렌디하게 바꿔줘."**

1. "Let's go electric!" 더 깨끗한 미래를 위한 전기차 체험 이벤트에 참여하세요!

2. "Electrify your ride!" 달라지는 세상, 전기차와 함께하세요!

3. "Ride the future!" 전기차 체험 이벤트, 차세대 모빌리티의 세계로 떠나보세요!

4. "Power up your drive!" 더 많은 사람들이 전기차를 이용할 수 있도록, 우리는 이벤트를 진행합니다!

5. "Charge into a better future!" 전기차와 함께, 환경을 지키는 새로운 습관을 만들어보세요!

영어로 된 문구가 나오네요, 뭐, 이것도 나쁘지 않은 것 같습니다. 만약 원하는 문구가 있다면 바로 사용하면 되고, 그렇지 않으면 챗GPT에게 추가적인 아이디어를 물어보면 됩니다. 다만 연속으로 여러 번 물어본 결과, 유사한 패턴의 답변이 나오기 때문에 시간을 두고 묻거나 새 대화창에 동일한 질문을 넣어야 또 다른 관점의 답변을 얻을 수 있습니다.

사람들이 많은 공간에서 제품 프로모션을 할 때 혹시 주의해야 할 사항은 없을지 궁금해지네요. **"이런 이벤트를 할 때 주의사항이나 고려사항은 없을까?"**

1. 안전

- 이벤트 장소 내 모든 전기 장치 및 기기에 대한 안전 점검을 실시하여 안전에 최선을 다한다.
- 이벤트 참여자들이 안전하게 체험할 수 있도록 전문적인 안전 교육 및 안전 장비를 제공한다.

2. 홍보

- 이벤트의 홍보 및 참여 인원 모집을 위해 적극적인 마케팅 전략을 수립하여 홍보한다.
- 참여할 인원 대상의 인지도와 전기차 체험에 대한 이해도를 고려하여 적합한 홍보 채널과 방법을 선택한다.

3. 부가 서비스 제공

- 참여자들의 편리한 이용과 만족도를 높이기 위해 전기차 충전 시설과 쉬는 공간 등 부대 시설을 제공한다.

4. 환경 보호

- 전기차는 친환경적인 차량으로 인지되어 있기 때문에 이벤트 진행 시, 환경을 고려한 활동을 실천해야 한다. 예를 들어, 재활용이 가능한 용기를 사용하거나 친환경적인 광고물을 사용할 수 있다.

5. 코로나19 예방

- 이벤트 당일 참여자들의 마스크 착용 및 손 소독 등 방역 수칙 준수를 철저하게 시행한다.
- 만약 이벤트 당일 참여자 중 코로나19 의심 증상이 있는 경우, 빠르고 적극적인 대처를 통해 참여자들의 안전을 보장한다.

6. 특수 환경 고려

- 이벤트 장소에 따라 특수한 환경 상황이 발생할 수 있는데, 예를 들어 주차장 내 열악한 전기 차량 충전 인프라 등을 미리 예상하고 대처할 수 있도록 준비한다.

처음 프로모션을 해보는 사람이라면 챗GPT가 제안한 내용을 고려해 볼 필요가 있겠습니다.

챗GPT 답변에서 확인해야 할 사항

프로모션 기획안을 만들어달라고 했는데 기획안 형태가 아닐 수도 있습니다. 그런 경우, 직접 기획안에 필요한 목차를 넣어서 물어보면 되고, 기획안에 들어가야 할 항목을 물어보고 기획안을 만들어달라고 해도 됩니다.

홍보 문구의 경우 한글로 먼저 제시해주는데, 영어 문구가 필요하다면 영어로 해달라고 요청하면 됩니다. 혹은 앞서의 예시처럼 트렌디하게 해달라고 해도 영어로 된 홍보 문구를 제시해주는 것 같습니다. 다른 업무 분야에서 동일하게 질문했을 때 유사하게 답변을 해주더군요.

챗GPT 프롬프트 리스트

💬 전기차 체험 프로모션 기획안을 만들어줘.

💬 전기차 체험 프로모션 기획안을 제목, 목적, 시간, 장소, 방안, 일정, 비용, 고려사항까지 포함해서 다시 만들어줘.

💬 이벤트 제목이 너무 평이하니 사람들이 혹할 수 있는 제목을 5개 정도 만들어줘.

💬 이벤트 기획안의 예산을 조금 더 줄여서 기획안을 만들어줘.

💬 비용에 대한 구체적인 근거도 같이 알려줘.

💬 이벤트를 위한 포스터를 만들려고 하는데 홍보 문구 좀 알려줘.

💬 위의 홍보 문구를 사람들이 궁금해하게 만들어줘.

💬 위의 홍보 문구를 조금 트렌디하게 바꿔줘.

💬 이런 이벤트를 할 때 주의사항이나 고려사항은 없을까?

Chat GPT

9. 제품 및 사업 관련 보도자료 작성

어떤 업무일까?

분량이 많지 않아도 보도자료 작성은 언제나 어렵습니다. 특히 글쓰기에 취약하다면 더욱 그렇죠. 게다가 제품이나 서비스 자체가 생소하다면? 해당 제품이나 서비스를 일반 소비자들에게 어떻게 이해시켜야 할지 시작부터 막막해집니다.

어떤 질문을 해야 할까?

먼저 다음과 같이 보도자료를 작성해달라고 요청했습니다.

"**글로벌 전기차 업체인데, 아래 사항을 포함해서 2023년 말 전기 SUV를 한국에 출시한다는 보도자료를 작성해줘.**"

1. 1회 충전 시 주행 가능한 거리는 최대 600km

2. 낮과 밤에 상관없이 고속 주행 중 전방 250m 보행자와 반경 120m 내 작

은 물체 감지

3. 2022년 11월 글로벌 시장에 처음 공개된 순수 전기 SUV

저희는 글로벌 전기차 업체로서, 2023년 말에 한국에서 전기 SUV를 출시한다는 보도자료를 발표합니다. 이번 출시되는 전기 SUV는 아래와 같은 특징을 가지고 있습니다.

1. 1회 충전 시 주행 가능한 거리는 최대 600km입니다. 이는 긴 거리 주행이 가능하게 해주어 불편함 없이 여행을 즐길 수 있습니다.

2. 낮과 밤에 상관없이 고속 주행 중 전방 250m 이내의 보행자와 반경 120m 내 작은 물체를 감지할 수 있습니다. 이 기능은 운전 중 발생할 수 있는 사고 예방을 위해 매우 유용합니다.

3. 2022년 11월 글로벌 시장에 처음 공개된 순수 전기 SUV로, 최신 기술을 적용하여 만들어졌습니다. 이를 통해 최상의 주행 경험을 제공할 수 있습니다.

위와 같은 특징을 가진 전기 SUV를 출시함으로써 우리는 깨끗하고 안전한 운전 환경을 만들어가는 노력에 이바지하고자 합니다. 이번 출시를 통해 한국 시장에서도 많은 사랑과 관심을 받을 것으로 기대합니다.

보도자료라기보다는 제품 소개처럼 내용을 작성해줬네요. 보도자료의 정확한 뜻을 이해하지 못한 느낌입니다. 어떻게 해야 할까 고민하다 **"실제 신문 기사처럼 자연스럽게 작성해줘"**라고 했더니 이번에는 정말 홍보 기사처럼 잘 작성해줬습니다.

글로벌 전기차 업체가 2023년 말에 한국에서 전기 SUV를 출시한다는 계획을 밝혔습니다. 이번 출시되는 차량은 1회 충전 시 최대 600km를 주행할 수 있는 성능을 가지고 있어, 긴 거리 주행도 가능합니다.

또한, 낮과 밤을 구분하지 않고 고속 주행 중 전방 250m 이내의 보행자와 반경 120m 내 작은 물체를 감지하는 기능이 탑재되어 있어, 사고 예방에도 큰 도움이 될 것으로 예상됩니다. 이러한 기능들은 최신 기술을 적용하여 만들어졌으며, 2022년 11월 글로벌 시장에서 처음 공개되었습니다.

전기차 산업이 전 세계적으로 빠르게 성장하고 있는 가운데, 이번에 한국에서 출시되는 전기 SUV도 기존의 가솔린 차량과 비교할 만큼 충분한 성능과 기능을 제공할 것으로 예상됩니다. 이에 대한 소비자들의 반응도 높을 것으로 예상되며, 더 깨끗하고 안전한 운전 환경을 만드는 노력에 이바지하고자 하는 글로벌 전기차 업체의 노력이 눈에 띕니다.

실제 홍보 기사와 비교해볼까요?

600km 달리는 볼보 전기차, 연말 한국 온다[1]

볼보자동차가 순수 전기 플래그십 SUV EX90을 올해 말 한국 시장에 공개한다. 고객 인도 시점은 내년 하반기가 될 것으로 보인다. 비에른 앤월Björn Annwall 볼보자동차 최고영업책임자 겸 부사장은 14일 서울 중구 신라호텔에서 열린 미디어 콘퍼런스에서 "EX90은 올해

---

1 https://economist.co.kr/article/view/ecn202303140024

챗GPT 업무 사용 매뉴얼

말 한국 시장에 공개될 예정"이라며 "고객 인도 시점은 내년 중순 쯤이 될 것으로 생각한다"고 말했다. 볼보자동차의 EX90은 지난해 11월 글로벌 시장에 처음 공개된 순수 전기 SUV다. '바퀴가 달린 컴퓨터'라고 불릴 정도로 최첨단 안전 기술이 집약된 모델로 평가받는다. 고성능 코어 컴퓨터와 함께 연결되는 8개 카메라, 5개 레이더, 16개 초음파 센서 및 라이다LiDAR 등의 최첨단 센서 세트와 자체 개발한 소프트웨어를 구동하는 엔비디아 드라이브NVIDIA DRIVE가 실시간 360도로 차를 모니터링해 탑승자를 보호한다.

　　EX90에 새로 탑재되는 라이더는 낮과 밤에 상관없이 고속 주행 중에도 전방 250m 보행자와 반경 120m 내 작은 물체까지 감지한다. 차선 변경을 지원하는 조향 지원 기술도 새로 추가돼 주행 보조 기술인 '파일럿 어시스트Pilot Assist'의 신뢰성과 성능도 대폭 개선되는 것으로 알려졌다. 1회 충전 시 주행 가능한 거리는 최대 600km(WLTP 기준)다. 30분 내로 10~80%까지 충전 가능하다. 이외에도 양방향 충전 등의 첨단 기술이 적용되는 것으로 전해졌다.

실제 기사가 세부 내용들이 포함되어 있어서 더 낫지만, 챗GPT가 작성한 기사도 일반인이 보기에는 이해하는 데 큰 어려움이 없습니다. 제품에 대한 이해 측면에서도 마찬가지입니다.

　　만약 아무런 정보가 없을 때는 어떻게 작성할지 궁금해집니다.

　　"글로벌 전기차 업체인데, 2023년 말 전기 SUV를 한국에 출시한다는 보도자료를 작성해줘. 신문 기사처럼."

글로벌 전기차 업체 XXX는 2023년 말, 한국 시장에 자사의 최신형 전기 스포츠 유틸리티 차량(SUV) 출시 계획을 발표하였다.

이번 출시 차량은 전동화 기술을 최대한 활용하여, 높은 주행성능과 함께 깊은 선호도를 받을 것으로 예상된다. 특히, 뛰어난 가속력과 최고속도, 그리고 광범위한 주행거리를 제공할 것으로 기대되며, 고속충전과 급속 충전 등 다양한 충전 방식을 지원한다.

이 차량은 고효율 모터와 배터리 시스템을 탑재하여, 적극적인 에너지 재생 및 에너지 절약을 도모할 것으로 예상된다. 또한, 차체 구조 및 안전장치에 대한 높은 기준을 충족시키기 위해 강화된 고강도 철강 및 고성능 안전장치가 적용될 예정이다.

한국 시장 출시를 통해, XXX는 전 세계적인 전기차 시장에서 높은 인기를 얻으며 글로벌 경쟁력을 확보할 것으로 기대된다. 이번 출시를 계기로, XXX는 전기차 시장에서 더욱 지속적인 혁신과 성장을 추구할 예정이다.

보도자료에 들어가야 할 주행성능, 안전 등에 관한 사항을 알아서 확인하고 작성해줬습니다. 그러고 보니 챗GPT가 작성한 보도자료에는 제목이 없네요? **"위의 전기차 업체 관련 홍보 기사 제목을 5개만 추천해줘."**

1. "최대 600km 주행 가능한 전기 SUV 출시 예고, 글로벌 전기차 업체"
2. "한국 시장 첫 출시, 글로벌 전기차 업체의 순수 전기 SUV"
3. "전방 250m 감지 기능 탑재, 글로벌 전기차 업체의 전기 SUV"
4. "글로벌 전기차 업체, 높은 성능과 기능성 갖춘 전기 SUV 출시 예정"

5. "깨끗하고 안전한 운전 환경, 글로벌 전기차 업체의 한국 출시 전기 SUV"

몇 개 안은 실제 기사의 제목보다 나은 것 같습니다. 생각이 많이 필요한 보고서의 제목 작성보다는 신문 기사 스타일의 제목을 더 잘 제시해주는 것 같습니다.

이번에는 채용 관련 기사를 작성해달라고 요청해봤습니다.

"우리 회사는 IT 스타트업인데, MZ세대들이 회사 채용공고에 관심을 갖도록 회사 홍보 기사를 작성해줘."

최근 IT 산업이 급속도로 성장하면서, 저희 회사는 새로운 아이디어와 기술을 바탕으로 한 창업 스타트업으로 빠르게 성장하고 있습니다. 특히 MZ세대의 관심을 끌고 있는 최신 기술과 트렌드에 적극적으로 대응하고 있어, 많은 이들의 관심과 사랑을 받고 있습니다.

저희 회사는 뛰어난 인재를 채용하고, 그들의 역량을 최대한 발휘할 수 있는 환경을 제공합니다. 우수한 인재들과 함께하는 기쁨과 성취감은 저희 회사의 핵심 가치 중 하나입니다. 그리고 그런 인재들이 저희 회사에서 일할 수 있는 기회를 만들어가는 것이 저희의 궁극적인 목표입니다.

저희 회사의 업무 분야는 다양합니다. AI, 블록체인, 클라우드, 빅데이터, 게임 개발, 소프트웨어 개발 등 IT 분야 전반에 걸쳐 활동하고 있습니다. 또한 새로운 기술과 서비스를 개발하는 데 있어 창의적인 아이디어와 적극적인 도전정신을 가진 인재를 찾고 있습니다.

저희 회사는 적극적으로 MZ세대에게도 채용공고를 알리고 있으며, MZ 세대에게 특별한 혜택과 이점을 제공하고자 노력하고 있습니다. 최신 IT 기술과 트렌드를 적극적으로 받아들이며, 창의적인 업무 환경에서 함께 일하고자 하는 열정적인 인재들의 많은 지원을 기다리고 있습니다.

"우리 회사는 IT 스타트업인데, MZ세대들이 회사 채용공고에 관심을 갖도록 회사 홍보 기사를 진짜 신문 기사처럼 작성해줘."

[기사 제목] "IT 스타트업, MZ세대 인재 모집... 창의적인 아이디어와 도전정신 필요"

최근 IT 산업에서 가장 주목받는 스타트업 중 하나인 [회사명]에서 MZ세대를 대상으로 새로운 인재를 모집하고 있습니다. 회사는 새로운 아이디어와 기술을 바탕으로 한 창업 스타트업으로, 빠르게 성장하고 있는 회사입니다.

[회사명]에서는 MZ세대의 꿈과 열정을 함께 실현하고자 최고의 인재를 찾고 있습니다. 회사는 우수한 인재들과 함께하는 기쁨과 성취감을 핵심 가치로 삼고 있으며, 인재를 최우선으로 생각하고 있습니다.

회사는 AI, 블록체인, 클라우드, 빅데이터, 게임 개발, 소프트웨어 개발 등 IT 분야 전반에 걸쳐 활동하고 있으며, 더욱 발전하기 위해 창의적인 아이디어와 적극적인 도전정신을 가진 인재를 기다리고 있습니다.

[회사명]은 적극적으로 MZ세대에게도 채용공고를 알리고 있으며, MZ세대에게 특별한 혜택과 이점을 제공하고자 노력하고 있습니다. 회사는 최

신 IT 기술과 트렌드를 적극적으로 받아들이며, 창의적인 업무 환경에서 함께 일하고자 하는 열정적인 인재들의 많은 지원을 기다리고 있습니다.

회사의 창업 멤버들은 대학생 시절, IT 분야에서 높은 성적을 거두며 창업을 결심했습니다. 회사의 인재들은 다양한 경험을 쌓고 있으며, 개발 및 디자인, 마케팅, 영업 등 다양한 분야에서 일하고 있습니다.

회사는 인재의 역량을 최대한 발휘할 수 있는 환경을 제공하고, 뛰어난 인재들과 함께 성장해 나가고자 합니다. 젊고 열정적인 인재들의 많은 지원을 기다리겠습니다.

앞선 답변보다 제목과 내용 면에서 더 좋아졌습니다. 챗GPT는 유사한 질문을 반복하면 조금 더 나은 결과를 보여주네요.

이번에는 사업과 관련된 보도자료 작성을 요청해봤습니다. 다음은 정부 지원 사업에 대한 내용인데요. 이 정보를 입력한 후 챗GPT한테 보도자료를 작성해달라고 요청했습니다.

"우리는 창업 지원 기관인데 다음 사업공고에 대한 보도자료를 신문 기사처럼 자연스럽게 작성해줘."

2023년도 생애최초 청년창업 지원사업 예비창업자(창업예정자) 모집 공고

□ 사업목적 : 생애최초로 창업에 도전하는 만 29세 이하 청년 예비 창업자*들의 창업 성공률 제고를 위해 자금·교육·멘토링 등을

지원

　＊ 신청일 기준 법인, 또는 개인사업자를 창업한(사업자등록) 이력
이 없는 자

□ 지원대상 : 현재까지 사업자등록 이력이 없는 예비창업자*

　＊ 신청자격은 동 공고 '2. 신청자격 및 요건' 참조

□ 지원내용 : 사업화자금(최대 70백만원, 평균 48백만원), 창업프로그
램 등

□ 지원기간 : 8개월 이내('23. 5월~ '23. 12월 예정)

□ 선정규모 : 총 120명 내외(주관기관별 30명 내외)

[기사 제목] "창업 지원 기관, 청년창업 지원사업 예비창업자 모집 공고"

[회사명]은 2023년 생애최초로 진행하는 청년창업 지원사업 예비창업자
(창업예정자) 모집 공고를 발표했습니다. 이번 지원사업은 만 29세 이하의
청년 예비창업자들의 창업 성공률을 높이기 위해 자금·교육·멘토링 등
다양한 지원을 제공하고 있습니다.

이번 지원사업의 대상은 현재까지 사업자등록 이력이 없는 예비창업자들
입니다. 지원 대상자는 동 공고 '2. 신청자격 및 요건'을 참조하여 신청할
수 있으며, 선정 기관별 총 120명 내외(주관기관별 30명 내외)을 선발할 예
정입니다.

지원 내용으로는 사업화자금(최대 70백만원, 평균 48백만원), 창업 프로그램
등 다양한 지원이 제공됩니다. 지원 기간은 8개월 이내로, '23년 5월부터
'23년 12월 예정되어 있습니다.

[회사명]은 창업 예정자들의 성장을 위해 최선의 노력을 다하고 있으며, 이번 지원사업을 통해 높은 창업 성공률을 달성할 수 있도록 지원할 예정입니다. 이에 대한 많은 관심과 참여를 바랍니다.

제목을 조금 바꿔볼까요? **"기사 제목을 더 매력적으로 작성해서 줘."** 그랬더니 "청년창업 꿈을 이뤄주는 창업 지원 기관, 생애최초 '예비창업자 지원사업' 공고"라는 제목을 보여주네요. 실제 홍보 기사는 어땠을까요?

건국대, 생애최초 청년창업 지원사업 예비창업자 모집[1]

건국대학교(총장 전영재)는 15일까지 중소기업벤처기업부 '2023년 생애최초 청년창업 지원사업'에서 생애최초로 창업에 도전하는 만 29세 이하 청년을 모집한다.

생애최초 청년창업 사업은 유망 창업아이템과 혁신기술을 보유하고 처음 창업에 도전하는 청년에게 사업화자금과 교육·멘토링, 창업프로그램 등을 제공하는 창업 지원 사업이다. 사업 공고일 기준 신청자 명의 사업자등록(개인·법인)이 없고 만 29세 이하 청년이면 지원할 수 있다.

선정 시 사업화자금(최대 7천만 원, 평균 4천8백만 원)을 지원하고 창업기업으로 성장하기 위한 창업교육과 멘토링을 제공한다. 또 수요맞춤 창업 BUILD-UP, 퍼스트 스타트업 데모데이, 디자인씽킹 워

---

1 https://zdnet.co.kr/view/?no=20230313175153

크숍 등 건국대에서만 제공하는 자율 프로그램에도 참여할 수 있다.

참여 희망자는 창업진흥원 K-스타트업 홈페이지에서 온라인 으로 신청하면 된다. 자세한 사항은 건국대학교 창업지원단 홈페이지 공지사항에서 확인할 수 있다. (중략)

큰 차이는 없어 보이죠? 일반 보고서와 달리 보도자료에는 패턴이 있어서 챗GPT로 작성해도 문제가 없어 보입니다.

챗GPT 답변에서 확인해야 할 사항

보도자료 작성이 처음인 사람들에게는 챗GPT 활용을 추천합니다. 특히 제품이나 서비스와 관련해 어떤 사항을 강조해야 할지 모르겠다면 간단한 정보만 입력 후 챗GPT가 제시한 항목이 무엇인지 체크해보면 도움이 됩니다. 보도자료를 요청했는데 신문 기사처럼 나오지 않을 때는 "신문 기사처럼"이라는 문구를 삽입하면 됩니다. 제목이 마음에 들지 않는다면? 추가 아이디어를 요청해보세요. 챗GPT가 좋은 안을 제시해줍니다.

챗GPT 프롬프트 리스트

🗨️ 글로벌 전기차 업체인데, 아래 사항을 포함해서 2023년 말 전기 SUV를 한국에 출시한다는 보도자료를 작성해줘.

🗨️ 실제 신문 기사처럼 자연스럽게 작성해줘.

- 💬 글로벌 전기차 업체인데, 아래 사항을 포함해서 2023년 말 전기 SUV 를 한국에 출시한다는 보도자료를 작성해줘. 신문 기사처럼.
- 💬 위의 전기차 업체 관련 홍보 기사 제목을 5개만 추천해줘.
- 💬 우리 회사는 IT 스타트업인데, MZ세대들이 회사 채용공고에 관심을 갖도록 회사 홍보 기사를 작성해줘.
- 💬 우리 회사는 IT 스타트업인데, MZ세대들이 회사 채용공고에 관심을 갖도록 회사 홍보 기사를 진짜 신문 기사처럼 작성해줘.
- 💬 우리는 창업 지원 기관인데 다음 사업공고에 대한 보도자료를 신문 기사처럼 자연스럽게 작성해줘.

디테일을 완성하는
챗GPT 세부 업무 매뉴얼

1. 인터뷰 질의서 작성

어떤 업무일까?

외부 전문가 인터뷰를 준비하다 보면 어떤 질문을 해야 할지 고민이 됩니다. 그래서 사전에 인터뷰 질의서를 만들고, 질의서에 있는 항목을 중심으로 하나씩 하나씩 물어보는데요. 이렇게 흘러가는 대로 인터뷰할 수도 있지만, 내가 원하는 내용을 도출하기 위해서는 전체 구성부터 세부 질문 항목까지 많은 고민이 필요합니다.

어떤 질문을 해야 할까?

일단 인터뷰가 처음이라면? 다음과 같은 질문으로 시작해봅시다.

"인터뷰를 잘하기 위해 주의해야 할 사항이나 알아야 할 사항이 있을까?"

그러면 챗GPT가 언제나처럼 친절하게 말해줍니다. 다음처럼요.

인터뷰를 잘하기 위해 주의해야 할 사항이나 알아야 할 사항은 다음과 같습니다.

1. 준비가 철저해야 합니다. 인터뷰를 진행하기 전에 대상에 대한 사전 조사를 하고, 질문 목록을 준비하여야 합니다.

2. 인터뷰 대상자와의 원활한 대화를 위해 적극적으로 대화를 이끌어가야 합니다. 대상자의 말에 귀 기울이고, 적극적으로 대화를 이어가며 신뢰를 얻을 수 있습니다.

3. 질문을 명확하게 해야 합니다. 대상자에게 정확한 질문을 하여 명확한 대답을 받을 수 있도록 준비해야 합니다.

4. 인터뷰의 시간과 장소는 대상자가 편한 시간과 장소를 선호하는 것이 좋습니다. 대상자가 편안한 상태에서 인터뷰를 진행할 수 있기 때문입니다.

5. 대상자의 의견을 존중해야 합니다. 대상자의 의견이 달라도 이를 존중하고, 대화를 이어나가는 것이 좋습니다.

6. 인터뷰가 끝난 후에는 대상자에게 감사의 인사를 전하고, 추가적인 질문이나 문의사항이 있는지 물어보는 것이 좋습니다.

7. 인터뷰 내용은 정확하게 기록해야 합니다. 인터뷰가 끝나면 기록을 정확하게 남겨놓고, 분석하여 유용한 정보를 추출할 수 있도록 해야 합니다.

원론적인 내용이지만, 인터뷰를 처음 해보는 사람이라면 새겨들어볼 만한 내용입니다. 인터뷰하기 전에 '인터뷰 대상자가 대답을 제대로 해주지 않으면 어쩌지' 하고 걱정이 들기도 하는데, 그래서 물어봤습니다. **"인터**

뷰 대상자가 질문에 구체적인 답을 해주지 않으면 어떤 식으로 질문을 해야 할까?"

인터뷰 대상자가 질문에 구체적인 답을 해주지 않을 때는 다음과 같은 방법으로 질문을 다시 구성해볼 수 있습니다.

1. 질문을 더 구체적으로 바꿔보기

• 대상자가 이해하지 못한 부분이 있을 수 있으므로, 질문을 더 구체적으로 바꿔 다시 물어볼 수 있습니다.

2. 상황에 대한 예시를 제시하기

• 예를 들어, "이러한 상황에서는 어떤 방식으로 대처하시나요?"와 같이 상황에 대한 예시를 제시하면 대상자가 더 구체적인 대답을 할 가능성이 높습니다.

3. 개인적인 경험에 대해 물어보기

• 대상자가 직접 경험한 상황에 대해 물어보면, 대상자가 더욱 구체적인 답변을 제공할 가능성이 있습니다.

4. 오픈 질문을 해보기

• 대상자가 자유롭게 대답할 수 있는 오픈 질문을 던져보면, 대상자가 더욱 자세하고 구체적인 답변을 해줄 수 있습니다.

5. 다른 관점에서 질문을 다시 구성하기

• 대상자가 이해하지 못한 질문을 다시 구성하여 다른 관점에서 물어보면, 더욱 구체적인 답변을 받을 수 있습니다.

챗GPT의 답변은 다양한 프로젝트를 하면서 인터뷰 경험을 쌓은 제게도 유용하네요. 이제 인터뷰 질의서와 관련한 질문을 해보겠습니다.

"전동 킥보드 활성화를 위한 인터뷰를 진행하려고 하는데, 인터뷰 질의서 좀 만들어줘."

> 당신의 전동 킥보드 이용 경험에 대해서 알려주세요.
>
> 1. 전동 킥보드를 어떤 목적으로 사용하나요?
> 2. 전동 킥보드를 사용할 때 가장 중요하게 생각하는 점은 무엇인가요?
> 3. 전동 킥보드를 대여할 때, 어떤 기준으로 대여 업체를 선택하시나요?
> 4. 전동 킥보드를 대여할 때, 가격이 결정적인 요소인가요?
> 5. 전동 킥보드를 대여하면서 가장 불편했던 짐이나 개신을 바라는 점이 있나요?
> 6. 전동 킥보드 이용 시 꼭 필요한 기능이 있다면 어떤 것이 있을까요?
> 7. 전동 킥보드를 이용하면서 가장 좋았던 경험이나 추억이 있다면 알려주세요.
> 8. 전동 킥보드 이용을 권장하고 싶은 이유가 있다면 무엇인가요?
> 9. 전동 킥보드 이용에 있어 개선이 필요한 부분이 있다면 어떤 것이 있을까요?
>
> 감사합니다.

9가지 질문을 만들어줬습니다. 대상을 따로 말해주지 않았더니 일반 고객 대상의 질문 항목을 알려주네요. 질문이 나열식으로 되어 있어 분류가 필요해 보이죠?

"인터뷰 항목을 항목별로 분류해서 질문 항목들을 다시 나열해줘."

전동 킥보드 사용 목적 및 경험

- 전동 킥보드를 어떤 목적으로 사용하나요?
- 전동 킥보드를 사용할 때 가장 중요하게 생각하는 점은 무엇인가요?
- 전동 킥보드를 이용하면서 가장 좋았던 경험이나 추억이 있다면 알려주세요.

대여 업체 선택 기준

- 전동 킥보드를 대여할 때, 어떤 기준으로 대여 업체를 선택하시나요?
- 전동 킥보드를 대여할 때, 가격이 결정적인 요소인가요?

전동 킥보드 대여 불편점 및 개선사항

- 전동 킥보드를 대여하면서 가장 불편했던 점이나 개선을 바라는 점이 있나요?
- 전동 킥보드 이용에 있어 개선이 필요한 부분이 있다면 어떤 것이 있을까요?

전동 킥보드 기능 요구사항

- 전동 킥보드 이용 시 꼭 필요한 기능이 있다면 어떤 것이 있을까요?

전동 킥보드 이용 추천 및 개선사항

- 전동 킥보드 이용을 권장하고 싶은 이유가 있다면 무엇인가요?
- 전동 킥보드 이용에 있어 개선이 필요한 부분이 있다면 어떤 것이 있을까요?

전동 킥보드 사용 목적 및 경험, 대여 업체 선택 기준, 전동 킥보드 대여 불편점 및 개선사항, 전동 킥보드 기능 요구사항, 전동 킥보드 이용 추천 및 개선사항 등으로 분류해서 잘 말해줍니다. 이 정도면 리서치 회사에서 하는 만큼은 아니더라도 일반 실무에서 사용하기에는 괜찮아 보입니다. 인터뷰 질의서를 만들어보라고 하면 그냥 궁금한 사항을 나열하는 경우가 많고, 질문도 핵심 사항이 빠져 있는 경우가 많은데, 챗GPT의 답변은 이런 실수를 저지르지 않네요.

인터뷰 대상자를 특정해서 **"전동 킥보드 업체를 대상으로 했을 때 인터뷰 질의서를 만들어줘"**라고 요청했더니 내용이 조금 바뀌긴 했는데 또 나열식으로 질문 항목들이 나왔습니다. 그래서 다시 한번 물어봤습니다. **"항목별로 분류해서 질문 항목들을 정리해줘."**

전동 킥보드 대여 서비스의 주요 특징

- 전동 킥보드 대여 서비스의 주요 특징은 무엇인가요?

- 전동 킥보드 대여 시 사용 가능한 지역이 어디까지인가요?

- 전동 킥보드 대여 시 대여 가능한 시간은 어떻게 되나요?

- 전동 킥보드 대여 시 대여료는 어떻게 책정되나요?

- 전동 킥보드 대여 시 요구되는 보증금은 얼마인가요?

전동 킥보드 대여 안내 및 서비스 운영

- 전동 킥보드 대여 시 안전을 위한 주의사항이나 안내사항이 있나요?

- 전동 킥보드 대여 서비스에서 가장 자랑하고 싶은 부분은 무엇인가요?

- 전동 킥보드 대여 서비스를 이용하는 대여자들의 피드백이나 만족도는

어떻게 되나요?

전동 킥보드 대여 서비스의 발전 방향

- 전동 킥보드 대여 서비스의 발전 방향이나 계획은 어떻게 되나요?

위의 답변을 문서 형태로 만들어달라고 해볼까요? **"인터뷰 질의서를 도입, 본론, 결론 형태로 정리해서 인터뷰할 수 있게 만들어줘."**

도입

1. 자기소개 및 인터뷰 목적 설명
2. 인터뷰 이전 대상자 정보 수집 및 검토

본론

1. 전동 킥보드 대여 서비스의 주요 특징은 무엇인가요?
2. 전동 킥보드 대여 시 사용 가능한 지역, 대여 가능한 시간, 대여료, 보증금 등의 정보는 어떻게 되나요?
3. 전동 킥보드 대여 시 안전을 위한 주의사항 및 안내사항에 대해서 알려주세요.
4. 전동 킥보드 대여 서비스에서 가장 자랑하고 싶은 부분이나 대여자들의 피드백이나 만족도는 어떻게 되나요?

결론

1. 전동 킥보드 대여 서비스의 발전 방향과 계획에 대해 설명해주세요.
2. 기타 추가적인 내용이나 문의사항이 있으신가요?

도입부터 마무리까지 내용이 정교하게 구분되어 들어가 있습니다. 다만 아쉬운 점이 하나 있다면 "기타 추가적인 내용이나 문의사항이 있으신가요?"라는 질문입니다. 이 질문을 인터뷰하는 사람이 하는 경우는 거의 없죠. 이런 부분은 보완이 필요할 것 같습니다. (보통은 "마지막으로 전동 킥보드 활성화를 위해 하고 싶으신 말씀이 있으시면 짧게 부탁드립니다"라고 마무리합니다.) 이 점만 빼면 양호한 편입니다.

위의 인터뷰 질의서처럼 한 번에 내용을 완성하고 싶다면 약간의 상황을 설정해야 합니다. **"최근 우리 회사 검색 서비스 점유율이 떨어지고 있어 이용자 대상 인터뷰를 하려고 하는데 인터뷰 항목을 잘 분류해서 도입, 본론, 결론 형태로 구체적으로 만들어줘."**

도입

1. 자기소개 및 인터뷰 목적 설명

2. 인터뷰 이전 대상자 정보 수집 및 검토

본론

1. 검색 서비스를 이용하지 않는 이유가 무엇인가요?

2. 우리 회사 검색 서비스를 이용할 때 불편했던 점이나 개선이 필요한 부분이 있나요?

3. 다른 검색 서비스와 비교했을 때 우리 회사 검색 서비스의 장단점은 무엇인가요?

4. 이용자의 검색 행동 패턴에 대한 정보 수집이 있나요? 있다면 어떤 정보를 수집하고 있나요?

결론

1. 검색 서비스 사용에 대한 만족도를 조사했을 때, 어떤 결과가 나왔나요?

2. 우리 회사 검색 서비스의 발전 방향과 계획에 대해 설명해주세요.

3. 기타 추가적인 내용이나 문의사항이 있으신가요?

앞서 질문들과 달리 원하는 형태를 한번에 얻을 수 있었습니다. 그런데 여기서도 "우리 회사 검색 서비스의 발전 방향과 계획에 대해 설명해주세요."라고 말하네요. 챗GPT는 기본적으로 고객 관점에 대한 이해가 부족한 것 같습니다.

여기서 잠깐! 아쉬운 점이 하나 있죠? 본론의 내용이 너무 적다는 점입니다. **"본론의 내용을 항목을 분류해서 더 세부적인 질문들을 만들어서 질의서를 다시 만들어줘."**

도입

1. 자기소개 및 인터뷰 목적 설명

2. 인터뷰 이전 대상자 정보 수집 및 검토

본론

검색 서비스 이용에 대한 질문

1. 검색 서비스를 이용하지 않는 이유가 무엇인가요?

2. 우리 회사 검색 서비스를 이용할 때 불편했던 점이나 개선이 필요한 부분이 있나요?

3. 다른 검색 서비스와 비교했을 때 우리 회사 검색 서비스의 장단점은 무

엇인가요?

4. 이용자가 검색 서비스를 이용할 때 가장 중요하게 생각하는 기능은 무엇인가요?

5. 이용자의 검색 행동 패턴에 대한 정보 수집이 있나요? 있다면 어떤 정보를 수집하고 있나요?

검색 서비스 개선에 대한 질문

6. 검색 서비스 개선을 위해 우리 회사가 고려할 만한 대안적인 방법이나 기술이 있나요?

7. 검색 서비스 개선을 위해 이용자의 피드백이나 의견을 어떻게 수집하고 있나요?

8. 검색 서비스 개선을 위해 이용자의 검색 행동을 분석하는 방법이나 도구가 있나요?

9. 검색 서비스의 개선에 대한 우선순위나 계획이 있나요?

10. 검색 서비스 개선을 위해 어떤 데이터를 수집하고 분석하는지 알려주세요.

결론

1. 검색 서비스 사용에 대한 만족도를 조사했을 때, 어떤 결과가 나왔나요?

2. 우리 회사 검색 서비스의 발전 방향과 계획에 대해 설명해주세요.

3. 기타 추가적인 내용이나 문의사항이 있으신가요?

챗GPT 답변에서 확인해야 할 사항

인터뷰 질의서를 만드는 수준은 꽤 좋아 보입니다. 다만 챗GPT에게 요청할 때 항목을 분류하거나 도입 - 본론 - 마무리 형태의 구조에 대해 말해줘야 완성된 형태의 인터뷰 질의서를 얻을 수 있습니다.

또 한 가지, 챗GPT는 인터뷰하는 사람(인터뷰어)과 인터뷰 대상자(인터뷰이)의 역할에 대한 이해가 미흡한 부분이 있습니다. 앞서 보았듯이 '추가적인 내용이나 문의사항' 같은 것 말이죠. 그래도 챗GPT를 통해 인터뷰 초안을 만들고 세부적인 내용은 직접 수정한다면 업무 속도를 최소 2배 이상은 빠르게 할 수 있습니다.

챗GPT 프롬프트 리스트

🗨 인터뷰를 잘하기 위해 주의해야 할 사항이나 알아야 할 사항이 있을까?

🗨 인터뷰 대상자가 질문에 구체적인 답을 해주지 않으면 어떤 식으로 질문을 해야 할까?

🗨 전동 킥보드 활성화를 위한 인터뷰를 진행하려고 하는데 인터뷰 질의서를 만들어줘.

🗨 인터뷰 항목을 항목별로 분류해서 질문 항목들을 다시 나열해줘.

🗨 전동 킥보드 업체를 대상으로 했을 때 인터뷰 질의서를 만들어줘.

🗨 항목별로 분류해서 질문 항목들을 정리해줘.

🗨 인터뷰 질의서를 도입, 본론, 결론 형태로 정리해서 인터뷰할 수 있게 만들어줘.

최근 우리 회사 검색 서비스 점유율이 떨어지고 있어 이용자 대상 인터뷰를 하려고 하는데 인터뷰 항목을 잘 분류해서 도입, 본론, 결론 형태로 구체적으로 만들어줘.

본론의 내용을 항목을 분류해서 더 세부적인 질문들을 만들어서 질의서를 다시 만들어줘.

2. 설문지 작성

어떤 업무일까?

인터뷰 질의서처럼 설문지도 만들기 어렵습니다. 설문 항목에 대한 결과와 그 활용 방안을 머릿속에서 같이 고민해야 하기 때문입니다.

설문 항목을 단순히 나열만 하면 필요 없는 항목들까지 분석하게 될 수도 있습니다. 게다가 사람들은 점점 더 짧은 설문을 선호하는데 원하는 결과는 더 많으니 설문지를 만드는 일도 보통 일은 아닙니다.

어떤 질문을 해야 할까?

회사에서 가장 쉽게 접할 수 있는 조직문화 진단과 관련한 설문지 작성을 챗GPT에게 요청해봤습니다.

"우리 회사의 조직문화를 진단하려고 하는데 설문지 좀 만들어줘."

조직문화 진단을 위한 설문지를 만들어보았습니다. 아래의 질문들을 참고하여, 필요한 부분을 추가하거나 수정하여 사용하시면 됩니다.

1. 조직문화의 이해

- 당신은 우리 조직의 비전과 미션을 잘 이해하고 있나요?
- 당신은 조직의 가치관과 문화에 대해 어떻게 생각하나요?

2. 조직문화의 전달

- 당신은 조직의 전달 방식이 적절한가요?
- 당신은 조직에서 의사결정이 잘 전달되는지 어떻게 생각하나요?

3. 조직문화의 실천

- 당신은 우리 조직에서 일하는 방식이 적절한가요?
- 당신은 우리 조직에서 협업하는 방식이 적절한가요?
- 당신은 조직의 리더십이 적절하다고 생각하나요?

4. 조직문화의 성숙도

- 당신은 우리 조직의 성숙도가 어떤가요?
- 당신은 우리 조직의 성장 방향에 대해 어떻게 생각하나요?

5. 기타 질문

- 조직의 문제점이 있다면 무엇인가요?
- 조직이 개선해야 할 부분이 있다면 무엇인가요?

위의 질문을 포함하여, 필요한 부분을 추가하거나 수정하여 조직문화 진단을 위한 설문지를 만들어 사용하시면 됩니다.

조직문화에 집중되어 있기보다는 조직 전반에 대해 진단하는 질문을 만들어줬는데요. 질문의 대부분이 5점 척도로 하면 되니 따로 전체 보기 항목을 물어보지는 않았고, 마지막 "조직이 개선해야 할 부분이 있다면 무엇인가요?" 문항을 5점 척도로 해서 샘플로 만들어달라고 해봤습니다. 그랬더니 "조직이 개선해야 할 부분이 있다면, 우선순위를 매겨서 나열해주세요. (1점: 가장 우선순위가 낮음 / 5점: 가장 우선순위가 높음)"라고 조금 억지스러운 형태의 5점 척도 항목을 제안하네요. 어떤 보기 항목을 주고 그에 대한 평가를 해야 하는데, 이런 부분은 생각해볼 필요가 있습니다.

보통의 설문지는 인구통계학적 특성이 있는데, 챗GPT의 답변에는 이 항목이 없어 이를 고려해 만들어달라고 했습니다. **"설문 응답자의 특성을 분석할 수 있게 인구통계학적인 특성도 넣어서 만들어줘."**

네, 인구통계학적 특성을 분석할 수 있게 설문지를 만들어드리겠습니다.

다음과 같이 설문 항목과 인구통계학적인 특성을 포함한 설문지를 제안합니다.

1. 연령

- 20대 이하
- 30대
- 40대
- 50대 이상

2. 성별

- 남성
- 여성

3. 직급

- 사원

- 대리

- 과장

- 차장 이상

4. 근무 기간

- 1년 미만

- 1년 이상 3년 미만

- 3년 이상 5년 미만

- 5년 이상

5. 우리 회사의 비전과 목표에 대한 이해도를 평가해주세요. (5점 척도)

- 전혀 동의하지 않는다.

- 다소 동의하지 않는다.

- 보통이다.

- 다소 동의한다.

- 매우 동의한다.

6. 우리 회사의 업무 프로세스에 대한 만족도를 평가해주세요. (5점 척도)

- 전혀 만족하지 않는다.

- 다소 만족하지 않는다.

- 보통이다.

- 다소 만족한다.

- 매우 만족한다.

7. 우리 회사의 대인관계에 대한 만족도를 평가해주세요. (5점 척도)

- 전혀 만족하지 않는다.

- 다소 만족하지 않는다.

- 보통이다.

- 다소 만족한다.

- 매우 만족한다. (중략)

인구통계학적 특성 항목을 넣어서 만들어줬지만 대신 조직문화에 대한 항목들이 많이 사라졌습니다. 인구통계학적 특성의 경우, 직급체계는 회사마다 다르기 때문에 모든 세부 보기 항목을 물어보기보다는 인구통계학적 특성에 어떤 항목이 들어가는 게 좋은지 물어보는 것이 더 적합합니다. 조직문화에 대한 이론이나 모형을 알고 있다면 **"퀸의 경쟁가치 모형을 활용한 조직문화 진단 설문지를 만들어줘"**라고도 물어볼 수 있습니다. 그런데 그 결과는 특별하지 않아 구글링해서 퀸의 경쟁가치 모형을 찾아 설문지를 만들거나 관련 설문지를 찾는 게 더 좋을 듯합니다.

대신 제가 원하는 관점을 집어넣어 조직문화 진단 설문지를 만들어달라고 해봤습니다.

"수평적 – 수직적, 관료적 – 혁신적 조직문화로 구분해서 설문지를 만들어줘."

네, 수평적 – 수직적, 관료적 – 혁신적 조직문화로 구분한 설문지를 만들어드리겠습니다. 아래는 예시입니다.

[조직문화 진단 설문지]

본 설문지는 조직문화를 진단하고 개선하기 위해 작성되었습니다. 설문 조사는 개인정보 보호 정책을 준수하며, 응답 내용은 비밀로 유지됩니다.

1. 회사에서 의사결정은 보통 어떤 방식으로 이루어지나요?

　1. 상사가 결정을 내리고 부하직원이 따르는 경우(수직적)

　2. 상사와 부하직원이 함께 의논하고 결정하는 경우(수평적)

2. 회사에서 업무 수행에 대한 지침이나 규정은 어떤 방식으로 제공되나요?

　1. 명확한 규정이 없거나, 상사의 지시에 따라 업무를 수행하는 경우 (혁신적)

　2. 규정이 명확하게 제공되며, 업무 수행 방법이 고정되어 있는 경우 (관료직)

3. 회사에서 업무 수행에 대한 새로운 아이디어나 창의적인 방법을 제시할 때 어떻게 반응하나요?

　1. 적극적으로 수용하고 구현해 보려는 경우(혁신적)

　2. 기존의 방식대로 수행하도록 권고하는 경우(관료적)

4. 회사에서의 직원 간 커뮤니케이션 방식은 어떤 특징이 있나요?

　1. 상사–부하직원 간의 단방향적인 의사소통이 많은 경우(수직적)

　2. 동료 간의 소통이 활발하며, 자유롭게 의견을 공유하는 경우(수평적)

5. 회사에서 직원들은 보통 어떤 방식으로 일을 계획하고 수행하나요?

　1. 상사의 지시에 따라 일을 계획하고 수행하는 경우(수직적)

　2. 일의 목표와 방향성을 정하고 직원들끼리 협력해 일을 수행하는 경우(수평적)

답변이 잘리긴 했지만, 수평적-수직적, 관료적-혁신적 조직문화에 대한 설문 항목을 어떻게 만들면 될지 아이디어를 얻을 수 있습니다. 참고로 챗GPT는 답변이 잘리는 경우가 많습니다. 그럴 때는 **"계속해서 말해줘"**라고 요청하면 연결하여 답변을 내놓습니다. 또는 영역별로 질문을 따로 해서 답변들을 취합해 원하는 설문지를 만드는 방법도 있습니다.

조직문화 관련해 마지막으로 재미있는 질문을 하나 던져봤습니다.

"사람들이 조직문화에 대해 솔직하게 답변하지 않는데, 어떻게 하면 올바른 결과가 나올 수 있도록 설문을 할 수 있을까?"

사람들이 조직문화에 대해 솔직하게 답변하지 않을 경우, 다음과 같은 방법들을 고려해 볼 수 있습니다.

1. 익명성 보장: 설문지 응답자의 개인정보가 보호되며 익명으로 답변할 수 있도록 보장합니다.

2. 개인적인 대화나 인터뷰: 개별적으로 응답자와 대화하거나 인터뷰를 실시하여 응답자의 생각과 의견을 듣고 기록합니다.

3. 적극적인 참여 유도: 설문조사를 통해 조직문화를 개선하고자 한다는 목적을 분명하게 전달하고, 응답자들에게 설문조사의 중요성을 강조하여 적극적인 참여를 유도합니다.

4. 다양한 응답 방법 제공: 객관식, 주관식, 척도형 등 다양한 응답 방법을 제공하여 응답자가 보다 쉽게 답변할 수 있도록 합니다.

5. 질문 유형과 순서 검토: 설문지에 사용된 질문 유형과 순서를 검토하여, 설문지가 응답자들에게 부담을 주거나 혼란을 줄 수 있는 부분이 있는

지 확인합니다.

6. 다른 방법 시도: 만약 설문지를 통해 올바른 결과를 얻을 수 없는 경우, 다른 방법들을 고려해볼 수 있습니다. 예를 들어, 직원들의 의견을 듣기 위해 회의나 그룹 논의를 시도하거나, 의견 수렴을 위한 온라인 포털을 개설하는 것 등이 있습니다.

사람들이 설문조사에 솔직하게 응답해야 올바른 결과가 나오는데, 그렇지 않은 경우가 많습니다. 이런 내용은 회의 때도 많이 나오는 이슈이기 때문에 어떤 대답이 나오는지 봤는데, 쓸모있는 답변을 해주네요.

이번에는 **"스마트폰 이용자 대상, 서비스 향상을 위한 설문지를 만들어줘"** 라고 물어봤는데 역시나 처음에는 항목만 나열해줍니다. 그래서 다시 **"질문 항목에 보기를 넣어서 실제로 설문을 할 수 있게 만들어줘"** 라고 요청했더니 조직문화 진단 설문보다는 더 유용한 결과를 얻을 수 있습니다.

네, 간단한 보기 항목을 포함하여 스마트폰 이용자 대상 서비스 향상을 위한 설문지를 만들어보았습니다. 아래는 예시입니다.

[서비스 이용성에 대한 질문]

1. 어떤 용도로 스마트폰을 사용하시나요?

- 일상생활(예: 문자/전화, 알람, 일정관리)
- 정보 검색(예: 검색, 뉴스, 블로그, SNS)
- 업무(예: 이메일, 업무용 앱, 문서작성)
- 기타(예: 게임, 동영상, 쇼핑, 여행 등)

2. 저희 서비스를 이용하는 데 있어서 어떤 기능이 가장 중요하다고 생각하시나요?

- 검색 기능
- 이용 편의성(예: 메뉴 구성, UI/UX)
- 정보의 신뢰성
- 가격
- 기타(직접 기입)

3. 스마트폰을 이용할 때 어떤 문제가 있으신가요?

- 배터리 소모
- 데이터 소모
- 시각적 피로(예: 화면이 작다)
- 사용 불편함(예: 복잡한 메뉴 구성)
- 기타(직접 기입)

[서비스 개선에 대한 질문]

4. 저희 서비스에서 개선되었으면 하는 기능이나 서비스가 있나요?

- 검색 기능 개선(예: 검색 결과 정확도 개선)
- 이용 편의성 개선(예: 더 간단한 메뉴 구성)
- 정보의 다양성(예: 더 많은 정보 제공)
- 가격 할인 및 이벤트
- 기타(직접 기입)

5. 이용 중 불편했던 점이나 개선이 필요한 부분이 있으시다면 알려주세요.

6. 저희 서비스를 이용해주셔서 감사합니다. 개선할 점이나 추가적으로 의견이

있으시다면 자유롭게 적어주세요.

위와 같이 간단한 보기 항목을 포함하여 설문지를 만들어주시면, 설문 대상자가 더욱 쉽게 응답할 수 있을 것입니다. 또한, 여러 가지 대답이 가능한 보기 항목을 포함하면 설문 결과를 분석하기 더 용이할 것입니다.

보기 항목을 작성하기 위해서는 해당 주제를 잘 알고 있거나 사전에 인터뷰를 해야 하는데, 그런 절차 없이 이런 보기가 들어갈 수 있다는 것을 파악할 수 있다는 게 장점입니다. 챗GPT의 한계로 질문이 많지 않다는 건 단점이죠. 리서치 회사에서 하는 설문 항목처럼 최소 10개 이상은 있어야 하는데 너무 적어서 원하는 결과를 얻으려면 설문 항목 카테고리별로 분리해서 물어봐야 합니다.

10대와 20대 대상으로 연령대 차이를 고려한 스마트폰 관련 설문 항목을 만들어달라고도 해봤습니다. 먼저, **"10대와 20대는 스마트폰 이용행태가 다를 것 같은데, 설문 항목에서 차이가 있을까?"** 라고 물은 다음, **"그러면 그런 차이를 고려해서 10대와 20대 대상 설문지를 세부 항목을 잘 분류해서 만들어줘."** 라고 연달아 물어봤습니다. 앞서 본 설문과 달리 조금 그럴듯한 설문지가 만들어졌습니다. 첫 질문에 대한 챗GPT의 답변을 확인해볼까요?

네, 10대와 20대의 스마트폰 이용행태는 차이가 있을 수 있습니다. 예를 들어, 10대는 게임이나 SNS 사용에 더 많은 시간을 할애할 가능성이 높고. 20대는 일과 관련된 앱 사용이나 정보 검색에 더 많은 시간을 할애할 가능성이 높을 수 있습니다. 따라서 이러한 차이를 고려하여 설문 항목을 구성하는 것이 좋습니다.

답변 직후 두 번째 질문을 입력하니 다음과 같이 답변해주네요.

네, 이런 차이가 있을 것으로 예상됩니다. 10대와 20대 대상으로 설문지를 만들어드리겠습니다.

[설문조사 제목] 스마트폰 이용 및 서비스 만족도 조사

[소개 및 안내] 안녕하세요. 본 설문조사는 스마트폰 이용자 대상으로 진행되는 서비스 만족도 조사입니다. 아래의 질문에 성실하게 답변해주시면 저희 서비스 개선에 큰 도움이 됩니다.

[1. 개인정보 수집 동의]

    1. 성명: _____

    2. 연락처(휴대폰 번호): _____ 본인은 위의 개인정보 수집에 동의합니다.

[2. 스마트폰 이용 행태 및 만족도]

    1. 스마트폰 이용시간은 얼마나 되시나요? (   ) 시간 (   ) 분

    2. 스마트폰 이용목적으로 가장 많이 사용하는 서비스는 무엇인가요?

    (   ) 게임 (   ) 소셜미디어 (   ) 동영상 (   ) 쇼핑 (   ) 기타

    3. 스마트폰 서비스 이용에 대한 만족도는 어떠신가요?

    (1점: 매우 불만족 ~ 5점: 매우 만족)

        1. 게임: (   )점

        2. 소셜미디어: (   )점

3. 동영상: ( )점

4. 쇼핑: ( )점

5. 기타: ( )점

4. 다음 중 어떤 기능이 추가되면 유용할 것 같나요? (다중 선택 가능)

( ) AI 개인화 추천 서비스 ( ) VR/AR 기능 추가 ( ) 보안 기능

강화 ( ) 실시간 채팅 기능 추가 ( ) 기타 (_____)

[3. 10대 대상 추가 질문 항목]

1. 스마트폰을 이용하는 목적 중 가장 큰 것은 무엇인가요?

( ) 게임 ( ) 소셜미디어 ( ) 동영상 ( ) 쇼핑 ( ) 기타

2. 스마트폰을 이용하는 시간 중 공부/학업 관련 시간은 어느 정도 되

시나요? ( ) 시간 ( ) 분

3. 스마트폰을 이용하는 시간 중 건강과 관련된 앱/서비스를 이용하는

시간은 어느 정도 되시나요? ( )

설문 항목을 잘 보면 어떤 항목은 개방형 질문으로, 어떤 항목은 다중 응답으로 설정해놨습니다. 실제 설문을 만들 때 '이 질문은 개방형으로 할까, 폐쇄형으로 할까?' 또는 '복수응답으로 할까, 다중응답으로 할까?'라는 고민을 하게 되는데, 그 고민을 챗GPT가 대신해줄 수 있다는 점도 챗GPT의 강점이라고 볼 수 있습니다. 물론 여전히 몇 안 되는 설문 항목은 한계입니다. 그래도 이 정도만 해줘도 업무량은 많이 줄어듭니다.

챗GPT 답변에서 확인해야 할 사항

회사의 제도나 상황을 고려해야 하는 설문조사의 경우, 일반적인 내용을 중심으로 어떤 설문 항목이 들어가는지 파악하는 용도로만 챗GPT를 활용하는 게 좋습니다. 또 챗GPT는 리서치 회사처럼 많은 설문 항목을 정교하게 제시하지 못하므로 기본 질문을 통해 필요한 설문 항목이 무엇인지 파악한 후 세부 항목별로 다시 물어봐야 합니다. 마지막으로 챗GPT는 설문 대상자별로 다른 설문 항목을 추천해줄 수 있기 때문에 인구통계학적인 특성별로 따로 물어보는 것도 인사이트를 얻을 수 있는 좋은 방법입니다.

챗GPT 프롬프트 리스트

🗨 우리 회사의 조직문화를 진단하려고 하는데, 설문지 좀 만들어줘.

🗨 설문 응답자의 특성을 분석할 수 있게 인구통계학적인 특성도 넣어서 만들어줘.

🗨 수평적–수직적, 관료적–혁신적 조직문화로 구분해서 설문지를 만들어줘.

🗨 사람들이 조직문화에 대해 솔직하게 답변하지 않는데, 어떻게 하면 올바른 결과가 나올 수 있도록 설문을 할 수 있을까?

🗨 스마트폰 이용자 대상, 서비스 향상을 위한 설문지를 만들어줘.

🗨 질문 항목에 보기를 넣어서 실제로 설문을 할 수 있게 만들어줘.

🗨 10대와 20대는 스마트폰 이용행태가 다를 것 같은데, 설문 항목에서 차이가 있을까?

Chat GPT

3. 업무 프로세스 정립 및 프로세스 이슈 파악

어떤 업무일까?

중소기업은 업무 프로세스가 체계적으로 정립되어 있지 않은 경우가 많습니다. 그래서 종종 "주먹구구식으로 일한다"고 자조하곤 합니다. 업무 프로세스가 정립되어 있는 대기업의 경우 프로세스 혁신 프로젝트를 진행하기도 하는데, 이를 통해 회사의 업무 프로세스를 분석해 이슈를 도출하고, 그에 대한 개선 방안을 마련합니다.

어떤 질문을 해야 할까?

챗GPT를 활용해 프로세스 정립을 어떻게 할 수 있는지 알아봅시다. 먼저 신제품 개발 프로세스부터 정립해볼까요?

"신제품 개발 프로세스에 대해 알려줘."

신제품 개발 프로세스는 다음과 같은 일반적인 단계를 따릅니다.

1. 아이디어 발견: 제품 개발의 첫 번째 단계는 새로운 제품 개발 아이디어를 발견하는 것입니다. 이를 위해서는 시장조사 및 경쟁 업체 분석, 고객 인터뷰, 내부 아이디어 제안 등 다양한 방법을 사용할 수 있습니다.

2. 아이디어 검증: 발견된 아이디어를 검증하여 실제로 구현 가능하고 시장 수요를 충족시킬 수 있는지 확인합니다. 이를 위해서는 프로토타입 제작, 시장조사 및 분석, 고객 인터뷰 등을 수행할 수 있습니다.

3. 개발 계획 수립: 검증된 아이디어를 바탕으로 제품 개발 계획을 수립합니다. 이 단계에서는 제품 목표, 개발 일정, 예산 등을 결정하며, 개발에 필요한 리소스를 확보합니다.

4. 제품 설계: 개발 계획을 바탕으로 제품 디자인, 기능 명세, 제작 방법 등을 결정합니다. 이 단계에서는 자세한 설계 문서 및 스케치, 시뮬레이션 및 프로토타입 제작 등을 수행합니다.

5. 제품 제작: 제품 설계를 바탕으로 제품을 제작합니다. 이 단계에서는 부품 조달, 생산 공정 수립, 제품 조립 등이 이루어집니다.

6. 제품 테스트: 제품 제작 후에는 실제로 동작하는지 여부를 확인하기 위해 다양한 테스트를 수행합니다. 이를 위해서는 기능성 테스트, 내구성 테스트, 안전성 테스트 등을 수행할 수 있습니다.

7. 제품 출시: 제품 테스트가 완료된 후에는 제품을 출시합니다. 이 단계에서는 마케팅, 판매, 배포 등을 수행합니다.

8. 제품 유지보수 및 개선: 제품 출시 후에도 제품의 문제점을 파악하고 유지보수 및 개선을 수행합니다. 이를 위해서는 고객 의견 조사, 품질 관

리, 기술 지원 등을 수행할 수 있습니다.

이러한 단계를 따르면서 신제품 개발 프로세스는 지속적으로 진행됩니다. 특히 마지막 단계인 제품 유지보수 및 개선 단계에서는 고객의 피드백과 요구사항에 대응하며, 기술적인 문제점을 해결하고 제품의 성능을 개선합니다. 또한, 경쟁 업체의 제품 개발 동향을 지속적으로 분석하고, 시장의 변화에 대응하기 위해 제품 개발 전략을 업데이트하고 개선할 필요가 있습니다.

따라서 제품 개발 프로세스는 단순히 제품을 개발하고 출시하는 것만이 아니라, 지속적인 관리와 개선이 필요한 수명 주기lifecycle적인 관점에서 접근해야 합니다. 이를 통해 고객 만족도를 높이고, 제품의 성능과 경쟁력을 유지하며, 기업의 비즈니스 성장을 지속적으로 이끌어낼 수 있습니다.

아이디어 발견부터 제품 유지보수 및 개선까지의 총 8단계의 프로세스를 제시해줍니다. 프로세스 정립을 위해서는 단계를 세분화시켜야겠죠? 그래서 **"신제품 개발 프로세스에 대해 3단계까지 내려서 알려줘"**, **"아이디어 발견부터 제품 유지보수 및 개선까지의 프로세스에 대해 하위 프로세스를 최소 3단계까지 작성해줘"**라고 요청했는데, 전체 프로세스 중 3단계인 '개발 계획 수립'까지만 이야기해주네요. 게다가 원하는 결과도 아닙니다.

어떤 질문을 할지 고민하다 다음 2개의 질문을 순차적으로 던졌습니다. **"아이디어 발견에 대한 세부 프로세스를 트리 구조로 8단계까지 분류해줘."** **"아이디어 발견 단계에 대해서만 트리 구조를 조금 더 세분화해서 보여줘."**

네, 아이디어 발견 단계에 대해서만 트리 구조를 더 세분화해서 보여드리면 아래와 같습니다.

1. 아이디어 발견

- 시장조사
    - 고객 요구사항 파악
        - 고객 인터뷰
        - 설문조사
    - 경쟁 업체 분석
        - 제품 비교 분석
        - 시장 점유율 분석
- 아이디어 경쟁
    - 내부 아이디어 경쟁
        - 부서별 아이디어 경쟁
        - 팀별 아이디어 경쟁
    - 외부 아이디어 경쟁
        - 공모전 참가
        - 아이디어 플랫폼 이용
    - 브레인스토밍
        - 아이디어 도출 세션
        - 마인드 맵핑
- 트렌드 분석
    - 새로운 트렌드 예측

- 미래 예측 정보 수집
- 전문가 인터뷰
  - 새로운 제품 및 서비스 발굴
    - 유사 제품 분석
    - 새로운 기술 도입
- 고객 인사이트 도출
  - 고객 인터뷰
  - 설문조사
  - 행동 패턴 분석
    - 빅데이터 분식
    - 행동 데이터 분석
    - 구매 패턴 분석

첫 번째 질문에서는 아이디어 발견부터 제품 유지보수 및 개선에 대한 트리 구조를 만들어줬습니다. 두 번째 질문을 통해 위의 예시처럼 조금 더 세부적인 결과를 얻을 수 있었습니다.

머칠 후 **"아이디어 발견에 대한 세부 프로세스를 트리 구조로 만들어줘"**라고 조금 더 간단하게 요청해도 원하는 결과를 얻을 수 있었습니다. 챗GPT는 이미지를 보여주지는 못하지만, 다음 페이지의 화면처럼 이미지 같은 느낌을 보여줍니다. 결과는 물어볼 때마다 조금씩 차이가 있으니 참고하세요.

일단 개략적인 신제품 개발 프로세스를 정의했으니, 챗GPT가 프로세스 정의서를 이해하고 있다는 가정하에 새로운 질문을 다시 던졌습니다.

```markdown
- 아이디어 발견
  - 시장 조사
    - 시장 동향 파악
    - 경쟁 업체 분석 및 비교
    - 고객 인사이트 도출
    - 시장 수요 분석
  - 아이디어 경쟁
    - 아이디어 경쟁 계획 수립
    - 아이디이 제인 방법 결정
    - 아이디어 제안 결과 평가
  - 아이디어 선정 및 검증
    - 아이디어 실현 가능성 검증
    - 컨셉 검증
    - 프로토타입 제작 및 검증
```

"신제품 개발 단계 중 아이디어 발견 단계에 대한 세부 활동을 프로세스 정의서로 만들어줘."

[아이디어 발견 단계 활동 – 프로세스 정의서]

목적:

- 조직 내에서 새로운 제품 개발 아이디어를 발견하고 추진하기 위한 활동을 프로세스화한 문서입니다.

단계:

1. 시장조사

- 활동 목적: 시장 변화 및 트렌드 파악, 경쟁 업체 분석 및 비교, 고객 인사이트 도출, 시장 수요 분석

- 산출물: 시장조사 보고서, 경쟁 업체 분석 보고서, 고객 인사이트 보고

서, 시장 수요 분석 보고서

1. 아이디어 경쟁

- 활동 목적: 조직 내 아이디어 경쟁 계획 수립, 아이디어 제안 방법 결정, 아이디어 제안 결과 평가

- 산출물: 아이디어 경쟁 계획서, 아이디어 제안서 양식, 아이디어 제안 결과 평가 보고서

1. 아이디어 선정 및 검증

- 활동 목적: 선정된 아이디어의 검증 및 실현 가능성 평가, 콘셉트 검증을 통한 개발 가능성 평가, 프로토타입 제작 및 검증

- 산출물: 아이디어 선정 보고서, 콘셉트 검증 보고서, 프로토타입 검증 보고서

위 활동은 일반적인 아이디어 발견 단계 활동을 기반으로 하며, 조직 내 상황에 따라 추가/삭제가 가능합니다. 이를 바탕으로 조직 내에서 아이디어 발굴과 추진을 원활하게 진행할 수 있도록 노력해야 합니다.

아주 간단한 형태의 프로세스 정의만을 제시해주네요. 그래도 이 정도면 프로세스 정의서의 초안으로 충분할 것 같습니다. 새로운 요청을 추가해볼까요? **"신제품 개발 단계 중 아이디어 발견 단계에 대한 세부 활동을 담당 조직과 협업 조직도 추가해서 프로세스 정의서 형태로 표로 만들어줘."**

모든 단계에 대한 세부 활동을 요청하면 답변이 끊기기 때문에 계속해서 물어봐야 하니, 여기서는 아이디어 발견 단계에만 한정시켜봤습니다.

활동	목적	산출물	담당 조직	협업 조직
1. 시장조사	시장 변화 및 트렌드 파악, 경쟁 업체 분석 및 비교, 고객 인사이트 도출, 시장 수요 분석	시장조사 보고서, 경쟁 업체 분석 보고서, 고객 인사이트 보고서, 시장 수요 분석 보고서	마케팅 부서, R&D 부서	마케팅, R&D, 영업 부서
2. 아이디어 경쟁	조직 내 아이디어 경쟁 계획 수립, 아이디어 제안 방법 결정, 아이디어 제안 결과 평가	아이디어 경쟁 계획서, 아이디어 제안서 양식, 아이디어 제안 결과 평가 보고서	R&D 부서	마케팅, 영업 부서
3. 아이디어 선정 및 검증	선정된 아이디어의 검증 및 실현 가능성 평가, 콘셉트 검증을 통한 개발 가능성 평가, 프로토타입 제작 및 검증	아이디어 선정 보고서, 콘셉트 검증 보고서, 프로토타입 검증 보고서	R&D 부서	마케팅, 영업 부서

어떤가요? 이제는 조금 그럴듯한 정의서처럼 보이죠? 챗GPT가 회사 부서별 업무를 학습해 장 마지막에 제시한 도표처럼 실제 프로세스 활동을 보여준다면 더 좋겠다는 생각이 듭니다. GPT-4에서는 이미지까지 인식할 수 있다고 하는데, 이미지를 그려준다면 더할 나위 없이 좋겠죠?

이제부터는 이슈 파악을 해볼 텐데요. **"아이디어 발견부터 제품 유지 및 보수까지 조직 내에서 발생할 수 있는 이슈를 업무 프로세스 관점에서 제시해줘"**, **"아래 단계별로 조직 내에서 발생할 수 있는 이슈를 업무 프로세스 관점에서 제시해줘"**라고 물어봤습니다. 두 질문에 유사한 답변을 알려주는데, 제시된 답변은 두 번째 질문의 결과입니다.

각 단계별로 조직 내에서 발생할 수 있는 이슈를 업무 프로세스 관점에서 제시하면 다음과 같습니다.

1. 아이디어 발견

- 시장조사: 부서 간 협력 부재로 인한 시장조사 결과 정확성 부족, 경쟁 업체 분석 부족
- 아이디어 경쟁: 부서 간 아이디어 경쟁으로 인한 갈등 발생, 경쟁 결과 평가 지표 불명확
- 트렌드 분석: 트렌드 파악 미비로 인한 유효한 아이디어 발굴 불가능, 신뢰성 있는 데이터 부재
- 고객 인사이트 도출: 인터뷰나 설문조사 참여율 부족, 참여 대상 고객 정확도 미비

2. 아이디어 검증

- 콘셉트 검증: 실현 가능성, 경제성, 실용성 평가 기준 불명확, 검증 결과 분쟁 발생 가능성
- 시장 수요 분석: 시장 수요 예측 오류로 인한 잘못된 수요 예측, 타깃 고객층 설정 오류
- 프로토타입 제작: 기술적인 문제로 인한 프로토타입 제작 지연, 프로토타입 품질 불량

3. 개발 계획 수립

- 요구사항 정의: 요구사항 변경으로 인한 일정 변동 가능성, 기능 요구사항 정의 불명확
- 일정 및 예산 계획: 프로젝트 일정 수립 부재로 인한 일정 지연, 예산 초과 가능성
- 인력: 프로젝트 담당자 부재로 인한 역할 부담, 인력 부족으로 인한 일

정 지연 가능성

4. 제품 설계

- 기술적 제약: 기술적 제약으로 인한 설계 수정 필요, 제품 목표 달성 어려움
- 품질 요구사항: 품질 요구사항 미비로 인한 품질 저하 가능성, 품질 관리 프로세스 미비

5. 제품 제작

- 생산 공정: 생산 공정 문제로 인한 제품 불량 가능성, 생산 일정 지연 가능성
- 부품 조달: 부품 공급 장애로 인한 생산 일정 지연 가능성, 부품 품질 문제 발생 가능

6. 제품 테스트

- 기능성 테스트: 기능성 테스트 미비로 인한 결함 발견 어려움, 기능 요구사항 미비
- 안전성 테스트: 안전성 테스트 미비로 인한 안전 문제 발생 가능성, 안전 요구사항 미비
- 내구성 테스트: 내구성 테스트 미비로 인한 제품 수명 단축 가능성, 내구성 요구사항 미비

7. 제품 출시

- 마케팅: 마케팅 전략 미비로 인한 제품 인지도 부족, 마케팅 예산 부족 가능성
- 판매: 판매 지연으로 인한 수익 감소 가능성, 판매 채널 부재로 인한 제

품 어려운 접근성

- 배포: 제품 배포 과정 문제로 인한 제품 배송 일정 지연 가능성, 제품 훼손 가능성

8. 제품 유지보수 및 개선

- 품질 관리: 품질 관리 부재로 인한 품질 저하 가능성, 고객 불만 발생 가능성

- 기술 지원: 기술 지원 부재로 인한 기술 문제 발생 가능성, 제품 기술 개선 어려움

- 고객 의견 조사: 고객 의견 조사 부재로 인한 고객 요구사항 파악 어려움, 고객 불만 증가 가능성

챗GPT의 답변에서 볼 수 있듯이 다양한 이슈가 나오죠? 이 중 여러분의 조직과 관련된 이슈가 있다면 원인 분석을 시작해보세요.

챗GPT 답변에서 확인해야 할 사항

챗GPT는 '3단계'나 '4단계'라는 용어를 프로세스 단계로 이해하기 때문에 세부 활동을 보고 싶다면 '트리 구조'라는 단어를 입력해야 합니다. 그러면 보통 3단계 정도의 트리 구조를 보여줍니다. 세부 활동을 더 보고 싶다면 **"세분화시켜 줘"**라고 하면 되고요. 챗GPT는 업무 프로세스 정립의 핵심이 되는 기본적인 활동들을 잘 보여주기 때문에 상황에 맞게 수정하면서 수정된 내용을 가지고 다시 세분화하는 활동을 해야 합니다.

챗GPT 프롬프트 리스트

- 신제품 개발 프로세스에 대해 알려줘.

- 위의 신제품 개발 프로세스에 대해 3단계까지 내려서 알려줘.

- 아이디어 발견에 대한 세부 프로세스를 트리 구조로 8단계까지 분류해줘.

- 아이디어 발견 단계에 대해서만 트리 구조를 세분화해서 보여줘.

- 아이디어 발견에 대한 세부 프로세스를 트리 구조로 만들어줘.

- 신제품 개발 단계 중 아이디어 발견 단계에 대한 세부 활동을 프로세스 정의서로 만들어줘.

- 신제품 개발 단계 중 아이디어 발견 단계에 대한 세부 활동을 담당 조직과 협업 조직도 추가해서 프로세스 정의서 형태로 표로 만들어줘.

- 아이디어 발견부터 제품 유지 및 보수까지 조직 내에서 발생할 수 있는 이슈를 업무 프로세스 관점에서 제시해줘.

- 아래 단계별로 조직 내에서 발생할 수 있는 이슈를 업무 프로세스 관점에서 제시해줘.

[신제품 개발 프로세스 Chain Map]

VOC | Task | Output

VOC

VOC
CS팀

채널 의견
영업팀

시장동향
마케팅팀

최신 기술
R&D팀

신제품 개발을 위한
전사 필드 정보 공유

Task

1-1-1 수작업
필드 정보 취합
NPD 협의체

1-1-2 회의
1차 스크리닝
마케팅팀

1-1-3 회의
아이디어 검토 회의
NPD 협의체

기존 제품
개발인가?

Y 제품 개선

N 신규 개발

Output

아이디어 풀
NPD 협의체

1-2
아이디어 구체화

3
제품 개발

Chat GPT

4. 문제 원인 파악 및
해결 방안 수립

어떤 업무일까?

어떤 문제가 발생하면 근본 원인을 파악하기 위해 워크숍, 회의, 인터뷰 등 다양한 활동을 합니다. 이런 활동에는 많은 시간이 들어가죠. 게다가 처음에 방향을 잘못 설정하면 근본 원인 파악은 요원한 일이 됩니다. 파악했다 하더라도 이를 트리 구조로 정리하는 건 또 다른 일입니다.

어떤 질문을 해야 할까?

챗GPT한테 **"콜센터 VOC 증가의 원인 파악을 위한 로직트리를 만들어줘"**라고 요청했습니다. 챗GPT는 "콜센터 VOC가 증가하는 이유는 무엇인가요?", "상품/서비스에 대한 불만족이 발생하는 이유는 무엇인가요?" 등의 핵심 질문을 원인과 함께 제시해줍니다.

콜센터 VOC Voice of Customer 증가의 원인을 파악하기 위한 로직트리를 만들어보겠습니다.

1. 콜센터 VOC가 증가하는 이유는 무엇인가요?

1. 상품/서비스에 대한 불만족
   1. 제품/서비스의 품질이 낮음
   2. 제품/서비스가 기대에 못 미침
   3. 제품/서비스 설명 미흡
2. 고객 서비스에 대한 불만족
   1. 고객 서비스 대응 속도 느림

2. 고객 서비스 대응 불친절
3. 고객 서비스 대응 미흡
3. 기타
   1. 배송 지연
   2. 결제 문제
   3. 기타

2. 상품/서비스에 대한 불만족이 발생하는 이유는 무엇인가요?

1. 제품/서비스 개선이 필요한가요?
   1. 제품/서비스의 기능이 불충분함
   2. 제품/서비스의 사용이 불편함
   3. 제품/서비스의 성능이 낮음

2. 제품/서비스 설명이 부족한가요?
   1. 제품/서비스 설명이 불친절하거나 이해하기 어려움
   2. 제품/서비스 설명이 부족함

3. 고객 서비스에 대한 불만족이 발생하는 이유는 무엇인가요?

1. 고객 서비스 대응 속도가 느린가요?
   1. 고객 서비스 대응 시간이 오래 걸림
   2. 고객 서비스 대응 시간이 상대적으로 빠르지 않음
2. 고객 서비스 대응이 불친절한가요?

1. 상담원 태도가 불만족스러움
2. 고객 서비스 대응이 불친절함
3. 고객 서비스 대응이 미흡한가요?
   1. 문제 해결 방법이 불분명함
   2. 문제 해결 방법이 제시되지 않음
   3. 고객 서비스 대응이 미흡함

4. 배송 지연이 발생하는 이유는 무엇인가요?

1. 물류 문제	1. 재고 부족
1. 입고 지연	2. 재고 오류
2. 출고 지연	3. 기타 문제
3. 운송 문제	1. 날씨 영향
2. 재고 관리 문제	2. 사고 발생 등

5. 결제 문제가 발생하는 이유는 무엇인가요?

1. 결제 시스템 문제	2. 결제 정보 입력 불완전
1. 결제 시스템 오류	3. 기타 문제
2. 결제 시스템 불안정	1. 카드사/은행 문제
2. 결제 정보 입력 문제	2. 결제 방법 제한 등
1. 결제 정보 입력 오류	

이러한 로직트리를 통해 콜센터 VOC의 증가 원인을 구체적으로 파악할 수 있습니다. 해당 정보를 바탕으로 적절한 대책을 마련하여 고객 만족도를 향상시킬 수 있습니다.

참고로 며칠 후 새 대화창에서 동일한 질문을 했더니 다음과 같이 답변합니다. 매번 조금씩 달라지는 챗GPT의 답변을 볼 수 있습니다.

콜센터 VOC Voice of Customer 증가의 원인을 파악하기 위한 로직트리는 다음과 같을 수 있습니다:

1. VOC 증가가 무엇을 의미하는가?

- 상담원의 대응 불만, 제품/서비스의 불만, 시스템 장애 등 다양한 요인

이 있을 수 있습니다.

2. 제품/서비스와 관련된 문제인가?

- 제품/서비스의 품질, 가격, 기능 등과 관련된 문제가 있는지 파악합니다.

- 만족도 조사, 고객 리뷰, 불만 전화 내역 등을 분석할 수 있습니다.

3. 상담원과 관련된 문제인가?

- 상담원의 전문성, 친절도, 대응력 등과 관련된 문제가 있는지 파악합니다.

- 상담원의 업무 능력 평가, 교육 수준, 상담 내용 분석 등을 통해 원인을 찾을 수 있습니다.

4. 시스템과 관련된 문제인가?

- 시스템 장애, 인터페이스 오류, 속도 등과 관련된 문제가 있는지 파악합니다.

- 로그 분석, 기술 지원팀의 조치 내역 등을 확인할 수 있습니다.

5. 환경과 관련된 문제인가?

- 고객의 인식, 경제적 상황, 사회적 이슈 등 환경적인 요인이 문제의 원인일 수 있습니다.

- 인식 조사, 사회 이슈 관련 분석 등을 통해 원인을 찾을 수 있습니다.

위와 같은 로직트리를 사용하여 VOC 증가의 원인을 파악하고, 그에 따른 개선 방안을 제시할 수 있습니다.

이번에는 문제 분석의 관점을 직접 설정해봤습니다. **"콜센터 VOC 증가의 원인 파악을 위한 로직트리를 3가지 관점으로 해서 만들어줘."**

챗GPT 업무 사용 매뉴얼

콜센터 VOC Voice of Customer 증가의 원인을 파악하기 위한 로직트리를 3가지 관점으로 만들어보겠습니다.

1. 고객 관점

1. 상품/서비스 문제
   1. 제품/서비스의 품질이 낮음
   2. 제품/서비스가 기대에 못 미침
   3. 제품/서비스 설명 미흡
2. 고객 서비스 문제
   1. 고객 서비스 대응 속도 느림
   2. 고객 서비스 대응 불친절
   3. 고객 서비스 대응 미흡
3. 배송/결제 문제
   1. 배송 지연
   2. 결제 문제

2. 제품/서비스 관점

1. 제품/서비스 설명 문제
   1. 제품/서비스 설명이 불친절하거나 이해하기 어려움
   2. 제품/서비스 설명이 부족함
2. 제품/서비스 기능 문제
   1. 제품/서비스의 기능이 불충분함
   2. 제품/서비스의 사용이 불편함
   3. 제품/서비스의 성능이 낮음
3. 재고 관리 문제
   1. 재고 부족
   2. 재고 오류

3. 콜센터 관점

1. 상담원 문제
   1. 상담원 역량 부족
   2. 상담원 교육 부족
2. 대응 시스템 문제
   1. 시스템 오류
   2. 시스템 불안정
3. 대응 절차 문제
   1. 대응 절차 미흡
   2. 대응 절차 복잡함

이러한 로직트리를 통해 각 관점에서 콜센터 VOC의 증가 원인을 구체적으로 파악할 수 있습니다. 이는 적절한 대응 전략 수립에 도움을 줄 수 있습니다.

문제에 어떻게 접근해야 할지 모르겠다면 다양한 답변을 할 수 있는 형태로 질문하고, 어느 정도 윤곽이 나왔다면 직접 관점을 설정하면 좋습니다. 이번 질문에 챗GPT는 3가지 관점별로 3단계(고객 관점-상품/서비스 문제-제품/서비스의 품질이 낮음)까지 파악해 원인을 제시해줬습니다.

챗GPT를 활용해본 결과, 이런 트리 구조 작성에는 챗GPT가 최소 대리-과장급 이상의 역량을 발휘하는 것 같습니다. 사실 이런 분류 체계를 만드는 일이 쉽지 않은데 말이죠.

이번에는 프로세스 관점으로 접근해봤습니다.

"콜센터 VOC 증가 원인 로직트리를 판매 전 VOC 증가, 판매 중 VOC 증가, 판매 후 VOC 증가 관점에서 최소 3단계 이상으로 해서 보여줘."

콜센터 VOC Voice of Customer 증가의 원인을 판매 전, 판매 중, 판매 후 관점에서 최소 3단계 이상으로 나누어 보여드리겠습니다.

1. 판매 전 VOC 증가

1. 마케팅 문제

   1. 광고 효과 부족

   2. 마케팅 전략 미흡

   3. 대상 고객층 선정 오류

2. 상품 준비 문제

   1. 상품/제품의 재고 부족

   2. 상품/제품의 준비 오류

3. 주문 처리 문제

1. 주문 처리 시스템 오류 | 2. 주문 처리 대응 절차 미흡

2. 판매 중 VOC 증가

1. 상품 문제

   1. 상품/제품의 품질이 낮음

   2. 상품/제품의 기능 미흡

   3. 상품/제품의 성능 미흡

2. 판매 대응 문제

   1. 상담원 역량 부족

2. 판매 대응 시스템 오류

3. 판매 대응 대기 시간 문제

3. 결제 문제

   1. 결제 시스템 오류

   2. 결제 방법 제한

   3. 결제 정보 입력 오류

3. 판매 후 VOC 증가

1. 배송 문제

   1. 배송 지연

   2. 배송 오류

   3. 배송 상태 정보 미제공

2. AS/반품 처리 문제

   1. AS/반품 처리 절차 미흡

   2. AS/반품 처리 대응 시간 지연

3. AS/반품 처리 문제 해결 방법 미제공

3. 서비스 문제

   1. 고객 서비스 대응 불친절

   2. 고객 서비스 대응 미흡

   3. 고객 서비스 대응 시스템 오류

(중략)

또 다른 근본 원인을 새롭게 제시해주네요. 조금 더 구체적인 원인을 요청해볼까요?

"콜센터 VOC 증가 원인 로직트리를 판매 전 VOC 증가, 판매 중 VOC 증가, 판매 후 VOC 증가 관점에서 4~5단계 이상으로 해서 보여줘."

콜센터 VOC Voice of Customer 증가의 원인을 판매 전, 판매 중, 판매 후 관점에서 4~5단계 이상으로 나누어 보여드리겠습니다.

1. 판매 전 VOC 증가

1. 마케팅 문제
    1. 광고 효과 부족
        1. 광고 채널 선택 오류
        2. 광고 노출 빈도 부족
        3. 광고 콘텐츠 미흡
    2. 마케팅 전략 미흡
        1. 대상 고객층 정의 오류
        2. 마케팅 대상 분석 미흡
        3. 경쟁사 분석 미흡
    3. 대상 고객층 선정 오류
        1. 대상 고객층에 대한 이해 부족
        2. 대상 고객층 선택 오류
        3. 대상 고객층 확보 오류
2. 상품 준비 문제
    1. 상품/제품의 재고 부족
        1. 재고 예측 오류
        2. 입고 지연
        3. 재고 관리 시스템 오류
    2. 상품/제품의 준비 오류
        1. 제품/상품 검수 부족
        2. 포장/상품 준비 미흡
        3. 제품/상품 신뢰성 부족
3. 주문 처리 문제
    1. 주문 처리 시스템 오류
        1. 시스템 안정성 부족
        2. 시스템 업그레이드 미비
        3. 서버 용량 부족
    2. 주문 처리 대응 절차 미흡
        1. 주문 처리 교육 미비
        2. 주문 처리 대응 시간 부족
        3. 주문 처리 대응 품질 부족
    3. 결제 문제
        1. 결제 시스템 오류
        2. 결제 방법 제한
        3. 결제 정보 입력 오류

2. 판매 중 VOC 증가

1. 상품 문제

  1. 상품/제품의 품질이 낮음 (계속)

    1. 제조/생산 과정의 불량

    2. 품질 검사 미흡

    3. 품질 관리 체계 미비

  2. 상품/제품의 기능 미흡

    1. 기능 구현 오류

    2. 기능 설계 미흡

    3. 기능 테스트 미흡

  3. 상품/제품의 성능 미흡

    1. 성능 요구사항 미준수

    2. 성능 테스트 미흡

    3. 성능 문제 대응 방안 미비

2. 판매 대응 문제

  1. 상담원 역량 부족

    1. 역량 강화 교육 미비

    2. 업무 복잡도 대응 미비

    3. 상담 대응 미숙

  2. 판매 대응 시스템 오류

    1. 시스템 안정성 부족

    2. 시스템 업그레이드 미비

    3. 서버 용량 부족

  3. 판매 대응 대기 시간 문제

    1. 대응 대기열 처리 미흡

    2. 대응 인력 부족

    3. 대응 자동화 시스템 미비

3. 결제 문제

  1. 결제 시스템 오류 (계속)

    1. 시스템 안정성 부족

    2. 시스템 업그레이드 미비

    3. 서버 용량 부족

  2. 결제 방법 제한 (계속)

    1. 결제 수단 부족

    2. 결제 수수료 부담

    3. 결제 수단 선택 기준 미비

  3. 결제 정보 입력 오류

    1. 결제 정보 입력 방법 미숙

    2. 결제 정보 입력 오류 방지 시스템 미비

    3. 결제 정보 보안 체계 미비

3. 판매 후 VOC 증가

1. 배송 문제

  1. 배송 지연

    1. 물류 네트워크 구성 문제

    2. 운송 수단 부족

    3. 물류 센터 용량 초과

  2. 배송 오류

    1. 운송 중 상품 손상

    2. 잘못된 배송 정보 입력

    3. 배송 담당자 실수

  3. 배송 상태 정보 미제공

    1. 배송 조회 시스템 미비

    2. 배송 업데이트 빈도 부족

    3. 배송 정보 보안 문제

2. AS/반품 처리 문제

  1. AS/반품 처리 절차 미흡

    1. 처리 절차 미흡

    2. 처리 절차 교육 미비

    3. 처리 대응 인력 부족

  2. AS/반품 처리 대응 시간 지연

    1. AS/반품 대응 인력 부족

    2. AS/반품 대응 우선순위 부재

    3. AS/반품 처리 시간 불투명성

  3. AS/반품 처리 문제 해결 방법 미제공

    1. 문제 해결 방법 제시 미비

    2. 해결 방법 대응 교육 미비

    3. 문제 해결 방법 시스템 미비

3. 서비스 문제

  1. 고객 서비스 대응 불친절

    1. 상담원 교육 미비

    2. 상담 대응 역량 미비

    3. 상담 대응 절차 미비

  2. 고객 서비스 대응 미흡

    1. 대응 시스템 미비

    2. 대응 인력 부족

    3. 대응 업무 분담 미흡

  3. 고객 서비스 대응 시스템 오류

    1. 시스템 안정성 부족

    2. 시스템 업그레이드 미비

    3. 서버 용량 부족

세부 단계별로 쪼개서 이슈를 보여주네요. 다음은 VOC 증가 원인에 대해 가설적으로 생각해봤던 로직트리 구조인데, 제가 한 것보다 더 잘 나온 것 같습니다.

[콜센터 VOC 증가 원인 분석 트리–Why 트리][1]

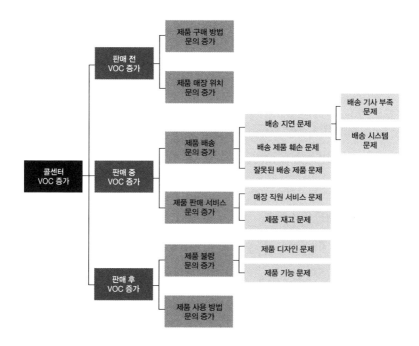

문제의 근본 원인을 알아봤으니 해결책을 확인해봐야겠죠? 다 물어보면 답변이 너무 길어져 잘릴 위험이 있으니, 판매 중 VOC 증가에 대해서만 해결책을 요청해봤습니다.

---

1 박경수, 지금 당장 기획공부 시작하라, 2014

"콜센터 VOC 증가 원인 중 판매 중 VOC 증가 관점에서의 근본 원인과 해결 방안을 제시해줘."

판매 중 VOC 증가 관점에서의 근본 원인 해결 방안은 다양합니다. 이에 대해 대표적인 몇 가지를 제시해드리겠습니다.

1. 상품 문제 해결

- 상품/제품의 품질, 기능, 성능을 개선하고, 테스트 및 검수 과정을 강화하여 불량품 발생을 줄입니다.
- 고객으로부터 발생하는 문제점을 파악하고 이를 반영하여 상품 개발 및 디자인을 진행합니다.
- 상품/제품에 대한 피드백을 수집하고 이를 적극적으로 반영하여 제품/상품 개선을 지속적으로 진행합니다.

2. 판매 대응 문제 해결

- 상담원 역량 강화 교육을 실시하여 대응 역량을 높입니다.
- 대응 시스템 안정성을 확보하고, 서버 용량을 증설하여 대응 대기열을 줄입니다.
- 대응 자동화 시스템을 도입하여 효율적인 대응을 지원합니다.

3. 결제 문제 해결

- 결제 시스템 안정성을 강화하고, 결제 수단 제한을 최소화하여 결제 고객이 원하는 방법으로 결제할 수 있도록 합니다.
- 결제 정보 입력 방법을 간소화하고, 결제 정보 보안 체계를 강화하여 고객의 결제 정보를 보호합니다.

- 결제 수단에 대한 이해도를 높이고, 결제 정보 입력 방법에 대한 교육을 실시하여 고객이 올바르게 입력할 수 있도록 지원합니다.

4. 배송 문제 해결

- 물류 네트워크 구성을 최적화하고, 운송 수단을 확보하여 배송 시간을 줄입니다.
- 물류 센터 용량을 증설하고, 배송 상태 정보를 실시간으로 제공하여 배송 정보를 빠르게 확인할 수 있도록 합니다.
- 배송 오류 대응 시스템을 강화하고, 재고 및 물류 정보를 관리하여 빠른 대응이 가능하도록 합니다.

이러한 방법들을 활용하여 콜센터 VOC 증가 원인을 해결할 수 있습니다.

해결책도 합리적인 것 같습니다. 실제로 이런 문제들이 많이 발생할 텐데, 챗GPT를 사용한다면 문제 해결의 속도를 높일 수 있어 보입니다.

지금까지 한 문제-원인-방안이라는 질문에 대한 답변을 통합적으로 보여주면 좋지 않을까요? 그래서 다음과 같은 질문을 해봤습니다.

"콜센터 VOC 증가 문제에 대한 What-Why-How 관점으로 트리를 간략하게 만들어줘."

네, What-Why-How 관점으로 간략하게 콜센터 VOC 증가 문제에 대한 트리를 만들어드리겠습니다.

1. What

- 콜센터 VOC 증가 문제

2. Why

- 상품 문제

- 판매 대응 문제

- 결제 문제

- 배송 문제

- AS/반품 처리 문제

- 서비스 문제

3. How

- 상품 개선 및 품질 검수 강화

- 상담원 교육 및 대응 역량 강화

- 대응 시스템 안정성 및 용량 강화

- 결제 시스템 안정성 강화 및 결제 정보 보안 강화

- 물류 네트워크 최적화 및 배송 상태 정보 실시간 제공

- AS/반품 처리 절차 강화 및 대응 인력 강화

- 고객 서비스 대응 역량 강화 및 대응 시스템 강화

위와 같은 방법들을 통해 콜센터 VOC 증가 문제를 해결할 수 있습니다.

간략하게 제시해주기는 하는데, 위의 모든 답변을 담기에는 한계가 있나보네요. 그래도 이렇게 보여주니 논리를 점검할 때 도움이 되는 것 같습니다. 질문을 조금 더 구체화해볼까요?

"콜센터 VOC 증가 문제에 대해 분류된 문제의 원인, 그리고 원인별 과제를 트리 구조로 한 번에 간략하게 만들어줘."

챗GPT 업무 사용 매뉴얼

네, 콜센터 VOC 증가 문제에 대해 분류된 문제의 원인과 과제를 한 번에 간략하게 트리 구조로 만들어드리겠습니다.

1. 제품/상품 관련 문제

- 원인: 제조/생산 과정의 불량, 품질 검사 미흡, 기능 미흡, 성능 미흡 등
- 과제: 제품/상품 개선, 품질 검수 강화, 고객 피드백 수집 및 반영

2. 판매 대응 관련 문제

- 원인: 상담원 역량 부족, 판매 대응 시스템 오류, 대기 시간 문제 등
- 과제: 상담원 교육, 대응 시스템 안정성 강화, 대응 자동화 시스템 도입

3. 결제 관련 문제

- 원인: 결제 시스템 오류, 결제 방법 제한, 결제 정보 입력 오류 등
- 과제: 결제 시스템 안정성 강화, 결제 수단 제한 최소화, 결제 정보 보안 강화

4. 배송 관련 문제

- 원인: 배송 지연, 배송 오류, 배송 상태 정보 미제공 등
- 과제: 물류 네트워크 최적화, 배송 상태 정보 실시간 제공, 물류 정보 관리

5. AS/반품 처리 관련 문제

- 원인: 처리 절차 미흡, 처리 대응 시간 지연, 문제 해결 방법 미제공 등
- 과제: 처리 절차 강화, 대응 인력 강화, 문제 해결 방법 제공

6. 서비스 관련 문제

- 원인: 고객 서비스 대응 불친절, 대응 미흡, 대응 시스템 오류 등
- 과제: 고객 서비스 역량 강화, 대응 시스템 안정성 강화

위와 같이 분류된 문제의 원인과 과제를 한눈에 파악할 수 있는 트리 구조

입니다.

각각의 문제에 대해 원인과 과제를 제시해주네요. 원하는 구조는 아니었지만 각 문제-원인-과제를 볼 수 있어 이 답변도 좋아 보입니다.

챗GPT 답변에서 확인해야 할 사항

챗GPT는 어떤 문제를 정리해서 보여주는 데 강점을 가지고 있습니다. 트리 구조를 만들기 위해 몇 날 며칠을 고민했던 경험을 생각해보면 획기적이라는 생각도 듭니다. 특히 광범위한 문제의 근본 원인을 3~4단계까지 분석해주는 걸 보면 더욱 그렇습니다.

그런 면에서 챗GPT를 문제 정의 및 분류, 원인 분석, 방안 마련에 수시로 활용하면 좋습니다. 문제를 빠르게 구조화할 수 있고, 교차검증한다는 의미에서도요.

챗GPT 프롬프트 리스트

- 💬 콜센터 VOC 증가의 원인 파악을 위한 로직트리를 만들어줘.
- 💬 콜센터 VOC 증가의 원인 파악을 위한 로직트리를 3가지 관점으로 해서 만들어줘.
- 💬 콜센터 VOC 증가 원인 로직트리를 판매 전 VOC 증가, 판매 중 VOC 증가, 판매 후 VOC 증가 관점에서 최소 3단계 이상으로 해서 보여줘.

💬 콜센터 VOC 증가 원인 로직트리를 판매 전 VOC 증가, 판매 중 VOC 증가, 판매 후 VOC 증가 관점에서 4~5단계 이상으로 해서 보여줘.

💬 콜센터 VOC 증가 원인 중 판매 중 VOC 증가 관점에서의 근본 원인과 해결 방안을 제시해줘.

💬 콜센터 VOC 증가 문제에 대한 What-Why-How 관점으로 트리를 간략하게 만들어줘.

💬 콜센터 VOC 증가 문제에 대해 분류된 문제의 원인, 그리고 원인별 과제를 트리 구조로 한 번에 간략하게 만들어줘.

Chat GPT

5. 방향 설정을 위한
Cross-SWOT 활용

어떤 업무일까?

Cross-SWOT은 SWOT의 각 항목을 결합해 새로운 방향을 설정하는 분석 기법입니다. SWOT은 단순하게 항목별로 해당되는 내용을 정리하는 틀일 뿐, 이를 통해 새로운 걸 뽑아내기는 쉽지 않습니다. 그래서 SWOT에서 한발 더 나아간 Cross-SWOT을 통해 개인부터 기업까지 자신에게 적합한 방향을 도출합니다.

어떤 질문을 해야 할까?

Cross-SWOT이 무엇인지 먼저 짚고 가기 위해 챗GPT한테 **"Cross-SWOT이 무엇인지 설명해줘"**라고 질문을 해봤습니다.

Cross-SWOT 분석은 SWOT 분석의 개념을 보완한 전략적 분석 방법으로, 기업의 강점, 약점, 기회, 위협 요인들을 조합하여 새로운 시각에서 문제를 해결하고 기회를 극대화하는 전략을 도출하는 방법입니다.

SWOT 분석은 기업의 내부 요인(강점, 약점)과 외부 요인(기회, 위협)을 독립적으로 분석합니다. 이에 반해, Cross-SWOT 분석은 내부 요인과 외부 요인을 결합하여 다양한 전략적 대안을 탐색하고 평가할 수 있습니다. Cross-SWOT 분석은 기업이 외부 환경 변화에 대응하고, 경쟁력을 강화하고, 새로운 비즈니스 기회를 창출하는 데 유용하게 사용됩니다. 이를 통해 기업은 적극적인 마케팅 전략과 경영 전략을 수립하고 실행함으로써 경쟁 우위를 유지하고 성장하는 방향으로 나아갈 수 있습니다.

Cross-SWOT은 결국 다양한 대안을 탐색하기 위한 도구라고 볼 수 있습니다. 보통은 다음과 같은 틀을 활용해 분석을 진행합니다.

Cross-SWOT을 어떤 식으로 활용할 수 있을지 챗GPT에게 관련 질문을 해보면서 알아보겠습니다.

"쿠팡이라는 기업에 대해 SWOT 분석을 해줘."

쿠팡은 한국의 대표적인 온라인 쇼핑몰 기업으로, 고객 중심의 서비스와 빠른 배송으로 인기를 얻고 있습니다. 다음은 쿠팡의 SWOT 분석입니다.

강점(Strengths)

- 온라인 시장에서 대표적인 브랜드 중 하나로 인지도가 높습니다.
- 다양한 상품군을 보유하고 있으며, 이를 다양한 프로모션과 함께 제공하여 고객 유치에 성공하고 있습니다.
- 고객에게 빠르고 정확한 배송 서비스를 제공하여 고객 만족도가 높습니다.
- 철저한 데이터 분석을 기반으로 고객의 취향과 선호도를 파악하여 맞춤형 추천 서비스를 제공합니다.
- 신속하게 변화하는 온라인 시장에 대응하기 위해 기술적 역량을 강화하고 있습니다.

약점(Weaknesses)

- 물류와 배송 분야에서 인력 부족 문제를 겪고 있으며, 이로 인해 고객의 불만이 발생할 수 있습니다.
- 중국에서 제품을 수입하는 등의 비용 문제로 인해 가격 경쟁력이 상대적으로 떨어질 수 있습니다.
- 대량 구매에 대한 할인 정책이 활발하지 않아 일부 고객의 구매욕구를 높이기 어려울 수 있습니다.
- 온라인 쇼핑몰인 만큼 오프라인 접점이 적어 브랜드 이미지를 확산하기

어렵습니다.

기회(Opportunities)

- 코로나19로 인한 비대면 소비 증가 추세에 부합하여 온라인 쇼핑몰 시장이 성장하고 있습니다.
- 국내외 시장 확장을 통해 매출 증대를 기대할 수 있습니다.
- 인공지능, 빅데이터 등 기술의 발전으로 고객의 취향과 선호도를 더욱 정확하게 파악하고 이를 반영한 맞춤형 서비스를 제공할 수 있습니다.
- 물류와 배송 분야에 대한 기술적 개선을 통해 배송 속도와 정확도를 높일 수 있습니다.

위협(Threats)

- 경쟁 업체들의 존재로 인해 가격 경쟁력이 상대적으로 떨어질 수 있습니다.
- 정부의 규제나 세금 부담 등의 외부 요인으로 인해 경쟁력이 저하될 수 있습니다.
- 인터넷 보안과 개인정보 보호와 관련된 문제로 인해 고객 신뢰도가 저하될 수 있습니다.
- 미래 기술의 발전과 변화에 대응하지 못해 기술적으로 뒤처질 수 있습니다.

이러한 강점과 약점, 기회와 위협을 고려하여 적극적인 마케팅 전략과 경영 전략을 수립하고 이를 실행하는 것이 중요합니다.

쿠팡의 강점, 약점, 기회, 위협에 대해 친절하게 잘 설명해줍니다. 하지만 여기서 끝낼 수 없죠?

"쿠팡의 SWOT 분석 결과를 바탕으로 Cross-SWOT 분석을 해줘."

쿠팡의 SWOT 분석 결과를 바탕으로 Cross-SWOT 분석을 해보면 다음과 같습니다.

1. 강점(Strengths)과 기회(Opportunities)를 결합하여 활용할 수 있는 전략: 쿠팡은 데이터 분석과 기술력을 활용하여 고객의 취향과 선호도를 파악하고 맞춤형 서비스를 제공할 수 있는 기반을 갖고 있습니다. 이를 바탕으로 미래 기술의 발전과 함께 다양한 온라인 서비스를 개발하고, 국내외 시장에서 더욱 성장해 나갈 수 있는 전략을 수립할 수 있습니다.

2. 약점(Weaknesses)과 기회(Opportunities)를 극복할 수 있는 전략: 쿠팡은 물류와 배송 분야에서 인력 부족 문제와 비용 문제 등을 겪고 있습니다. 이러한 문제를 극복하기 위해 적극적으로 기술적 개선과 인력 보강을 실시하여 배송 속도와 정확도를 높이고, 가격 경쟁력을 향상시킬 수 있는 전략을 수립할 수 있습니다.

3. 강점(Strengths)과 위협(Threats)을 대처할 수 있는 전략: 쿠팡은 고객에게 빠르고 정확한 배송 서비스를 제공하며, 철저한 데이터 분석과 기술적 역량으로 고객 만족도를 높이고 있습니다. 이를 바탕으로 인터넷 보안과 개인정보 보호와 관련된 문제를 대처하고, 경쟁 업체들의 존재로 인해 가격 경쟁력이 상대적으로 떨어질 수 있는 위협에 대처할 수 있는 전략을 수립할 수 있습니다.

4. 약점(Weaknesses)과 위협(Threats)을 극복할 수 있는 전략: 쿠팡은 물

챗GPT 업무 사용 매뉴얼

류와 배송 분야에서 인력 부족 문제와 비용 문제 등을 겪고 있습니다. 이러한 문제를 극복하기 위해 적극적으로 기술적 개선과 인력 보강을 실시하고, 정부의 규제나 세금 부담 등의 외부 요인에 대처할 수 있는 전략을 수립할 수 있습니다.

위와 같이, 강점, 약점, 기회, 위협을 조합하여 Cross-SWOT 분석을 수행하면 보다 전략적이고 전체적인 시각에서 기업의 경쟁력을 파악할 수 있습니다. 이를 토대로 적극적인 마케팅 전략과 경영 전략을 수립하고 이를 실행하여 기업의 성장과 발전을 이끌어 나가는 것이 중요합니다.

앞서 본 SWOT의 다양한 요인 중 대표적인 요인들을 결합해 전략을 마련해줬습니다. 도대체 어떻게 전략을 도출해준 건지 궁금증이 생기네요. **"Cross-SWOT 분석 결과에서 S, W, O, T 각각의 요인이 어떻게 결합되어 전략이 나왔는지 설명해줘."**

먼저, 쿠팡의 Cross-SWOT 분석에서 나온 전략은 다음과 같습니다.

1. 강점(Strengths)과 기회(Opportunities)를 결합할 때:
(중략)여기서 강점인 데이터 분석과 기술력을 바탕으로 미래 기술의 발전과 국내외 시장 확장을 통한 성장이라는 기회를 극대화하는 전략을 수립할 수 있습니다.

2. 약점(Weaknesses)과 기회(Opportunities)를 극복할 때:
(중략)약점으로 지적된 물류와 배송 분야의 문제를 기회인 기존 고객을 유지하고 새로운 고객을 유치하기 위한 수단으로 활용하여 경쟁력을 향상

시키는 전략을 수립할 수 있습니다.

3. 강점(Strengths)과 위협(Threats)을 대처할 때:

(중략)강점으로 지적된 고객 만족도와 데이터 분석, 기술적 역량을 바탕으로 인터넷 보안 및 개인정보 보호와 같은 문제를 대처하고, 경쟁 업체들의 존재로 인해 가격 경쟁력이 상대적으로 떨어질 수 있는 위협에 대응할 수 있는 전략은 적극적인 마케팅 전략과 경영 전략을 통해 기존 고객을 유지하고 새로운 고객을 유치하며, 브랜드 이미지를 강화하고 가격 경쟁력을 향상시키는 전략을 수립할 수 있습니다.

4. 약점(Weaknesses)과 위협(Threats)을 극복할 때:

(중략)약점으로 지적된 물류와 배송 분야의 문제를 극복하기 위해 기술적 개선과 인력 보강을 통해 배송 속도와 정확도를 높이고, 정부의 규제나 세금 부담 등의 외부 요인에 대처하기 위해 적극적으로 대응하는 전략을 수립할 수 있습니다.

따라서, 강점, 약점, 기회, 위협을 조합하여 전략을 수립할 때, 서로 다른 요소들을 결합하여 새로운 시각에서 문제를 해결하고 기회를 극대화하는 전략을 수립하는 것이 중요합니다.

SWOT의 어떤 요인들을 결합했는지 보여주네요. 예를 들어, SO 전략의 경우 강점인 데이터 분석과 기술력을 미래 기술의 발전과 국내외 시장의 확장을 통한 성장이라는 기회와 결합한 전략입니다. 간단히 전략 방향을 봤으니 어떤 과제를 실행하면 좋을지 확인이 필요하겠죠? **"쿠팡의 Cross-SWOT 분석 결과를 통해 제시된 전략을 실행하기 위한 과제를 전략별**

로 제시해줘."

쿠팡의 Cross-SWOT 분석 결과를 바탕으로 제시된 전략을 실행하기 위한 과제는 다음과 같습니다.

1. 강점(Strengths)과 기회(Opportunities)를 결합한 전략:

- 데이터 분석 및 인공지능 기술을 보다 전문화하고 강화할 필요가 있다.
- 고객의 취향과 선호도를 파악하기 위해 보다 체계적이고 정확한 데이터 수집 및 분석 시스템을 구축해야 한다.

2. 약점(Weaknesses)과 기회(Opportunities)를 극복한 전략:

- 물류 및 배송 분야 인력 부족 문제를 해결하기 위해 기술적 개선과 인력 보강이 필요하다.
- 배송 속도와 정확도를 높이기 위해 물류 및 배송 시스템을 보다 체계적으로 개선해야 한다.

3. 강점(Strengths)과 위협(Threats)을 대처한 전략:

- 고객의 인터넷 보안과 개인정보 보호를 위해 보안 시스템을 보다 강화할 필요가 있다.
- 경쟁 업체와의 가격 경쟁력 하락 가능성 대처를 위해, 쿠팡의 고객 경험을 개선하고 브랜드 가치를 높일 필요가 있다.

4. 약점(Weaknesses)과 위협(Threats)을 극복한 전략:

- 물류와 배송 분야의 인력 부족 문제를 해결하기 위해, 기술적 개선과 인력 보강을 실시하고, 물류 및 배송 시스템을 보다 체계적으로 개선해야 한다.

- 정부의 규제와 세금 부담 등의 외부 요인 대응을 위해, 정책적으로 대응할 수 있는 전략을 수립하고 정부와의 협력 관계를 강화해야 한다.

위와 같이 쿠팡의 Cross-SWOT 분석 결과를 기반으로 제시된 전략들을 실행하기 위해서는 데이터 분석 및 기술 강화, 물류 및 배송 시스템 개선, 보안 시스템 강화, 고객 경험 개선 및 브랜드 가치 향상 등의 과제를 해결해 나가야 합니다.

필요한 과제도 방향성에 맞게 잘 나열해준 것 같습니다. 다양한 과제 아이디어를 얻기 위해 다른 질문도 던져봤습니다.

"각 과제를 간략하게 제시해주고, 좀 더 다양한 과제를 제시해줘."

쿠팡의 Cross-SWOT 분석 결과를 바탕으로 제시된 각 전략별 과제와 함께, 추가적인 과제도 제시하겠습니다.

1. 강점(Strengths)과 기회(Opportunities)를 결합한 전략:

- 데이터 분석 및 인공지능 기술 강화: 쿠팡은 이미 데이터 분석 및 인공지능 기술에 대한 전문성을 보유하고 있지만, 더욱 전문화하고 강화해야 합니다. 예를 들어, 보다 정확한 예측 모델을 개발하거나, 머신러닝 알고리즘을 보다 정교하게 적용하는 등의 작업이 필요합니다.
- 데이터 수집 및 분석 시스템 구축 강화: 쿠팡은 고객 취향과 선호도를 파악하는 데 있어서 체계적이고 정확한 데이터 수집 및 분석 시스템을 구축할 필요가 있습니다. 이를 위해서는 데이터 품질 관리, 보안 시스템 구축, 데이터 저장 및 처리 시스템 구축 등의 작업이 필요합니다.

2. 약점(Weaknesses)과 기회(Opportunities)를 극복한 전략:

- 물류 및 배송 시스템 개선: 쿠팡의 물류 및 배송 시스템을 보다 체계적으로 개선하고 효율적으로 운영해야 합니다. 예를 들어, 물류 및 배송 시스템의 프로세스 및 인프라 개선, 로봇 기술 도입, 배송 시간 및 정확도 관리 등의 작업이 필요합니다.

- 인력 보강: 쿠팡의 인력 부족 문제를 해결하기 위해서는 물류 및 배송 분야에 전문적인 인력을 보강해야 합니다. 이를 위해 적극적인 채용 활동과 교육 및 훈련 등의 작업이 필요합니다.

3. 강점(Strengths)과 위협(Threats)을 대처한 전략:

- 보안 시스템 강화: 인터넷 보안과 개인정보 보호 문제에 대응하기 위해서는 보안 시스템을 보다 강화해야 합니다. 예를 들어, 취약점 분석 및 보완, 암호화 기술 개발, 보안 인프라 구축 등의 작업이 필요합니다.

- 브랜드 가치 향상: 경쟁 업체와의 가격 경쟁력 하락 가능성 대처를 위해서는 쿠팡의 고객 경험을 개선하고 브랜드 가치를 높일 필요가 있습니다. 이를 위해, 다양한 마케팅 전략을 활용하고, 고객과의 소통 채널을 확대하는 등의 작업이 필요합니다.

4. 약점(Weaknesses)과 위협(Threats)을 극복한 전략:

- 물류 및 배송 시스템 개선: 물류 및 배송 분야 인력 부족 문제를 해결하기 위해서는 물류 및 배송 시스템을 보다 체계적으로 개선하고 효율적으로 운영해야 합니다. 이를 위해, 물류 및 배송 시스템의 프로세스 및 인프라 개선, 로봇 기술 도입, 배송 시간 및 정확도 관리 등의 작업이 필요합니다.

- 인력 보강: 정부의 규제와 세금 부담 등의 외부 요인 대응을 위해서는, 인력 부족 문제를 해결하기 위한 인력 보강이 필요합니다. 이를 위해, 교육 및 훈련 등의 작업을 통해 인력의 역량을 강화하고, 인재 채용 및 보상 등의 제도 개선을 통해 경쟁력을 높일 필요가 있습니다.

앞의 질문에 대한 답변이 과제를 나열해줬다면, 이번에는 과제를 체계화해서 과제별 세부 내용을 제시해줬습니다. 챗GPT는 이처럼 추가 질문을 하면 첫 질문의 답변보다 더 체계화, 구체화된 답변을 해줍니다.

챗GPT 답변에서 확인해야 할 사항

Cross-SWOT은 공공기관 전략 컨설팅에서 많이 사용하는 기법입니다. SWOT을 잘한다고 해서 Cross-SWOT을 잘하지는 않습니다. 예를 들어, SWOT 각 요인이 4개씩 있다면 결합의 경우의 수가 수십 개는 나오는데, 결합을 통해 방향이나 대안을 찾는 건 또 다른 일이기 때문입니다.

그런 면에서 챗GPT가 제시하는 전략 대안은 빠르게 업무를 수행할 때 도움이 됩니다. 다만 SO, ST, WO, WT별로 하나의 아이디어만 제시해주기 때문에 추가 질문을 통해 다양한 대안을 탐색해보는 게 좋습니다.

챗GPT 프롬프트 리스트

💬 Cross-SWOT이 무엇인지 설명해줘.

💬 쿠팡이라는 기업에 대해 SWOT 분석을 해줘.

💬 쿠팡의 SWOT 분석 결과를 바탕으로 Cross-SWOT 분석을 해줘.

💬 Cross-SWOT 분석 결과에서 S, W, O, T 각각의 요인이 어떻게 결합되어 전략이 나왔는지 설명해줘.

💬 쿠팡의 Cross-SWOT 분석 결과를 통해 제시된 전략을 실행하기 위한 과제를 전략별로 제시해줘.

💬 각 과제를 간략하게 제시해주고, 좀 더 다양한 과제를 제시해줘.

Chat GPT

6. 과제 분류 및
목표 설정

어떤 업무일까?

우리는 수많은 과제를 다양한 관점으로 분류해야 누군가에게 명확하게 설명할 수 있습니다. 물론, 과제 분류는 쉬운 일이 아닙니다. 몇 가지 관점으로 분류해도 사람에 따라 "이 과제는 저 관점에서 봐야 하는 거 아니야?"라고 또 다른 관점을 제시하는 경우가 많기 때문입니다.

어떤 질문을 해야 할까?

회사의 경영진단 결과, 다음과 같은 과제가 도출되었다고 생각해볼까요? 여러분이라면 이 과제를 어떻게 분류할 건가요? 조직, 사업, 인력 3가지 관점으로 할 건가요? 아니면 또 다른 생각이 있나요?

효율적 조직 구조 재설계, 내부 업무 프로세스 정립, 수익성 기반 제품 및 채널 관리, 전략적 성과 관리 체계 구축, 마케팅 기획 및 디지털 역량 강화, 체계적 키닥터 관리, 해외 시장 진출 확대, 신제품 개발 역량 강화, 인사 관리 체계 정립, 애자일 조직문화 구축 및 활성화, 인재 육성 체계 수립, Key Talent 관리 체계 구축

챗GPT에게 어떻게 분류할 건지 물어봤습니다.
"아래 전략과제를 몇 개의 항목으로 분류해줘."

1. 조직 구조 및 프로세스
• 효율적 조직 구조 재설계
• 내부 업무 프로세스 정립

2. 제품 및 마케팅
• 수익성 기반 제품 및 채널 관리
• 마케팅 기획 및 디지털 역량 강화
• 신제품 개발 역량 강화

3. 성과 관리 및 인사 관리
• 전략적 성과 관리 체계 구축
• 체계적 키닥터 관리
• 인사 관리 체계 정립
• Key Talent 관리 체계 구축

4. 기타
• 해외 시장 진출 확대

- 애자일 조직문화 구축 및 활성화
- 인재 육성 체계 수립

조직 구조 및 프로세스, 제품 및 마케팅, 성과 관리 및 인사 관리, 기타로 구분해주네요. 비교적 유사한 과제끼리 묶였습니다. 해외 시장 진출 확대, 애자일 조직문화 구축 및 활성화 등은 분류하기 애매했는지 기타로 구분해놨습니다. 이렇게 분류하면 실무에 활용할 수가 없겠죠? 다시 한번 요청했습니다. **"MECE하지 않은데 다시 분류해줘."**

묶을 수 있는 항목끼리 다시 그룹화해보면 다음과 같습니다.

1. 조직 구조 및 프로세스
- 효율적 조직 구조 재설계
- 내부 업무 프로세스 정립

2. 제품 및 서비스
- 수익성 기반 제품 및 채널 관리
- 해외 시장 진출 확대
- 신제품 개발 역량 강화

3. 마케팅 및 디지털 전략
- 마케팅 기획 및 디지털 역량 강화

4. 성과 관리 및 인재 관리
- 전략적 성과 관리 체계 구축
- 체계적 키닥터 관리

- 인사 관리 체계 정립
- Key Talent 관리 체계 구축
- 인재 육성 체계 수립

5. 조직문화

- 애자일 조직문화 구축 및 활성화

각 그룹 내부는 상호 배타적이며(Mutually Exclusive) 모든 항목은 포괄적(Completely Exhaustive)이므로 MECE한 분류입니다.

챗GPT의 답변에 MECE의 개념이 나오기 때문에 따로 설명하지 않도록 하겠습니다. 이번에는 그룹핑된 모든 과제에 대해 카테고리별 제목을 달아줬는데요. 아쉬운 점 하나가 눈에 띕니다. 마케팅 및 디지털 전략, 조직문화 카테고리에 과제가 하나씩밖에 없어 전체적으로 균형이 맞지 않는 모습입니다. 이런 경우, 다시 과제를 균형 있게 맞춰달라고 하면 챗GPT가 해주긴 하는데 MECE한 느낌은 사라집니다. 사람과 AI의 관점이 달라 분류 기준이 애매하다고 판단한 것 같습니다. 그래서 처음에 기타로 분류할 것처럼 말이죠.

제목이 너무 영역만 의미하는 단어로 되어 있어 **"그룹화한 항목의 제목을 설득력 있게 해서 분류해줘"**라고 요청했는데, '조직 구조 및 프로세스 → 조직 성능 개선', '제품 및 서비스 → 제품 및 서비스 경쟁력 강화', '마케팅 및 디지털 전략 → 디지털 마케팅 전략 강화', '성과 관리 및 인재 관리 → 인재 관리 및 성과 개선', '조직문화 → 애자일 조직문화 구축'으로 바꿔서 답을 내놓습니다. 어떤가요? 만약 상사가 본다면, 마음에 들지는 않겠죠?

그래서 **"그룹화한 항목의 제목을 조금 설득력 있고 트렌디하게 해서 분류해줘"**라고 요청했더니 '레버리지 효과 극대화', '새로운 기회 창출', '디지털 트랜스포메이션 가속화', '탄력적 조직 구성', '혁신적 조직문화' 등과 같이 조금 나아졌습니다. 하지만 과제의 숨은 뜻과는 거리가 있네요. 과제에 대한 설명을 하나씩 해주면 제대로 된 답변이 나올 것 같습니다.

만약 여러분이 큰 틀의 과제만 도출하고 세부 실행 과제에 대한 아이디어가 필요하다면, 이렇게 물어보면 됩니다.

"지금 분류를 2단계로만 했는데 3단계로 해서 재분류해줘."

묶음을 더 자세히 분류하면 다음과 같습니다.

1. 레버리지 효과 극대화

- 효율적 조직 구조 재설계
- 인력 배치 최적화
- 역할 및 책임 분리
- 내부 업무 프로세스 정립
- 프로세스 효율화
- 업무 흐름 분석 및 개선

2. 새로운 기회 창출

- 수익성 기반 제품 및 채널 관리
- 수익성 분석 및 개선
- 채널 관리 및 개발
- 해외 시장 진출 확대
- 시장조사 및 진출 전략 수립
- 로컬 파트너십 구축 및 협력
- 신제품 개발 역량 강화
- 제품 기획 및 개발 프로세스 최적화
- 새로운 기술 및 트렌드 연구 및 도입

3. 디지털 트랜스포메이션 가속화

- 마케팅 기획 및 디지털 역량 강화
- 디지털 마케팅 전략 수립 및 실행

- 고객 데이터 분석 및 활용
- 소셜 미디어 마케팅 강화
- 고객 경험 개선

- 사용자 경험UX 설계 및 개선
- 고객 서비스 플랫폼 구축 및 운영

4. 탄력적 조직 구성

- 전략적 성과 관리 체계 구축
- 성과지표 설정 및 관리
- 성과 공유 및 보상 체계 구축
- 체계적 키닥터 관리
- 인력 개발 및 교육 프로그램 운영

- 피드백 및 개선 프로세스 구축
- 인사 관리 체계 정립
- 인사 정책 수립 및 개선
- 인력 유지 및 이직 관리

5. 혁신적 조직문화

- 애자일 조직문화 구축 및 활성화
- 업무 프로세스 개선을 위한 실험 문화 확산

- 다양성과 개방성 강화를 위한 커뮤니케이션 및 문화 개선
- 인재 육성 체계 수립

결과를 보면 세부 실행 과제와 함께 과제들이 다시 재분류가 되었습니다. 특이하게도 고객 경험 개선이라는 새로운 과제가 갑자기 나왔는데, 스스로 학습한 것으로 보입니다.

이번에는 이 과제들을 실제 업무에서 하는 것처럼 수익, 성장, 지속성 측면에서 분류해달라고 요청했습니다.

"수익성 있는 지속 성장을 위한 전략 과제를 수익, 성장, 지속성 측면에서 3단계로 구분해서 분류해줘."

전략 과제를 수익, 성장, 지속성 측면에서 3단계로 구분해보면 다음과 같습니다.

1. 수익

- 수익성 기반 제품 및 채널 관리
- 수익성 분석 및 개선
- 채널 관리 및 개발
- 해외 시장 진출 확대
- 시장조사 및 진출 전략 수립
- 로컬 파트너십 구축 및 협력

2. 성장

- 신제품 개발 역량 강화
- 제품 기획 및 개발 프로세스 최적화
- 새로운 기술 및 트렌드 연구 및 도입
- 디지털 마케팅 전략 강화
- 디지털 마케팅 전략 수립 및 실행
- 고객 데이터 분석 및 활용
- 소셜 미디어 마케팅 강화

3. 지속성

- 인재 관리 및 성과 개선
- 전략적 성과 관리 체계 구축
- 체계적 키닥터 관리
- 인사 관리 체계 정립
- Key Talent 관리 체계 구축
- 인재 육성 체계 수립
- 애자일 조직문화 구축
- 업무 프로세스 개선을 위한 실험 문화 확산
- 다양성과 개방성 강화를 위한 커뮤니케이션 및 문화 개선

각 분류는 서로 중복되지 않는 항목들로 구성되어 MECE하고, 수익성, 성장, 지속성이라는 3가지 핵심 측면에 맞게 분류된 것으로 보입니다.

직접 관점을 넣어서 제시했더니 그럴듯하게 과제 분류가 되었습니다.

전략 과제에 대한 전략 목표 문구도 요청해볼까요?

"수익, 성장, 지속성에 대한 각 과제별 슬로건을 만들어줘."

각각의 전략 과제에 대한 슬로건을 다음과 같이 제안합니다:

- 수익
  - 수익성 기반 제품 및 채널 관리
    - "이익을 창출하는 효율적인 제품과 채널 관리"
  - 해외 시장 진출 확대
    - "글로벌 시장을 선점하는 전략적 진출"
- 성장
  - 신제품 개발 역량 강화
    - "새로운 기술과 트렌드를 선도하는 제품 개발"
  - 디지털 마케팅 전략 강화
    - "고객에게 가치를 전달하는 디지털 마케팅"
- 지속성
  - 인재 관리 및 성과 개선
    - "전문성과 역량을 강화하는 인재 관리"
  - 애자일 조직문화 구축
    - "시도하고 배우며 성장하는 조직문화"

만약 여러분이 수익, 성장, 지속성이 무엇을 목표로 하는지에 대한 문구가 필요하다면 동일하게 질문해보세요. 저는 수익, 성장, 지속성 3가지에 대한 내용이 필요해서 다시 질문을 던져봤습니다. **"수익, 성장, 지속성 이 3가지에 대한 슬로건을 만들어줘. 과제 내용이 담겨져 있도록."**

전략 과제의 내용이 담겨진 슬로건을 다음과 같이 제안합니다:

수익

- "수익성을 높이는 차별화된 제품과 채널 관리"
- "글로벌 시장에서 수익성을 창출하는 진출 전략"
- "순익 증대를 위한 효율적인 비즈니스 프로세스 구축"

성장

- "새로운 기술과 트렌드를 선도하는 신제품 개발"
- "고객 만족도를 높이는 디지털 마케팅 전략"
- "지속적인 혁신과 발전을 위한 조직적 학습 문화 구축"

지속성

- "인재의 성장과 발전을 위한 전략적 성과 관리 체계 구축"
- "애자일한 업무 환경과 실험적인 문화로 조직 능력 강화"
- "최고의 인재를 유치하고 보유하는 키 닥터 관리 및 인재육성 체계"

각 슬로건은 해당하는 전략 과제의 내용을 담고 있으며, 명확하고 직관적인 문구로 구성되어 있습니다. 이 슬로건들은 전략 과제를 파악하고 추진할 때 전략의 핵심을 간결하게 전달하며, 조직 구성원들의 공감대를 형성하는 데에 도움이 될 것입니다.

이번에는 제가 원하는 형태로 답변이 나왔네요. 이처럼 챗GPT를 활용해 워크숍이나 프로젝트에서 도출된 과제를 분류해보면 고민의 시간을 줄일 수 있습니다. 조금 더 체계적으로 분류하고 싶다면 직접 관점(예를 들어, 수익, 성장, 지속성)을 설정해주면 좋습니다. 다음 페이지의 도표는 과제 분류의 실제 최종 결과물입니다. 업무에 참고해보세요.

챗GPT 답변에서 확인해야 할 사항

챗GPT의 과제 분류 능력은 우수한 편입니다. 하지만 과제를 체계적으로 잘 분류하기 위해서는 사람이 일정 부분 개입(예를 들어 관점 설정)해야 합니다. 과제를 3~5단계 이상 분류해야 한다면 아이디어 차원에서 챗GPT를 활용해보는 것도 좋습니다. 단, 세부 내용이나 도출 배경에 대한 설명을 다할 수 없다는 점을 고려해서 활용해야 합니다.

챗GPT 프롬프트 리스트

- 아래 전략 과제를 몇 개의 항목으로 분류해줘.
- 그룹화한 항목의 제목을 조금 설득력 있게 해서 분류해줘.
- 수익성 있는 지속 성장을 위한 전략 과제를 수익, 성장, 지속성 측면에서 3단계로 구분해서 분류해줘.
- 수익, 성장, 지속성에 대한 각 과제별 슬로건을 만들어줘.
- 수익, 성장, 지속성 이 3가지에 대한 슬로건을 만들어줘. 과제 내용이 담겨져 있도록.

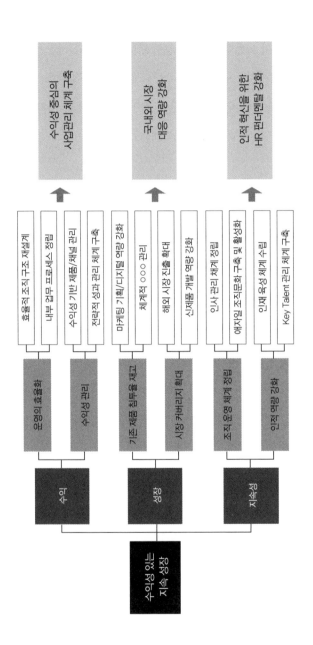

Chat GPT

7. 기업 비전 및
핵심 가치 설정

어떤 업무일까?

기업은 대내외 환경이 변화하면 그에 맞춰 비전을 재설정합니다. 기업의 규모가 갑작스레 커질 때도 마찬가지죠. 기업은 비전 설정을 통해 미래 방향을 제시하고 직원들과 공유합니다. 변화된 비전에 따라 기업의 핵심 가치도 바뀝니다. 환경이 바뀌었으니 그에 맞는 기업의 행동양식도 변화가 필요하기 때문입니다.

어떤 질문을 해야 할까?

질문을 위해 대기업의 사례를 가져와 적용해봤습니다.

"우리는 식품&식품 서비스, 바이오&생명공학, 미디어&엔터테인먼트, 신유통&물류 등의 사업을 영위하는 그룹인데, 기업의 비전을 추천해줘."

당신들의 그룹이 영위하는 다양한 사업 분야에서는 다양한 비전이 가능합니다. 하지만, 전반적인 그룹의 목표와 비전을 제안해보면 다음과 같습니다.

"우리 그룹은 인류의 건강과 행복을 위해 지속 가능한 사업을 추구하며, 혁신적인 기술과 창의적인 아이디어를 활용하여 새로운 가치를 창출하고 지속적인 성장을 이루어 나가는 글로벌 기업이 되겠습니다."

이러한 비전을 가지고 그룹 전체가 협력하여 더 나은 미래를 창출하며, 지속 가능한 사업을 추진하여 사회와 환경에도 긍정적인 영향을 미치는 기업으로서 발전할 수 있을 것입니다.

목표와 함께 비전을 제시해줬는데, 비전은 '글로벌 기업'이라고 말해주네요. "인류의 건강과 행복을 위해~"라는 목표는 기업의 존재 이유, 즉 미션 같은 느낌을 줍니다.

이번에는 비전 후보군에 관해 요청해봤습니다.

"우리는 식품&식품 서비스, 바이오&생명공학, 미디어&엔터테인먼트, 신유통&물류 등의 사업을 영위하는 그룹인데, 기업의 비전 후보군을 5개만 알려줘."

당신들의 그룹이 영위하는 다양한 사업 분야에서는 다양한 비전이 가능합니다. 다음은 기업 비전 후보군 5개입니다.

1. 지속 가능한 식품 공급망을 구축하여 인류의 건강한 삶을 지원하겠습니다.

2. 혁신적인 바이오 기술을 활용하여 새로운 치료제 및 의료기기 개발에

주력하겠습니다.

3. 글로벌 미디어&엔터테인먼트 산업에서 선도적인 위치를 차지하여 창의적이고 진보적인 문화를 선보이겠습니다.

4. 지능화된 유통&물류 시스템을 구축하여 효율성을 높이고, 빠른 배송과 최적화된 공급망 구축에 주력하겠습니다.

5. 인공지능과 빅데이터를 활용하여, 인간의 삶의 질을 높이는 솔루션을 개발하고 제공하겠습니다.

5개의 비전 후보군을 보여줬는데, 그룹의 개별 사업군에 맞춰져 있고 통합된 비전을 보여주지는 못했습니다. 비전 슬로건도 물어봤습니다.

"우리는 식품&식품 서비스, 바이오&생명공학, 미디어&엔터테인먼트, 신유통&물류 등의 사업을 영위하는 그룹인데, 기업의 비전 슬로건을 5개만 알려줘."

당신들의 그룹이 영위하는 다양한 사업 분야에서는 다양한 비전 슬로건이 가능합니다. 다음은 기업 비전 슬로건 후보권 5개입니다.

1. 건강한 라이프스타일을 위한 더 나은 식생활, Better Food, Better Life.

2. 바이오 기술로 창조하는 더 나은 세상, Creating a Better World with Bio Technology.

3. 창의와 혁신으로 만드는 미래, Building the Future with Creativity and Innovation.

4. 탁월한 유통 서비스, Exceeding Your Distribution Expectations.

5. 인공지능으로 이끄는 새로운 길, Leading the Way with Artificial Intelligence.

앞의 비전 문장을 줄여서 제시해주네요. 핵심 가치는 어떨까요?
"비전에 맞춰 우리 그룹에 적합한 핵심 가치를 제시해줘."

당신들의 그룹이 추구하는 비전과 함께 적합한 핵심 가치를 제시해드리겠습니다.

1. 지속성과 윤리: 우리 그룹은 지속성과 윤리를 중요하게 생각하며, 더 나은 미래를 위해 지속 가능한 방향으로 사업을 추진합니다.
2. 혁신과 창조성: 우리 그룹은 혁신과 창조성을 바탕으로, 새로운 가치와 아이디어를 창출하여 고객과 사회에 기여합니다.
3. 고객 중심: 우리 그룹은 항상 고객의 만족을 최우선으로 생각하며, 고객의 요구에 부합하는 서비스를 제공합니다.
4. 팀워크와 협력: 우리 그룹은 팀워크와 협력을 중요하게 생각하며, 서로를 존중하고 협력하여 더 나은 결과를 이루어갑니다.
5. 진실성과 신뢰성: 우리 그룹은 항상 진실성과 신뢰성을 유지하며, 고객과 사회로부터 높은 신뢰를 받는 기업으로 성장합니다.

말 그대로 비전과 비전 슬로건의 핵심 단어를 추출해서 알려줍니다. 비전-비전 슬로건-핵심 가치까지 일관성 있게 제시해주는 건 좋은데, 앞의 비전이 만족스럽지 않다면 새로운 대화창에서 해보는 것이 좋겠습니다.

논리적 흐름은 좋지만 새로운 걸 찾아내는 데는 한계가 있기 때문입니다.

앞선 사례는 CJ그룹인데요. 실제 CJ그룹의 미션, 비전, 핵심 가치를 한번 볼까요?

[CJ 경영철학][1]

미션: ONLY ONE 제품과 서비스로 최고의 가치를 창출하여 국가 사회에 기여한다.

비전: 건강, 즐거움, 편리를 창조하는 글로벌 생활문화 기업

핵심 가치: 인재(일류인재, 강유문화), ONLY ONE(최초, 최고, 차별화), 상생(생태계, 조성, 공유가치)

행동원칙: 정직, 열정, 창의, 존중

조금 다르죠? CJ는 건강, 즐거움, 편리를 창조하는 글로벌 생활문화 기업이라고 했습니다. 다양한 사업군을 묶는 단어로 '생활문화'를 제시했죠.

다른 기업의 사례를 가지고도 해봤습니다. **"우리는 바른 먹거리를 강조하는 식품 기업인데, 비전 후보군을 몇 개 알려줘."**

바른 먹거리를 강조하는 식품 기업의 비전 후보군은 다음과 같습니다:

1. 지속 가능한 농업과 식량 생산을 추구하는 기업

2. 건강하고 천연 재료를 사용하여 제품을 만드는 기업

---

1 cj.net/cj_introduction/index.asp

3. 지역 커뮤니티와 협력하여 지역 농산물을 이용하는 기업

4. 동물 복지에 신경을 쓰는 기업

5. 환경 보호와 지속 가능한 생태계를 고려한 기업

6. 인공 조미료 및 화학 첨가물을 사용하지 않는 기업

7. 지역사회 및 사회 책임을 다하는 기업

8. 건강한 식습관을 촉진하는 캠페인을 주도하는 기업

9. 인체에 유익한 영양소를 고려하여 제품을 개발하는 기업

10. 지속 가능한 포장 및 제품 수명 주기를 고려하는 기업

환경 보호, 동물 복지, 건강한 식습관 관련된 비전 후보군을 제시해주네요. **"바른 먹거리에 중점을 두어 또 다른 후보군을 알려줘"**라고 요청해도 결과는 비슷합니다.

바른 먹거리에 중점을 두어 또 다른 후보군은 다음과 같습니다:

1. 유전자 조작을 하지 않은 원재료를 사용하는 기업

2. 인공 양식이나 첨가물 대신 천연 원료를 사용하는 기업

3. 건강한 식습관을 촉진하기 위해 제품에 낮은 칼로리, 낮은 지방, 낮은 나트륨 등을 고려하는 기업

4. 지속 가능한 농업 방식을 지원하고, 비료와 농약 사용을 최소화하는 기업

5. 동물 복지 및 지속 가능한 양식 방식을 고려한 기업

6. 지역 커뮤니티와 함께 일하며 지역 농산물의 이용을 증대시키는 기업

7. 탄소 배출을 줄이기 위한 노력을 기울이는 기업

챗GPT 업무 사용 매뉴얼

8. 지속 가능한 포장과 재활용 가능한 제품을 만드는 기업

9. 공정거래를 통해 농가의 소득 향상을 도모하는 기업

10. 건강한 식습관을 위한 교육과 정보를 제공하는 기업

CJ처럼 '생활문화'라는 상위의 단어를 도출할 수 있는지 알아보기 위해 질문을 바꿔봤습니다. **"좀 더 추상적인 비전 후보군을 알려줘."**

좀 더 추상적인 비전 후보군은 다음과 같습니다:

1. 고객의 건강과 복지를 최우선으로 하는 기업

2. 창의적이고 혁신적인 제품 개발과 지속 가능한 생산을 추구하는 기업

3. 미래 세대의 건강한 식습관과 지속 가능한 미래를 고려하는 기업

4. 문화와 지역 특성을 고려한 다양한 식품을 제공하는 기업

5. 인간의 삶과 건강을 존중하며 공정성과 윤리를 바탕으로 하는 기업

6. 지역사회와 함께 일하며 사회적 가치 창출에 기여하는 기업

7. 참여와 협력을 통해 소비자와 농가 간의 상생을 실현하는 기업

8. 책임 있는 글로벌 시민으로서 지구환경 문제에 대한 해결책을 제시하는 기업

9. 지속 가능한 미래를 위해 유기농 농업 등의 친환경적이고 지속 가능한 방식을 추구하는 기업

10. 농가와 소비자 모두에게 혜택을 주는 지속 가능한 농산물 유통을 구축하는 기업

큰 차이는 나지 않네요. 참고로 **"우리는 바른 먹거리를 강조하는 식품 기업인데, 비전명을 제시해줘"**라고 물어봐도 됩니다. 상황에 따라서 후보군이라고 물어보면 들어가야 할 요소를 말해주기도 합니다.

위의 질문과 연계해서 질문을 던져봅니다.

"미래 세대의 건강한 식습관과 지속 가능한 미래를 고려하는 기업이라는 비전에 맞는 핵심 가치를 제시해줘."

미래 세대의 건강한 식습관과 지속 가능한 미래를 고려하는 기업이라는 비전에 맞는 핵심 가치는 다음과 같을 수 있습니다:

1. 건강과 복지: 고객의 건강과 복지를 최우선 가치로 취급하며 건강한 식습관을 촉진하는 제품과 서비스를 제공합니다.

2. 지속 가능성: 지속 가능한 미래를 위해 환경 보호, 탄소 중립, 재활용, 친환경 제품 등에 집중하며 지속 가능한 농업과 생산 방식을 적극적으로 추구합니다.

3. 창의성과 혁신: 창의적이고 혁신적인 제품과 서비스를 개발하여 고객들의 삶과 건강을 적극적으로 개선합니다.

4. 사회적 책임: 사회적 책임을 다하며 사회와 지역사회에 기여합니다. 농가와 소비자 간의 상생을 실현하며 공정거래를 추구합니다.

5. 인간 존중과 윤리: 인간의 삶과 건강을 존중하며 윤리적 가치를 중요하게 여깁니다.

6. 다양성과 문화: 문화와 지역 특성을 고려하여 다양한 식품과 문화를 제공하며, 소비자의 다양성과 문화적 차이를 존중합니다.

7. 협력과 참여: 참여와 협력을 통해 소비자와 농가 간의 상생을 실현하며 지역사회와 함께 일합니다.

앞의 CJ그룹 사례처럼 비전에서 핵심 가치를 도출했습니다. 핵심 가치를 도출하기 위해 대내외 환경, 사업, 비전, CEO 및 내부 직원 인터뷰 등을 모두 진행하는 것과 비교하면 챗GPT에게는 분명 한계가 있을 수밖에 없는 것 같습니다. 그렇다고 지금 말한 내용을 챗GPT에 모두 입력해서 답변을 요청할 수도 없고요.

이제 비전 후보군 중 하나를 선택해 핵심 가치를 요청해볼까요?

"인간의 삶과 건강을 존중하며 공정성과 윤리를 바탕으로 하는 기업이라는 비전에 맞는 핵심 가치를 제시해줘."

인간의 삶과 건강을 존중하며 공정성과 윤리를 바탕으로 하는 기업이라는 비전에 맞는 핵심 가치는 다음과 같을 수 있습니다:

1. 인간 존중과 윤리: 인간의 삶과 건강을 존중하며 윤리적인 가치를 중요하게 여깁니다.

2. 공정거래: 공정한 거래를 추구하며, 모든 이해관계자들에 대해 공정성을 유지합니다.

3. 지속 가능성: 지속 가능한 미래를 위해 환경 보호, 탄소 중립, 재활용, 친환경 제품 등에 집중하며 지속 가능한 농업과 생산 방식을 적극적으로 추구합니다.

4. 창의성과 혁신: 창의적이고 혁신적인 제품과 서비스를 개발하여 고객

들의 삶과 건강을 적극적으로 개선합니다.

5. 다양성과 문화: 문화와 지역 특성을 고려하여 다양한 식품과 문화를 제공하며, 소비자의 다양성과 문화적 차이를 존중합니다.

6. 사회적 책임: 사회적 책임을 다하며 사회와 지역사회에 기여합니다. 농가와 소비자 간의 상생을 실현하며 공정거래를 추구합니다.

7. 고객 중심: 고객을 최우선 가치로 취급하며, 고객의 니즈와 편의를 최대한 충족시키는 제품과 서비스를 제공합니다.

8. 투명성: 투명성을 유지하며, 모든 정보를 공개하여 고객과 이해관계자들의 신뢰를 유지합니다.

9. 협력과 참여: 참여와 협력을 통해 소비자와 농가 간의 상생을 실현하며 지역사회와 함께 일합니다.

10. 건강과 복지: 고객의 건강과 복지를 최우선 가치로 취급하며 건강한 식습관을 촉진하는 제품과 서비스를 제공합니다.

비전을 하나 설정해서 제시하니 그에 맞게 핵심 가치가 바뀌었지만 창의성과 혁신, 협력과 참여 등 중복된 가치도 많이 있습니다.

이 사례는 풀무원인데요. 풀무원의 미션은 '바른 먹거리로 사람과 지구의 건강한 내일을 만드는 기업'입니다. 핵심 가치는 '신뢰', '열정', '탁월'이고요. 풀무원은 자신의 핵심 가치에 대해 다음과 같이 이야기합니다.

풀무원의 출발점인 고객과의 약속·원칙·규정을 지키며, 풀무원과 나 자신이 하는 일의 목적에 대한 주도적 몰입과 끊임없는 도

전과 혁신을 통해, 고객을 위한 새롭고 차별화된 가치(결과)를 제공합니다.[1]

챗GPT는 비전에 대해 어떤 생각을 가지고 있는지 알고 싶어지네요.

"비전이 갖추어야 할 요소를 알려줘."

비전이 갖추어야 할 요소는 다음과 같습니다:

1. 미래지향성: 비전은 미래를 대상으로 하고, 기업이 추구하는 목표와 방향성을 정의합니다.

2. 명확성: 비전은 명확하고 명료한 언어로 표현되어야 하며, 모든 이해관계자들이 쉽게 이해하고 공감할 수 있어야 합니다.

3. 공감성: 비전은 이해관계자들의 공감을 얻을 수 있는 비전이어야 합니다.

4. 도전적인 목표: 비전은 기업이 이루기 어려운, 도전적인 목표와 방향성을 제시해야 합니다.

5. 적극성: 비전은 적극적으로 실행될 수 있는 목표와 방향성이어야 합니다.

6. 일관성: 비전은 기업의 전략과 목표와 일관성이 있어야 합니다.

7. 공유성: 비전은 기업 내부뿐만 아니라 이해관계자들과 공유될 수 있는 목표와 방향성이어야 합니다.

8. 혁신성: 비전은 혁신적인 아이디어와 전략을 담고 있어야 합니다.

9. 지속 가능성: 비전은 지속 가능한 경영 방향을 제시해야 하며, 환경, 사

---

1 https://www.pulmuone.co.kr/pulmuone/company/viewValue.do

회, 경제 등 다양한 이해관계자들의 이익과 가치를 고려해야 합니다.

10. 변화 대응력: 비전은 시대와 환경의 변화에 대응할 수 있는 유연성과 대응력이 있어야 합니다.

우리가 일반적으로 알고 있는 내용과 크게 다르지는 않습니다. 비전에 대해 정량 평가를 해보기 위해 다음과 같이 질문을 해봤습니다.

"비전이 갖춰야 할 요소에 기반해 아래 2개의 비전에 대해 적합성을 비전 요소 항목별로 5점 만점으로 평가하고 평균을 도출해 최종 비전을 선정해줘. 1. 미래 세대의 건강한 식습관과 지속 가능한 미래를 고려하는 기업 2. 인간의 삶과 건강을 존중하며 공정성과 윤리를 바탕으로 하는 기업"

아래는 비전 요소별로 각 비전에 대한 적합성을 5점 만점으로 평가한 결과입니다.

1. 미래 세대의 건강한 식습관과 지속 가능한 미래를 고려하는 기업

- 미래지향성: 5
- 명확성: 4
- 공감성: 5
- 도전적인 목표: 4
- 적극성: 4
- 일관성: 5
- 공유성: 5
- 혁신성: 4
- 지속 가능성: 5
- 변화 대응력: 5

총점: 46 / 50

평균: 4.6 / 5.0

2. 인간의 삶과 건강을 존중하며 공정성과 윤리를 바탕으로 하는 기업

- 미래지향성: 4
- 명확성: 5
- 공감성: 5
- 도전적인 목표: 4
- 적극성: 5
- 일관성: 5

- 공유성: 5
- 인간 존중과 윤리: 5
- 사회적 책임: 5
- 건강과 복지: 5

총점: 48 / 50

평균: 4.8 / 5.0

위의 평가 결과, 미래 세대의 건강한 식습관과 지속 가능한 미래를 고려하는 기업과 인간의 삶과 건강을 존중하며 공정성과 윤리를 바탕으로 하는 기업 모두 적합한 비전으로 평가되지만, 전반적으로 평균 점수가 높게 나온 인간의 삶과 건강을 존중하며 공정성과 윤리를 바탕으로 하는 기업이 더욱 적합한 비전으로 보입니다. 따라서, 인간의 삶과 건강을 존중하며 공정성과 윤리를 바탕으로 하는 기업이 최종 비전으로 선정될 수 있습니다.

앞서 확인한 비전 핵심 요소를 기반으로 2개의 비전 후보군에 대해 정량 평가를 해줬습니다. 만약 여러분이 조금 더 체계적으로 비전을 설정하고 싶다면 '비전 후보군 도출-비전 핵심 요소 도출-비전 핵심 요소별 후보군 평가'를 진행해보세요. 아이디어 차원을 벗어나 그럴듯한 비전 선정의 논리를 갖출 수 있습니다.

챗GPT 답변에서 확인해야 할 사항

챗GPT는 사업이 다각화된 기업의 비전을 도출하는 데는 한계가 있습니다. 성격이 다른 사업군을 영위하고 있다면 더욱 그렇겠죠? 하나의 사업군을 영위하는 기업의 비전을 설정할 때 챗GPT를 활용하면 더 나은 성과를 얻을 수 있을 것 같습니다.

비전이 정해진 후 슬로건, 핵심 가치를 도출할 때는 '논리'를 잘 파악하는 챗GPT가 일을 잘합니다. 또 비전을 체계적으로 도출하기 위해 갖춰야 할 핵심 요소를 물어본 후 이를 바탕으로 비전에 접근해보면 더 좋습니다. 물론 비전뿐만 아니라 다른 업무에서도 마찬가지입니다. 처음부터 너무 구체적인 정보를 입력하면 아이디어 도출에 한계가 있습니다.

챗GPT 프롬프트 리스트

- 💬 비전이 갖추어야 할 요소를 알려줘.
- 💬 우리는 식품&식품 서비스, 바이오&생명공학, 미디어&엔터테인먼트, 신유통&물류 등의 사업을 영위하는 그룹인데, 기업의 비전을 추천해줘.
- 💬 위 기업의 비전 후보군을 5개만 알려줘.
- 💬 위 기업의 비전 슬로건을 5개만 알려줘.
- 💬 위 기업의 비전에 맞춰 우리 그룹에 적합한 핵심 가치를 제시해줘.
- 💬 우리는 바른 먹거리를 강조하는 식품 기업인데, 비전명을 제시해줘.
- 💬 좀 더 추상적인 비전 후보군을 알려줘.
- 💬 미래 세대의 건강한 식습관과 지속 가능한 미래를 고려하는 기업이라

챗GPT 업무 사용 매뉴얼

는 비전에 맞는 핵심 가치를 제시해줘.

비전이 갖추어야 할 요소에 기반해 아래 2개의 비전에 대해 적합성을 비전 요소 항목별로 5점 만점으로 평가하고 평균을 도출해 최종 비전을 선정해줘 .

8. 사업 KPI 후보군 도출 및
KPI 정의서 작성

어떤 업무일까?

투입이 있으면 산출물과 결과가 있습니다. 그래서 기업은 자사가 하고 있는 사업에 대한 KPI를 설정하죠. KPI는 매출액, 영업이익(률), M/S까지 다양합니다. 정부에서 하는 사업도 마찬가지죠. 정부 자금이 들어갔기 때문에 어떤 성과가 있는지를 파악해야 합니다.

어떤 질문을 해야 할까?

여기서는 정부 사업의 KPI에 대해 알아보려 합니다. 대학생 창업교육을 가지고 사업 KPI를 설정해보겠습니다.

"대학생들에게 창업교육을 실시하는 사업에 대한 성과지표를 만들려고 하는데, 이에 적합한 성과지표를 알려줘."

대학생 창업교육 프로그램의 성과를 측정하기 위한 가능한 성과지표는 다음과 같습니다.

1. 창업 아이디어 발굴 및 개발: 참여자들이 창업 아이디어를 발굴하고, 발전시키는 능력을 개선하는 정도를 측정합니다.

2. 비즈니스 모델 개발: 참여자들이 비즈니스 모델을 개발하고 이를 검증하는 능력을 개선하는 정도를 측정합니다.

3. 투자 유치: 참여자들이 창업 아이디어를 투자자에게 설명하고 자금을 유치하는 능력을 개선하는 정도를 측정합니다.

4. 창업 기업 설립: 참여자들이 실제로 창업 기업을 설립하는 능력을 개선하는 정도를 측정합니다.

5. 창업 기업 성장: 창업 기업이 성장하고 발전하는 정도를 측정합니다. 매출 증가, 직원 수 증가, 창업 아이디어의 발전 등을 평가할 수 있습니다.

6. 사회적 영향력: 창업 기업이 사회적 문제를 해결하거나 사회적 가치를 창출하는 정도를 측정합니다.

이러한 성과지표를 활용하여 창업교육 프로그램의 성과를 측정하고 개선하는 데 도움을 줄 수 있습니다.

KPI는 구체적이어야 하는데 창업 아이디어 발굴 및 개발, 비즈니스 모델 개발 등 추상적인 KPI가 나왔습니다. 질문을 다시 정리해볼까요?
"대학생들에게 창업교육을 실시하는 사업에 대한 성과지표를 만들려고 하는데, 이에 적합한 KPI 후보군을 10개 알려줘."

1. 참여자 수: 프로그램에 참여한 대학생들의 수

2. 창업 아이디어 발굴 비율: 참여자들이 제안한 아이디어 중 성공 가능성이 높은 아이디어의 비율

3. 비즈니스 모델 검증 비율: 참여자들이 개발한 비즈니스 모델 중 성공 가능성이 높은 모델의 비율

4. 투자 유치 성공 비율: 참여자들이 투자자로부터 자금을 유치한 비율

5. 창업 기업 설립 비율: 참여자들이 창업한 기업의 수

6. 초기 매출 증가율: 창업 기업이 설립 후 초기에 달성한 매출 증가율

7. 직원 채용 비율: 창업 기업이 채용한 대학생 비율

8. 대학 창업 기업 경진 대회 입상 비율: 참여자들 중 대학 창업 기업 경진 대회에서 수상한 비율

9. 지속 가능성: 창업 기업이 장기적으로 지속 가능한 모델인지 여부

10. 사회적 가치 창출: 창업 기업이 사회적 가치를 창출하는 정도(예: 지속 가능성, 사회적 문제 해결 등)

앞선 결과와 달리 구체적인 지표가 나왔는데요. 조금 더 체계적으로 지표를 도출하기 위해 질문을 추가해봤습니다. 사업의 배경과 목적, 지원 사항을 다 입력하고 지표를 도출해도 되지만 그렇게 하면 입력된 내용의 핵심 단어 위주로만 지표를 뽑는 경향이 있어 여기서는 가능한 한 폭넓게 보기 위해 이렇게 질문했습니다.

"사업 홍보, 창업교육, 교육 이후 창업 여부 등의 관점에서 KPI 후보군을 제시해줘."

아래는 사업 홍보, 창업교육, 교육 이후 창업 여부 관점에서 KPI 후보군을 제시해 드립니다:

1. 사업 홍보

- 웹사이트 유입량: 사이트 방문자 수

- 소셜 미디어 유입량: 소셜 미디어 페이지의 방문자 수 및 팔로워 수

- 전환율: 방문자 중 실제로 상품을 구매한 비율

1. 창업교육

- 참여자 만족도: 프로그램에 참여한 대학생들의 만족도 평가

- 창업 아이디어 검증 비율: 참여자들이 개발한 아이디어 중 성공 가능성이 높은 아이디어의 비율

- 진행률: 프로그램이 예정된 일정에 따라 진행되는 비율

1. 교육 이후 창업 여부

- 창업 기업 설립 비율: 교육 이후 창업한 대학생 비율

- 창업 기업 생존율: 창업한 기업이 일정 기간(예: 1년, 2년) 이상 생존한 비율

- 창업 기업 성장률: 창업한 기업의 매출, 직원 수 등이 얼마나 성장했는지 평가

이러한 KPI를 적절히 조합하여 프로그램의 성과를 평가할 수 있으며, 이를 바탕으로 개선 방안을 모색할 수 있습니다.

창업 기업 생존율이나 성장률 같은 의미 있는 지표들이 나오기 시작합니다. 앞의 질문에 대한 답변에서는 볼 수 없었죠? 사업을 성공시키기 위한 전략과 그에 따른 지표를 보면 더 합리적인 결과를 얻을 수 있으니, 이번에

는 질문을 구체적으로 해볼까요?

"이 사업은 대학생들의 기업가정신 함양 및 신기술 창업 저변 확충하는 것이 목적이야. 이 목적을 달성하기 위한 핵심 전략 3가지를 제시하고 전략별 KPI 후보군을 제시해줘."

이 사업의 목적은 대학생들의 기업가정신 함양 및 신기술 창업 저변 확충입니다. 이를 위한 핵심 전략 3가지와 각 전략별 KPI 후보군은 아래와 같습니다.

1. 창업교육 강화 전략

• 전문적인 창업교육 커리큘럼 개발 및 제공

• 전문 멘토링 프로그램 운영

• 창업 아이디어 콘테스트 개최

전략별 KPI 후보군:

• 참여자 만족도: 프로그램에 참여한 대학생들의 만족도 평가

• 창업 아이디어 검증 비율: 참여자들이 개발한 아이디어 중 성공 가능성이 높은 아이디어의 비율

• 콘테스트 참가 신청 비율: 참여자들이 콘테스트에 참가하기 위해 신청한 비율

2. 창업 지원 인프라 강화 전략

• 창업 지원 센터 운영

• 공유 오피스 공간 제공

• 기술 지원 인프라 개발

챗GPT 업무 사용 매뉴얼

전략별 KPI 후보군:

- 창업 지원 센터 이용자 수: 창업 지원 센터를 이용하는 대학생 수

- 공유 오피스 공간 이용률: 공유 오피스 공간을 이용하는 대학생 수

- 기술 지원 인프라 이용률: 기술 지원 인프라를 이용하는 대학생 수

3. 신기술 분야 진입 전략

- 신기술 분야에 대한 정보 제공

- 기술 연구 및 개발 지원

- 신기술 스타트업을 위한 투자 확대

전략별 KPI 후보군:

- 정보 제공 플랫폼 이용자 수: 대학생들이 신기술 분야에 대한 정보를 얻기 위해 이용하는 플랫폼의 이용자 수

- 기술 연구 및 개발 프로젝트 수: 대학생들이 진행하는 기술 연구 및 개발 프로젝트 수

- 투자 유치 성공 비율: 대학생들이 창업한 신기술 스타트업이 성공적으로 투자를 유치하는 비율(중략)

앞 질문의 답변보다 쓸 수 있는 지표가 많이 나오지는 않은 것 같은데요. 너무 구체적으로 들어가니 큰 틀을 보지 못한 느낌입니다. 각각에 대한 평가를 할 수 있도록 내용을 수정해서 질문했습니다.

"위의 KPI들을 SMART라는 평가 툴을 활용해 S, M, A, R, T별로 5점 만점으로 평가하고 평균을 도출해 가장 적합한 KPI를 5개만 제시해줘."

1. 창업 아이디어 검증 비율

- SPECIFIC: 5/5 − 창업 아이디어 중 성공 가능성이 높은 아이디어의 비율을 정확하게 측정할 수 있다.

- MEASURABLE: 5/5 − 성공 가능성이 높은 아이디어의 비율을 측정 가능하다.

- ACHIEVABLE: 5/5 − 프로그램 참가자들의 아이디어를 정밀히 검증하고 성공 가능성이 높은 아이디어를 도출할 수 있다.

- RELEVANT: 5/5 − 창업교육의 목적과 부합하며, 성공 가능성이 높은 아이디어를 창업 활동으로 이어질 수 있다.

- TIME−BOUND: 5/5 − 아이디어 검증 비율은 창업교육 이후 일정 시간 내에 측정할 수 있으며, 이 시간 내에 목표치를 달성 가능하다.

2. 창업 지원 센터 이용자 수

- SPECIFIC: 5/5 − 창업 지원 센터를 이용하는 대학생들의 수를 정확하게 측정할 수 있다.

- MEASURABLE: 5/5 − 창업 지원 센터 이용자 수를 측정 가능하다.

- ACHIEVABLE: 5/5 − 대학생들이 창업 지원 센터를 이용하도록 교육하고, 센터의 기능을 홍보함으로써 목표 달성 가능하다.

- RELEVANT: 5/5 − 창업교육 및 지원의 목적과 부합하며, 대학생들이 창업에 필요한 자원을 제공할 수 있다.

- TIME−BOUND: 5/5 − 대학생들이 창업 지원 센터를 이용하기 시작한 후 일정 시간 내에 목표치를 달성 가능하다.

3. 기술 연구 및 개발 프로젝트 수

- SPECIFIC: 5/5 – 대학생들이 진행하는 기술 연구 및 개발 프로젝트 수를 정확하게 측정할 수 있다.
- MEASURABLE: 5/5 – 기술 연구 및 개발 프로젝트 수를 측정 가능하다.
- ACHIEVABLE: 5/5 – 대학생들에게 기술 연구 및 개발을 적극 권장하고, 지원함(중략)

이번에는 사업 성공 전략부터 KPI 정의서까지 만들어볼까요?
"대학생들에게 창업교육을 실시하는 사업이 성공하기 위한 핵심 전략이 무엇인지 알려줘."

대학생들에게 창업교육을 실시하는 사업이 성공하기 위한 핵심 전략은 다음과 같습니다.

1. 창업 아이디어 검증 프로그램 제공
- 창업교육에는 아이디어를 발굴하고 검증하는 프로그램이 포함되어야 합니다. 이를 통해 대학생들은 자신의 아이디어를 검증하고, 성공 가능성이 높은 아이디어를 찾아내어 실제 창업에 적용할 수 있습니다.

2. 창업 지원 센터 운영 및 홍보
- 창업 지원 센터를 운영하고, 대학생들이 이를 이용할 수 있는 환경을 제공해야 합니다. 또한, 창업 지원 센터의 기능과 혜택을 홍보함으로써 대학생들이 이를 적극적으로 이용하도록 유도해야 합니다.

3. 기술 연구 및 개발 지원
- 창업교육에는 기술 연구 및 개발을 지원하는 프로그램이 포함되어야 합

니다. 이를 통해 대학생들은 자신의 기술력을 향상시키고, 새로운 기술을 개발하여 창업에 적용할 수 있습니다.

4. 참여자 중심의 교육 방식 적용

- 창업교육에서는 참여자 중심의 교육 방식을 적용해야 합니다. 이를 통해 대학생들은 직접 창업 활동을 체험하고, 창업에 필요한 기술과 노하우를 습득할 수 있습니다.

5. 적극적인 네트워킹 기회 제공

- 창업교육에서는 대학생들에게 적극적인 네트워킹 기회를 제공해야 합니다. 이를 통해 대학생들은 다양한 분야의 전문가와 협력하고, 창업 활동에 필요한 인맥을 넓힐 수 있습니다.

위의 전략들은 대학생들에게 창업교육을 실시하는 사업이 성공하기 위한 핵심 전략으로, 이들을 토대로 직접 창업에 도전하는 대학생들의 역량을 강화시키고 창업 생태계를 활성화할 수 있습니다.

총 5가지의 전략을 알려주네요. 검증된 교육 프로그램부터 네트워킹 기회까지 적합한 전략을 제시해줬습니다. 이제 이런 전략을 성공적으로 검증하기 위한 지표가 필요하겠죠?

"지금 제시한 사업이 성공하기 위한 핵심 전략에 맞는 KPI를 제시해줘."

위에서 제시한 핵심 전략에 맞는 KPI는 다음과 같습니다.

1. 창업 아이디어 검증 프로그램 관련

- 창업 아이디어 검증 비율

- 창업 아이디어 검증 프로그램 만족도
- 창업 아이디어 검증 프로그램 완료자 중 창업을 실제로 시도하는 비율

2. 창업 지원 센터 관련

- 창업 지원 센터 이용자 수
- 창업 지원 센터 만족도
- 창업 지원 센터에서 지원하는 프로그램의 성과 및 효과

3. 기술 연구 및 개발 지원 관련

- 기술 연구 및 개발 프로젝트 수
- 기술 연구 및 개발 프로젝트 결과물 활용 및 성과
- 창업 기업의 기술력 개발 정도

4. 참여자 중심의 교육 방식 관련

- 참여자 만족도
- 창업교육에서의 참여도 및 참여율
- 참여자들의 창업 역량 향상 정도

5. 적극적인 네트워킹 기회 관련

- 네트워킹 기회 제공 및 이용도
- 네트워킹을 통한 인맥 확산 정도
- 네트워킹 기회에서 창업 관련 지식 및 정보 습득 정도

위의 KPI들은 대학생들에게 창업교육을 실시하는 사업의 성과를 평가하는데 적합한 지표로서, 전략에 따라 조절 및 추가하여 사용할 수 있습니다.

각 전략별로 필요한 기본 지표들을 제시해줬는데요. 이것만 봐서는 어

떻게 측정해야 할지 모르겠습니다. 이런 경우 **"창업 아이디어 검증 비율, 창업 지원 센터 이용자 수, 기술 연구 및 개발 프로젝트 수, 참여자 만족도, 투자 유치 성공 비율 관련 KPI에 대해 측정 방법, 측정 산식을 알려줘"**라고 요청하면 됩니다.

각각의 KPI에 대한 측정 방법과 측정 산식은 다음과 같습니다.

1. 창업 아이디어 검증 비율

- 측정 방법: 창업 아이디어 검증 프로그램을 수강한 대학생들 중 실제로 창업을 시도하는 비율을 측정합니다.
- 측정 산식: 창업 아이디어 검증 프로그램을 수강한 대학생 중 창업을 시도한 학생 수 / 창업 아이디어 검증 프로그램을 수강한 총 학생 수 * 100

2. 창업 지원 센터 이용자 수

- 측정 방법: 창업 지원 센터를 방문하거나, 창업 지원 센터에서 제공하는 프로그램을 이용한 대학생들의 수를 측정합니다.
- 측정 산식: 창업 지원 센터 방문자 수 또는 창업 지원 센터에서 제공하는 프로그램을 이용한 대학생 수

3. 기술 연구 및 개발 프로젝트 수

- 측정 방법: 대학생들이 진행하는 기술 연구 및 개발 프로젝트 수를 측정합니다.
- 측정 산식: 대학생들이 진행한 기술 연구 및 개발 프로젝트 수

4. 참여자 만족도

- 측정 방법: 창업교육에 참여한 대학생들의 만족도를 설문조사를 통해

측정합니다.

- 측정 산식: 설문조사 결과에서 대학생들의 만족도를 수치화하여 평균을 계산합니다.

5. 투자 유치 성공 비율

- 측정 방법: 대학생들이 창업한 신기술 스타트업의 투자 유치 성공 비율을 측정합니다.

- 측정 산식: 창업한 신기술 스타트업에서 성공적으로 투자를 유치한 기업 수 / 창업한 신기술 스타트업 수 * 100

각 KPI에 대한 측정방법과 산식은 위와 같으며, 이를 통해 대학생들에게 창업교육을 실시하는 사업의 성과를 정확하게 측정할 수 있습니다.

우리가 자주 보는 KPI 정의서처럼 만들고 싶다면 **"투자 유치 성공 비율에 대한 KPI 정의서를 표로 만들어줘"**라고 하면 됩니다. 추가하고 싶은 항목이 있다면 그 항목을 말해달라고 요청하고, 그 항목까지 포함해서 KPI 정의서를 만들어달라고 하면 됩니다.

KPI명	투자 유치 성공 비율
정의	창업한 신기술 스타트업에서 성공적으로 투자를 유치한 기업 수의 비율
단위	%
목표 설정 시기	사업 시작 전 혹은 사업 계획서 작성 시
목표 설정 방법	기업의 성장 가능성, 경쟁력, 인기도 등

KPI명	투자 유치 성공 비율
측정 방법	대상 기업에서의 투자 유치 성공 여부
측정 주기	분기별 또는 연간
산식	창업한 신기술 스타트업에서 성공적으로 투자를 유치한 기업 수 / 창업한 신기술 스타트업 수 * 100

챗GPT 답변에서 확인해야 할 사항

사업 KPI 도출의 핵심은 "얼마나 적합한 지표를 도출하는가?"입니다. 그렇기 때문에 가능한 한 다양한 지표를 검토하는 게 필요합니다. 이럴 때 무조건 KPI를 도출해달라고 하기보다는 어떻게 하면 적합한 KPI가 나올지 고민하는 것이 우선입니다.

여기서는 성공 전략과 KPI 도출을 해봤는데요. 꼭 그렇게 하지 않더라도 사업의 배경 및 목적, 세부 사업 등을 입력해 다양한 측면에서의 KPI 후보군을 도출해보면 좋습니다. 특히 KPI 정의서는 바로 만들어주기 때문에 원하는 항목만 다 있다면 그대로 활용해도 될 정도입니다.

챗GPT 프롬프트 리스트

- 대학생들에게 창업교육을 실시하는 사업에 대한 성과지표를 만들려고 하는데, 이에 적합한 성과지표를 알려줘.
- 대학생들에게 창업교육을 실시하는 사업에 대한 성과지표를 만들려고

하는데, 이에 적합한 KPI 후보군을 10개 알려줘.

📧 사업 홍보, 창업교육, 교육 이후 창업 여부 등의 관점에서 KPI 후보군을 제시해줘.

📧 이 사업은 대학생들의 기업가정신 함양 및 신기술 창업 저변 확충하는 것이 목적이야. 이 목적을 달성하기 위한 핵심 전략 3가지를 제시하고 전략별 KPI 후보군을 제시해줘.

📧 지금까지 네가 제시해 준 KPI들을 SMART라는 평가 툴을 활용해 각각 5점 만점으로 평가하고 평균을 도출해 가장 적합한 KPI를 5개만 제시해줘.

📧 위의 KPI들을 SMART라는 평가 툴을 활용해 S, M, A, R, T별로 5점 만점으로 평가하고 평균을 도출해 가장 적합한 KPI를 5개만 제시해줘.

📧 대학생들에게 창업교육을 실시하는 사업이 성공하기 위한 핵심 전략이 무엇인지 알려줘.

📧 지금 제시한 사업이 성공하기 위한 핵심 전략에 맞는 KPI를 제시해줘.

📧 창업 아이디어 검증 비율, 창업 지원 센터 이용자 수, 기술 연구 및 개발 프로젝트 수, 참여자 만족도, 투자 유치 성공 비율 관련 KPI에 대해 측정 방법, 측정 산식을 알려줘.

📧 투자 유치 성공 비율에 대한 KPI 정의서를 표로 만들어줘.

[4th Course]
성과를 극대화하는
챗GPT 문서 작성 매뉴얼

Chat GPT

1. 보고서 스토리라인 설정 및 프레젠테이션 구성

어떤 업무일까?

회사 생활의 절반은 보고서 작성일 정도로 보고서의 중요성은 말할 필요가 없습니다. 그런데 이런 보고서도 대상이 누구냐에 따라 스타일과 내용이 다릅니다. CEO 대상 보고가 팀장 보고와 다를 수밖에 없는 것처럼 말이죠. 내부 직원 대상 보고서와 외부 고객 대상 보고서도 내용과 설명 방식에서 차이가 있을 수밖에 없습니다.

어떤 질문을 해야 할까?

챗GPT는 팀장과 CEO 대상 보고서 작성과 관련해 어떤 말을 해줄까요?

"팀장 대상 PT를 해야 하는데 보고서 스토리 구성을 어떻게 해야 할까?"

팀장 대상 PT를 할 때, 보고서 스토리 구성은 다음과 같은 요소를 고려할 수 있습니다.

1. 목적과 배경: 보고서를 작성하게 된 배경과 목적을 설명합니다. 왜 이 보고서가 필요한지, 어떤 문제를 해결하기 위한 것인지를 명확하게 제시합니다.

2. 주요 내용 요약: 보고서에서 다룬 내용의 요약을 제공합니다. 간략히 어떤 주제를 다루었는지, 어떤 결과를 도출했는지를 요약해서 소개합니다.

3. 세부 내용: 보고서의 세부 내용을 자세히 설명합니다. 각각의 항목을 구성하는 요소들을 자세히 설명하고, 이를 통해 어떤 결론을 도출했는지를 보여줍니다.

4. 결과와 결론: 보고서에서 도출한 결과와 결론을 요약해서 설명합니다. 이를 통해 문제를 어떻게 해결할 수 있는지, 어떤 추가적인 작업이 필요한지 등을 제시합니다.

5. 추천사항: 보고서에서 제시한 내용을 바탕으로 어떤 향후 작업이 필요한지, 어떤 조치가 필요한지 등을 추천합니다. 이를 통해 보고서를 받은 팀장이 실제로 문제를 해결할 수 있는 방법을 알게 됩니다.

6. 참고문헌: 보고서에서 참고한 자료나 논문 등의 목록을 제공합니다. 이를 통해 보고서를 받은 팀장이 실제로 사용할 수 있는 참고 자료를 확인할 수 있습니다.

위와 같은 구성 요소를 고려하여 보고서 스토리를 구성하면, 팀장이 보고서 내용을 이해하고 실제로 문제를 해결하는 데 도움이 될 것입니다.

특별한 건 없어 보입니다. 질문을 바꿔볼까요?

"CEO 대상 PT를 해야 하는데 보고서 스토리 구성을 어떻게 해야 할까?"

CEO 대상 PT를 할 때, 보고서 스토리 구성은 다음과 같은 요소를 고려할 수 있습니다.

1. 목적과 배경: 보고서를 작성하게 된 배경과 목적을 설명합니다. 왜 이 보고서가 필요한지, 어떤 문제를 해결하기 위한 것인지를 명확하게 제시합니다.

2. 비즈니스 적합성: 보고서에서 다루는 내용이 회사의 비즈니스 목표에 어떻게 맞춰지는지를 강조합니다. 보고서의 내용이 회사의 비즈니스 목표와 일치하고, 어떻게 이를 달성할 수 있는지를 설명합니다.

3. 세부 내용: 보고서의 세부 내용을 자세히 설명합니다. 각각의 항목을 구성하는 요소들을 자세히 설명하고, 이를 통해 어떤 결론을 도출했는지를 보여줍니다.

4. 결과와 결론: 보고서에서 도출한 결과와 결론을 요약해서 설명합니다. 이를 통해 어떤 문제를 어떻게 해결할 수 있는지, 어떤 추가적인 작업이 필요한지 등을 제시합니다.

5. 추천사항: 보고서에서 제시한 내용을 바탕으로 어떤 향후 작업이 필요한지, 어떤 조치가 필요한지 등을 추천합니다. 이를 통해 CEO가 실제로 문제를 해결할 수 있는 방법을 알게 됩니다.

6. 경쟁력: 보고서에서 다루는 내용이 회사의 경쟁력을 강화하는 데 어떤 역할을 하는지를 강조합니다. 보고서에서 제시한 내용이 다른 기업들과 경쟁에서 우위를 점할 수 있는 방법이 될 수 있는지를 제시합니다.

7. 전망: 보고서에서 다루는 내용이 회사의 미래 전망에 어떤 영향을 미칠
   수 있는지를 설명합니다. 보고서에서 제시한 내용이 회사의 성장과 발
   전에 어떤 역할을 할 수 있는지를 제시합니다.

위와 같은 구성 요소를 고려하여 보고서 스토리를 구성하면, CEO가 보고
서 내용을 이해하고 회사의 비즈니스를 더욱 발전시키는 데 도움이 될 것
입니다.

비즈니스 적합성, 경쟁력, 전망이란 항목이 생겼습니다. 챗GPT는
CEO에게 중요한 내용이 무엇인지에 초점을 두고 해당 내용을 제시한 것
같습니다. 다만 사람들이 흔히 알고 있는 CEO 보고서는 결론 중심이어야
한다는 내용은 잘 드러나지 않았네요. 비교 분석을 위해 질문을 또 바꿔봤
습니다. **"팀장과 CEO 대상 보고서의 스토리 구성의 차이점은 무엇일까?"**

팀장과 CEO 대상 보고서의 스토리 구성에서 가장 큰 차이점은 목적과 관
점입니다.

팀장 대상 보고서의 목적은 주로 팀 내부의 문제 해결이나 업무 개선 등의
작은 규모의 문제를 해결하는 것입니다. 따라서 스토리 구성에서는 주로
팀 내부에서의 문제와 그 해결책에 대한 내용이 강조됩니다. 또한, 팀장은
보고서 내용에 대한 상세한 내용과 구체적인 추천사항에 관심이 많을 가
능성이 높습니다.

반면 CEO 대상 보고서의 목적은 주로 회사의 비즈니스 성장과 경쟁력 강
화 등과 같이 회사 전반에 대한 문제를 해결하는 것입니다. 따라서 스토리

구성에서는 회사의 비즈니스 목표와 그 목표를 달성하기 위한 전략적인 내용이 강조됩니다. 또한, CEO는 회사의 전반적인 경제적인 상황과 산업 동향 등과 같은 전략적인 관점에서의 내용에 관심이 많을 가능성이 높습니다.

따라서, 팀장 대상 보고서에서는 보고서 내용의 상세한 내용과 구체적인 추천사항에 더 중점을 두어야 하고, CEO 대상 보고서에서는 전략적인 내용과 비즈니스 적합성에 대한 내용에 더 중점을 두어야 합니다.

챗GPT는 직급이 높아질수록 전사적인 관점에서 보고 내용이 만들어져야 한다고 생각하고 위의 답변을 제시해주네요.

실제로 주제를 주고 챗GPT에게 물어봤습니다.

"배달 플랫폼 관련 신사업 전략을 보고하려고 하는데, 팀장 대상 보고서 목차 구성은 어떻게 해야 해?"

배달 플랫폼 관련 신사업 전략을 보고서로 작성할 때, 팀장 대상 보고서의 목차 구성은 다음과 같이 구성할 수 있습니다.

1. 배경과 목적: 보고서를 작성하게 된 배경과 목적을 설명합니다. 왜 이 보고서가 필요한지, 어떤 문제를 해결하기 위한 것인지를 명확하게 제시합니다.

2. 시장분석: 현재 배달 플랫폼 시장의 현황을 파악하고, 경쟁 업체들의 서비스와 비교하여 시장의 문제점과 가능성을 파악합니다.

3. 목표 및 전략: 이번 신사업에서의 목표와 그에 따른 전략을 제시합니다.

신규 서비스의 목표는 무엇이고, 이를 달성하기 위해 어떤 전략을 적용할 것인지를 설명합니다.

4. 구체적인 서비스 기획: 구체적인 서비스 기획과 구성을 설명합니다. 새로운 서비스의 구성과 기능, 기술적인 구현 방법 등에 대해 자세하게 설명합니다.

5. 마케팅 전략: 새로운 서비스를 성공적으로 런칭하고, 홍보하기 위한 마케팅 전략을 제시합니다. 적절한 타깃 고객층과 효과적인 마케팅 전략, 홍보 채널 등을 구체적으로 제시합니다.

6. 예상 수익성 분석: 새로운 서비스를 제공함으로써 기대되는 수익성에 대해 분석합니다. 예상되는 수익, 비용, 수익률 등을 분석하여 신규 사업이 기대되는 수익을 창출할 수 있는지 여부를 확인합니다.

7. 추진 계획: 새로운 사업을 추진하기 위한 구체적인 계획을 제시합니다. 프로젝트의 추진 일정, 인력 및 예산 등을 포함하여 추진 방안을 구체적으로 제시합니다.

위와 같은 구성 요소를 고려하여 목차를 구성하면, 보고서를 받는 팀장이 새로운 사업을 파악하고, 실제로 추진하기 위해 필요한 정보를 얻을 수 있을 것입니다.

큰 틀에서 보면 신사업 전략과 관련된 항목을 나열해주네요.
"CEO 대상 보고서 목차 구성은 어떻게 해야 해?"

배달 플랫폼 관련 신사업 전략을 CEO에게 보고하는 보고서를 작성할 때,

목차 구성은 다음과 같이 구성할 수 있습니다.

1. 배경과 목적: 보고서를 작성하게 된 배경과 목적을 설명합니다. 왜 이 보고서가 필요한지, 어떤 문제를 해결하기 위한 것인지를 명확하게 제시합니다.

2. 시장분석: 현재 배달 플랫폼 시장의 현황을 파악하고, 경쟁 업체들의 서비스와 비교하여 시장의 문제점과 가능성을 파악합니다. 이를 통해 새로운 사업이 시장에서 성공할 가능성을 분석합니다.

3. 목표 및 전략: 이번 신사업에서의 목표와 그에 따른 전략을 제시합니다. 신규 서비스의 목표는 무엇이고, 이를 달성하기 위해 어떤 전략을 적용할 것인지를 설명합니다.

4. 구체적인 서비스 기획: 구체적인 서비스 기획과 구성을 설명합니다. 새로운 서비스의 구성과 기능, 기술적인 구현 방법 등에 대해 자세하게 설명합니다.

5. 마케팅 전략: 새로운 서비스를 성공적으로 런칭하고, 홍보하기 위한 마케팅 전략을 제시합니다. 적절한 타깃 고객층과 효과적인 마케팅 전략, 홍보 채널 등을 구체적으로 제시합니다.

6. 수익성 분석: 새로운 서비스를 제공함으로써 기대되는 수익성에 대해 분석합니다. 예상되는 수익, 비용, 수익률 등을 분석하여 신규 사업이 기대되는 수익을 창출할 수 있는지 여부를 확인합니다.

7. 기대효과 및 전망: 새로운 서비스가 기존 사업과 어떤 연관성을 가지며, 어떤 기대효과를 가져올 수 있는지를 분석합니다. 또한, 이를 통해 예상되는 성과와 전망에 대해서 제시합니다.

8. 추진 계획: 새로운 사업을 추진하기 위한 구체적인 계획을 제시합니다. 프로젝트의 추진 일정, 인력 및 예산 등을 포함하여 추진 방안을 구체적으로 제시합니다.(중략)

기대효과 및 전망이란 항목이 추가되고, 시장분석 세부 내용이 CEO 관점에서 기술되었습니다. 이제 결론 중심의 보고서 작성을 요청볼까요?

"배달 플랫폼 관련 신사업 전략을 보고하려고 하는데, 결론을 먼저 제시하는 형태로 CEO 대상 보고서 목차 구성을 해줘."

배달 플랫폼 관련 신사업 전략을 결론을 먼저 제시하는 형태로 CEO에게 보고하는 보고서를 작성할 때, 목차 구성은 다음과 같이 구성할 수 있습니다.

1. 결론: 보고서에서 다루는 내용의 결론을 요약해서 제시합니다. 새로운 사업을 추진하기 위한 목표와 전략, 그리고 예상되는 수익성과 전망 등의 결론을 요약하여 제시합니다.

2. 배경과 목적: 보고서를 작성하게 된 배경과 목적을 설명합니다. 왜 이 보고서가 필요한지, 어떤 문제를 해결하기 위한 것인지를 명확하게 제시합니다.

3. 시장분석: 현재 배달 플랫폼 시장의 현황을 파악하고, 경쟁 업체들의 서비스와 비교하여 시장의 문제점과 가능성을 파악합니다. 이를 통해 새로운 사업이 시장에서 성공할 가능성을 분석합니다.

4. 구체적인 서비스 기획: 구체적인 서비스 기획과 구성을 설명합니다. 새

로운 서비스의 구성과 기능, 기술적인 구현 방법 등에 대해 자세하게 설명합니다.

5. 마케팅 전략: 새로운 서비스를 성공적으로 런칭하고, 홍보하기 위한 마케팅 전략을 제시합니다. 적절한 타깃 고객층과 효과적인 마케팅 전략, 홍보 채널 등을 구체적으로 제시합니다.

6. 수익성 분석: 새로운 서비스를 제공함으로써 기대되는 수익성에 대해 분석합니다. 예상되는 수익, 비용, 수익률 등을 분석하여 신규 사업이 기대되는 수익을 창출할 수 있는지 여부를 확인합니다.

7. 기대효과 및 전망: 새로운 서비스가 기존 사업과 어떤 연관성을 가지며, 어떤 기대효과를 가져올 수 있는지를 분석합니다. 또한, 이를 통해 예상되는 성과와 전망에 대해서 제시합니다.

8. 추진 계획: 새로운 사업을 추진하기 위한 구체적인 계획을 제시합니다. 프로젝트의 추진 일정, 인력 및 예산 등을 포함하여 추진 방안을 구체적으로 제시합니다.(중략)

말 그대로 결론을 앞쪽으로 배치해 목차를 제시해줍니다. 물론 결론과 함께 핵심 근거를 제시한 후 스토리를 만들어달라고 했다면 조금 달랐겠지만, 이 질문에는 글자 그대로 해석해서 보여주네요.

CEO 대상 보고 시 어떤 식으로 스토리를 잡는지를 파악하면 보고서 구성 방법을 알 수 있으니 질문 내용과 형태를 조금 바꿔봤습니다.

"CEO 대상 배달 플랫폼 신사업 전략을 보고하려고 하는데, 스토리라인을 설정하기 위한 10개의 문장을 보고 순서대로 제시해줘."

1. 최근 배달 플랫폼 시장은 급격하게 성장하고 있습니다.

2. 현재 시장에서는 주로 음식 배달 서비스가 대부분입니다.

3. 그러나 시장 규모가 커짐에 따라 새로운 서비스 아이디어가 필요해졌습니다.

4. 자사는 음식 배달 시장에서 높은 점유율을 차지하고 있지만, 신규 서비스에는 미숙한 상황입니다.

5. 시장에서 성장하고 있는 분야인 편의점 배달, 생활용품 배달 등에 대한 탐색이 필요합니다.

6. 이를 위해서는 고객의 니즈와 시장 트렌드를 정확히 파악하는 것이 중요합니다.

7. 이를 위해 경쟁사와의 비교 분석, 시장 선점을 위한 제휴 모색 등의 전략이 필요합니다.

8. 자사의 적극적인 투자와 연구개발로 새로운 서비스를 출시하고 선점할 수 있는 기회가 있습니다.

9. 또한, 글로벌 시장 진출과 함께 해외 시장에서의 경쟁 역시 존재하므로 이를 염두에 두어야 합니다.

10. 자사는 고객 중심의 서비스 개발과 글로벌 시장 진출을 통해 지속적인 성장을 이룰 것입니다.

스토리라인을 짜는 일이 쉽지 않은데, 보고서의 전체 스토리라인이 생각보다 잘 나왔습니다. 위의 스토리라인을 활용해 질문을 보강해봤습니다. **"CEO 대상 배달 플랫폼 신사업 전략을 보고하려고 하는데, 결론을 먼저 제시하**

챗GPT 업무 사용 매뉴얼

는 형태의 스토리라인을 설정하기 위한 10개의 문장을 보고 순서대로 제시해줘."

1. 점점 증가하는 배달 시장에서, 우리는 더 많은 시장 점유율을 차지하기 위한 전략을 강구해야 합니다.

2. 신규 서비스를 출시하고 시장을 확장하기 위한 전략이 필요합니다.

3. 이를 위해 우리는 현재 운영 중인 배달 서비스의 강점을 활용하여 새로운 서비스를 기획하고자 합니다.

4. 이러한 전략은 우리의 기업가치를 증대시키는 데 기여할 것입니다.

5. 신규 서비스는 기존 배달 서비스와 차별화되어 있어야 하며, 우리의 강점을 최대한 활용해야 합니다.

6. 우리는 시장조사와 소비자 분석을 통해 이에 부합하는 새로운 서비스를 개발할 수 있습니다.

7. 이를 위해 기존 서비스의 고객 데이터와 매출 정보를 분석해야 합니다.

8. 분석 결과를 토대로 우리는 고객의 니즈를 파악하고, 그에 맞는 신규 서비스를 기획할 수 있습니다.

9. 새로운 서비스 출시를 통해 우리는 시장에서 더 많은 고객을 확보할 수 있고, 이를 통해 수익성을 높일 수 있습니다.

10. 따라서, 새로운 서비스 출시를 통해 우리는 시장에서 더욱 강력한 포지션을 확립할 수 있으며, 기업의 가치를 증대시킬 수 있습니다.

실무에서 쓸 수 있는 결론 중심의 스토리가 나왔습니다. 보통 배경 및 목적, 이슈, 결론, 근거 형태로 할 수 있는데, 그에 맞는 내용이 나온 것 같습니다. 추가로 **"CEO 대상 배달 플랫폼 신사업 전략을 보고하려고 하는데, 결론을 먼저 제시하는 형태의 10분 분량의 보고서 스토리라인을 제시해줘(문장 15개)"**라고 물어보면 15개 문장을 제시해줍니다. 시간, 문장의 개수 등 다양한 조건을 넣어 원하는 결과를 얻을 수 있습니다.

1. 현재 배달 시장은 빠른 성장세를 보이며, 그 중심에는 디지털 플랫폼 기술이 존재합니다.

2. 디지털 플랫폼 기술의 발전으로 인해, 배달 시장은 더욱 적극적으로 성장할 것으로 예측됩니다.

3. 현재 자사는 배달 시장에 참여하지 않고 있지만, 이 시장의 성장 가능성을 고려해 신사업을 추진하려고 합니다.

4. 자사의 배달 플랫폼 신사업의 주요 목표는 고객 경험의 향상과 매출 증대입니다.

5. 이를 위해, 자사는 기존의 배달 시장에 존재하는 불편한 점들을 개선하고, 다양한 혜택을 제공하는 서비스를 구축할 것입니다.

6. 자사의 배달 플랫폼 신사업은 기존의 배달 시장과 차별화된 전략으로 선보일 예정입니다.

7. 주요 전략 중 하나는, 고객이 원하는 메뉴를 자유롭게 선택할 수 있는 맞춤형 서비스를 제공하는 것입니다.

8. 또한, 우수한 배송 품질과 편리한 배송 시스템을 구축하여 고객의 만족도를 높일 것입니다.

9. 이를 위해, 자사는 효율적인 인력 관리와 기술적인 역량 강화를 위한 투

자를 계획하고 있습니다.

10. 또한, 자사의 신사업은 국내뿐만 아니라 해외 시장에도 진출할 것입니다.

11. 자사의 배달 플랫폼 신사업은 기존의 배달 시장과 경쟁할 수 있는 매력적인 서비스와 가격 경쟁력을 갖출 것입니다.

12. 이를 위해, 자사는 철저한 비용 관리와 미래 지향적인 투자 계획을 수립할 것입니다.

13. 자사의 배달 플랫폼 신사업은 기존 사업 분야의 강점을 바탕으로 새로운 시장을 개척하는 데 큰 기회가 될 것입니다.

14. 현재 시장 상황과 자사의 역량을 고려하면, 배달 플랫폼 신사업은 자사에게 큰 성장 동력을 제공할 것으로 예상됩니다.(중략)

챗GPT는 계속해서 학습하기 때문에 동일한 질문을 넣어보고 답변을 요청하면 더 좋은 결과를 얻을 수 있습니다. 같은 질문을 다시 한번 입력해 봤습니다.

1. 우리 회사는 현재 배달 플랫폼 시장에서 성장세를 보이고 있으며, 신사업 진출에 대한 고민이 필요합니다.

2. 시장조사 결과, 배달 플랫폼 시장에서 성장하고 있는 부분은 급식 시장입니다.

3. 급식 시장에 진출하기 위해서는 전통적인 급식 업체와의 경쟁에서 벗어나 차별화된 서비스를 제공할 필요가 있습니다.

4. 따라서, 우리는 소비자 편의성을 높이고 건강한 식단을 제공하는 AI 기반의 맞춤형 급식 서비스를 제공하는 데 주력할 것입니다.

5. 이를 위해, 효율적인 AI 알고리즘을 개발하고, 신뢰성 있는 급식 재료 공급체계를 구축할 것입니다.

6. 또한, 사용자 맞춤형 급식 구독 서비스를 제공하여 지속적인 매출 성장을 기대할 수 있습니다.

7. 우리의 맞춤형 급식 서비스는 중소기업 및 스타트업 등 신생 기업을 대상으로 한 프로그램과 함께 제공될 예정입니다.

8. 또한, 우리는 맞춤형 급식 서비스를 제공함으로써 건강한 라이프스타일을 추구하는 고객들의 니즈를 충족시킬 수 있습니다.

9. 경쟁 업체들과 차별화된 서비스를 제공함으로써 시장 점유율을 높일 수 있을 것입니다.

10. 따라서, 우리는 AI 기반의 맞춤형 급식 서비스를 중심으로, 적극적인 마케팅 전략과 함께 급식 시장에서 성장할 것입니다.

또 다른 형태의 스토리라인이 나왔습니다. 명확한 스토리라인이 아직 설정되어 있지 않다면 챗GPT에게 유사한 질문을 던진 후 다른 주제와 관련해서는 어떤 식으로 답변해주는지를 보면 스토리라인 작성에 많은 도움이 됩니다.

10개의 스토리라인을 가지고 새 대화창에서 새로운 요청사항을 입력해볼까요?

"다음은 내가 만든 PPT 보고서 스토리라인이야. CEO에게 보고하려는데,

우리 회사 CEO는 '결론'을 가장 중시해. 그래서 결론을 먼저 제시하는 발표 스크립트를 만들어줘."

결론부터 말씀드리면, 우리 회사는 AI 기반의 맞춤형 급식 서비스를 제공하여 급식 시장에서 성장할 것입니다. 이를 위해, 효율적인 AI 알고리즘과 신뢰성 있는 재료 공급체계를 구축하고, 사용자 맞춤형 급식 구독 서비스를 제공할 것입니다. 또한, 중소기업과 스타트업 등 신생 기업들과 함께하는 프로그램도 제공할 예정입니다. 우리의 맞춤형 급식 서비스는 건강한 라이프스타일을 추구하는 고객들의 니즈를 충족시킬 것입니다. 경쟁 업체들과 차별화된 서비스를 제공하여 시장 점유율을 높일 것이며, 적극적인 마케팅 전략과 함께 급식 시장에서 성장할 것입니다.

이번에는 발표 스크립트도 요청해봤습니다.
"다음은 내가 만든 PPT 보고서 스토리라인이야. CEO에게 보고하려는 데, 우리 회사 CEO는 '결론'을 가장 중시해. 그래서 결론을 중심으로 하는 발표 스크립트를 만들어줘."

저희 회사는 AI 기반의 맞춤형 급식 서비스를 제공하여 급식 시장에서 성장할 것입니다. 우리는 소비자 편의성을 높이고 건강한 식단을 제공하는 서비스를 제공할 것이며, 이를 위해 효율적인 AI 알고리즘과 신뢰성 있는 재료 공급체계를 구축할 것입니다. 또한, 사용자 맞춤형 구독 서비스를 제공하여 지속적인 매출 성장을 기대할 수 있습니다. 이러한 서비스는 중소

기업과 스타트업 등의 신생 기업들과 함께하는 프로그램과 함께 제공될 예정입니다. 더불어, 우리는 맞춤형 급식 서비스를 제공함으로써 건강한 라이프스타일을 추구하는 고객들의 니즈를 충족시킬 것입니다. 경쟁 업체들과 차별화된 서비스를 제공하여 시장 점유율을 높일 수 있을 것이며, 적극적인 마케팅 전략과 함께 급식 시장에서 성장할 것입니다.

큰 틀에서는 비슷하지만 연속해서 질문을 해서 그런지 조금 다른 스타일의 답변을 해줬습니다. 여러분이 보고서 작성 후 어떤 식으로 발표를 해야 할지 모르겠다면, 이러한 질문이 조금은 도움이 될 것 같습니다.

챗GPT 답변에서 확인해야 할 사항

챗GPT는 팀장과 CEO 대상 보고서와 관련해 세부 항목과 내용에 집중합니다. 즉, 비즈니스 관점에서 CEO가 어떤 걸 중요시하는지를 바탕으로 답해주는 것이죠. 그렇기 때문에 흔히 알고 있는 결론 중심의 보고서 스토리라인을 만드는 데는 적용하기 어려워 보입니다. 물론 여러 상황이나 조건을 설정해놓으면 가능할 수도 있지만, 그보다 **"CEO 대상 보고를 위한 스토리라인 몇 문장을 만들어줘"**라고 요청해서 일반적인 스토리라인을 파악하는 게 더 좋아 보입니다. 어떤 흐름으로 보고서를 만드는 게 더 사람들에게 와닿을지 파악하는 것이 핵심이니까요. 발표 스크립트를 만들어달라고 하면 조금 더 쉽게 CEO 보고를 할 수도 있습니다.

챗GPT 프롬프트 리스트

- 💬 팀장 대상 PT를 해야 하는데 보고서 스토리 구성을 어떻게 해야 할까?
- 💬 CEO 대상 PT를 해야 하는데 보고서 스토리 구성을 어떻게 해야 할까?
- 💬 팀장과 CEO 대상 보고서의 스토리 구성의 차이점은 무엇일까?
- 💬 배달 플랫폼 관련 신사업 전략을 보고하려고 하는데, 팀장 대상 보고서 목차 구성은 어떻게 해야 해?
- 💬 CEO 대상 보고서 목차 구성은 어떻게 해야 해?
- 💬 배달 플랫폼 관련 신사업 전략을 보고하려고 하는데, 결론을 먼저 제시하는 형태로 CEO 대상 보고서 목차 구성을 해줘.
- 💬 CEO 대상 배달 플랫폼 신사업 전략을 보고하려고 하는데, 결론을 먼저 제시하는 형태의 스토리라인을 설정하기 위한 10개의 문장을 보고 순서대로 제시해줘.
- 💬 CEO 대상 배달 플랫폼 신사업 전략을 보고하려고 하는데, 결론을 먼저 제시하는 형태의 10분 분량의 보고서 스토리라인을 제시해줘(문장 15개).
- 💬 다음은 내가 만든 PPT 보고서 스토리라인이야. CEO에게 보고하려는데, 우리 회사 CEO는 '결론'을 가장 중시해. 그래서 결론을 먼저 제시하는 발표 스크립트를 만들어줘.
- 💬 CEO 대상 배달 플랫폼 신사업 전략을 보고하려고 하는데, 스토리라인을 설정하기 위한 10개의 문장을 보고 순서대로 제시해줘.

2. 보고서 피드백 및 수정

어떤 업무일까?

일을 잘해도 상사의 성향을 정확히 파악하지 않고 보고하면 노력 대비 좋은 성과가 나지 않습니다. 기획, 영업, 마케팅 등, 상사의 출신에 따라 보고서 검토 방법이나 피드백하는 내용이 다르죠. 상사의 성향을 파악해 그에 맞게 일을 처리해야 합니다.

어떤 질문을 해야 할까?

챗GPT는 역할 놀이가 가능합니다. 챗GPT에게 **"네가 **라고 생각하고 이야기해줘"**라고 하면 역할을 설정하지 않은 것과는 다른 결과가 나옵니다.

　다음은 시장분석 내용의 일부입니다.

[Overview] Information Security(IS) 시장은 S/W, H/W, 서비스

(컨설팅)로 구분되며, 2011년 기준 1조 4,000억 원 규모로 개인정보 보호법 제정, 개인정보 유출, 스마트 모바일 기기 증가로 지속 성장이 예상됨.

[Market Player] 전체 시장 규모는 크지만 다수의 제품/서비스가 존재해 개별 시장 규모는 작은 것으로 판단, Major Player인 안랩, 시큐아이, 인포섹, 윈스테크넷 등의 매출 규모는 1,000억 원 미만으로 다수의 중소 업체들(200여 개)이 난립하고 있음.

[Market Structure] IS 시장은 제품 관점에서 보면 H/W, S/W, 서비스, 고객 관점에서 보면 공공, 기업(대기업, 중소기업 등) 등으로 구분할 수 있으며, 공공시장과 대기업(금융, 인터넷)의 시장 비중이 높음.

팀원에게 어떻게 피드백하면 좋을지 챗GPT에게 물어볼까요?
"다음 내용에 대해 팀장이라고 생각하고 피드백해줘."

위 내용을 바탕으로 팀장으로서 몇 가지 피드백을 드리겠습니다.

1. 시장 규모와 성장성에 대한 분석이 자세하게 이루어졌습니다. 그러나 미래 전망에 대한 추가적인 내용이 있다면 좋을 것 같습니다. 예를 들어, 이 시장이 어떻게 성장할 것인지, 어떤 새로운 기술이나 제품이 등장할 것인지 등에 대한 예측이 가능하다면, 이를 추가로 고려해 보는 것이 좋을 것입니다.

2. 시장 구조와 경쟁 환경에 대한 분석이 상당히 잘 이루어졌습니다. 다만, 이 중소기업들이 어떤 분야에서 높은 성장성을 보이고 있는지, 어

떻게 경쟁력을 유지하고 있는지 등에 대한 내용이 추가되면 좋을 것 같습니다.

3. 고객 관점에서의 시장 구분에 대한 내용이 잘 나타나 있습니다. 하지만, 이 구분에 따라 고객의 요구사항이 어떻게 달라지는지, 각 분야에서 어떤 제품이나 서비스가 더 필요한지 등에 대한 추가적인 분석이 필요할 것입니다.

4. 마지막으로, 위 내용을 바탕으로 이 시장에서 성공하고자 한다면, 어떤 전략을 가져야 하는지에 대한 내용도 추가되면 좋을 것입니다. 예를 들어, 대기업과 공공시장에서의 입지 개선이나, 새로운 기술과 제품 개발 등을 통해 경쟁력을 확보하는 등의 전략을 고려해 볼 수 있을 것입니다.

시장 규모와 성장성, 시장 구조와 경쟁 환경 등의 내용에 대해 자세한 피드백을 해주네요. 그런데 기획통 팀장이라면 어떻게 피드백했을까요? 질문을 조금 바꿔봤습니다.

"다음 내용에 대해 팀원에게 피드백해줘야 하는데, 네가 기획 출신 팀장이라고 생각하고 피드백해줘."

위 내용을 기반으로 팀원에게 몇 가지 피드백을 드리겠습니다.

1. 시장 개요에 대한 내용은 분명하고 간결하게 작성되어 있습니다. 그러나, 내용을 더욱 구체적으로 다루면 좋을 것입니다. 예를 들어, 개인정보보호법이 어떤 내용을 담고 있는지, 개인정보 유출의 실제 사례와 그 영향력에 대해 자세히 다루는 것이 좋을 것입니다.

2. 시장 구조와 경쟁 환경에 대한 분석이 잘 이루어졌습니다. 하지만, 중소기업들의 상황을 더 자세하게 파악하면 더욱 도움이 될 것입니다. 중소기업들이 경쟁력을 유지하는 방법이나 새로운 제품/서비스를 출시하는 등의 전략을 다루는 것이 좋을 것입니다.

3. 시장 구조에서 고객 관점에 대한 내용이 있습니다. 그러나, 이 내용을 더욱 구체적으로 다루면 더욱 도움이 될 것입니다. 예를 들어, 각 고객 그룹이 가지는 요구사항이나 미래 전망을 다루는 것이 좋을 것입니다.

4. 마지막으로, 이 시장에서 성공하기 위해 필요한 전략이나 추진 방안 등을 논의하는 것이 좋을 것입니다. 대기업과 공공시장에서 진입 전략을 세우거나, 제품/서비스 개발을 위한 인력 확보 등을 고려하는 것이 좋을 것입니다. 이를 통해 시장에서 경쟁력을 확보하고 성장할 수 있는 기반을 마련할 수 있을 것입니다.

항목별 첫 문장은 같지만, 내용의 구체성이나 세부 전략에 대한 내용들이 강조되었군요. 영업 출신 팀장이라면 어떨까요?

위 내용을 바탕으로 팀원에게 몇 가지 피드백을 드리겠습니다.

1. 시장 개요에 대한 내용은 간결하면서도 중요한 내용들을 잘 포함하고 있습니다. 그러나, 이 시장에서 영업 활동을 하는 관점에서 더욱 구체적인 내용이 필요할 것입니다. 예를 들어, 이 시장에서 어떤 제품/서비스가 더욱 수요가 높은지, 고객들이 가지는 요구사항이나 문제점은 무엇인지 등에 대해 논의해 볼 수 있을 것입니다.

2. 시장 구조와 경쟁 환경에 대한 분석이 잘 이루어졌습니다. 하지만, 경쟁력을 유지하기 위해 어떤 전략을 사용하는 것이 좋을지에 대한 추가적인 토론이 필요할 것입니다. 예를 들어, 효율적인 판매 전략, 고객 관리 방안, 신제품 출시 계획 등을 논의하는 것이 좋을 것입니다.

3. 시장 구조에서 고객 관점에 대한 내용이 있습니다. 하지만, 각 고객 그룹에서 구체적으로 어떤 요구사항이나 문제점을 가지고 있는지, 이를 해결하기 위해 어떤 제품/서비스가 필요한지에 대한 더욱 자세한 분석이 필요할 것입니다.

4. 마지막으로, 이 시장에서 영업 활동을 성공적으로 수행하기 위해서는 어떤 전략을 사용해야 하는지에 대한 내용도 고려해 볼 필요가 있습니다. 예를 들어, 대기업과의 제휴 협력, 신규 고객 개발, 새로운 시장 진출 전략 등을 고려하는 것이 좋을 것입니다. 이를 통해 고객들의 요구에 더욱 잘 부응하고, 경쟁력을 유지할 수 있는 기반을 마련할 수 있을 것입니다.

제품/서비스 수요, 판매 전략, 고객 관리 방안, 영업 활동이란 단어 등이 눈에 띕니다. 영업에서 자주 쓸 법한 단어를 활용해 피드백을 해주네요. CEO라면 어떨까요?

위 내용을 바탕으로 몇 가지 피드백을 드리겠습니다.

1. 시장 개요에 대한 내용은 충분히 이해하기 쉽고, 중요한 내용을 잘 담고 있습니다. 그러나, 이 시장에서 우리가 어떤 비전과 목표를 가지고 있는

지에 대한 내용도 추가해 볼 필요가 있습니다. 우리가 이 시장에서 어떤 리더십을 보여주고자 하는지, 어떤 고객들을 타깃으로 해서 제품/서비스를 개발하고 제공하고자 하는지 등을 명확하게 제시해야 합니다.

2. 시장 구조와 경쟁 환경에 대한 분석이 잘 이루어져 있습니다. 그러나, 우리가 경쟁력을 유지하고 발전시키기 위해선 어떤 전략을 사용할 것인지에 대한 논의가 필요합니다. 예를 들어, 새로운 제품/서비스 개발 전략, 대기업과의 파트너십 협약 체결 등을 고려하는 것이 좋을 것입니다.

3. 시장 구조에서 고객 관점에 대한 내용도 잘 담고 있습니다. 그러나, 각 고객 그룹에서 어떤 요구사항이나 문제점을 가지고 있는지, 이를 해결하기 위해 우리가 어떤 제품/서비스를 제공해야 하는지에 대한 더욱 자세한 분석이 필요할 것입니다.

4. 마지막으로, 이 시장에서 성공적으로 경쟁하고 발전하기 위해서는 우리의 경영 전략을 명확히 수립해야 합니다. 우리의 핵심 가치, 경영 목표, 성장 전략 등을 재고하고, 이를 기반으로 명확한 경영전략을 수립하여야 합니다. 이를 통해 경쟁력을 유지하고, 성장을 지속적으로 이룰 수 있을 것입니다.

비전과 목표, 리더십, 경영 목표, 핵심 가치, 성장 전략 등의 단어가 눈길을 끕니다. 이처럼 챗GPT는 상사가 어떤 업무를 하고 어떤 직급에 있는지에 따라 그에 맞는 단어를 활용해 피드백을 해줍니다. 만약 팀원 보고서에 대한 피드백이 어렵다면 참조해볼 만하겠죠?

이번에는 글의 구조나 문장 등에 대한 피드백을 요청해보겠습니다.

"다음 내용에 대해 팀원에게 피드백해줘야 하는데, 네가 기획 출신 팀장이라고 생각하고 문장, 글의 구조 등에 대해 피드백해줘."

이 문서는 제목이 없고, 문장 간에 명확한 연결고리가 없는 것 같습니다. 각 섹션의 시작 부분에 어떤 내용을 다루고 있는지 명확하게 나타내는 제목을 추가하는 것이 좋을 것 같습니다. 또한, 섹션 간의 연결고리를 명확하게 만들기 위해 이전 섹션에서 다룬 내용과 이후 섹션에서 다룰 내용 간의 관련성을 강조하는 문장을 추가하는 것이 좋습니다.

문서의 전체적인 틀이나 구조, 논리에 집중하는 모습을 보입니다. 영업은 어떨까요?

이 문서의 구조와 문장은 전반적으로 명확하고 쉽게 이해할 수 있도록 작성되어 있습니다. 하지만, 몇 가지 개선사항이 있을 수 있습니다.

먼저, "1조 4,000억 원 규모"라는 표현 대신 "1조 4천억 원 규모"로 변경하면 더욱 자연스러운 표현이 될 것입니다.

또한, "전체 시장 규모는 크지만 다수의 제품/서비스가 존재해 개별 시장 규모는 작은 것으로 판단" 부분은 조금 더 구체적으로 표현하는 것이 좋을 것입니다. 예를 들어, "전체 시장 규모는 1조 4천억 원으로 매우 크지만, H/W, S/W, 서비스 각 분야에서 수많은 제품과 서비스가 경쟁하고 있어 개별 시장 규모는 비교적 작은 것으로 판단됩니다."

마지막으로, "공공시장과 대기업(금융, 인터넷)의 시장 비중이 높음" 부분은 좀 더 정확한 수치나 비율을 제시하면 더욱 명확해질 것입니다. 예를 들어, "공공시장과 대기업(금융, 인터넷)이 IS 시장의 전체 규모의 약 70%를 차지하고 있습니다."

'1조 4천억 원 규모', '시장 규모' 등 주로 수치에 대해 이야기하네요. "마케팅 출신 팀장이라면?"으로 질문을 바꿔보니 글의 구조에 대한 내용과 함께 마케팅 측면에 대한 내용을 제시해줍니다.

해당 문서는 IS 시장의 개요, 시장 플레이어, 시장 구조 등에 대한 내용을 다루고 있습니다. 전반적으로 객관적이며, 특히 시장 규모와 시장 구조에 대한 내용은 명확하게 제시되어 있습니다. 하지만 각각의 부분이 서로 유기적으로 연결되어 있지 않아서 문서의 전반적인 흐름을 이해하는 데에 어려움을 느낄 수 있습니다. 또한 마케팅적인 측면에서는 시장의 성장 가능성 등을 강조하는 내용이 부족한 것 같습니다. 이에 따라, 문서의 구조를 좀 더 명확하게 구성하고, 마케팅 측면에서의 시장 성장 가능성을 강조하는 내용을 추가하는 것이 좋을 것 같습니다.

앞의 분석 내용처럼 각 팀장의 출신과 역할에 따라 글의 구조나 문장에 대해 피드백하는 것을 확인할 수 있습니다. 참고로 챗GPT는 동일한 대화창에서 어떤 순서로 질문을 입력하느냐에 따라 답변이 달라집니다. 다음은 CEO라고 했을 때의 첫 번째 답변인데요. 질문 순서는 CEO〉영업〉기획〉마케팅 순이었습니다.

[첫 번째 답변]

위 내용에 대해 문장과 글의 구조에 대한 몇 가지 피드백을 드리겠습니다.

1. 문장의 명료성: 대체로 문장의 명료성이 높은 편입니다. 각 항목의 내용을 간결하게 요약하여 제시하고 있습니다.

2. 문장의 다양성: 그러나, 문장의 다양성이 부족한 느낌이 듭니다. 문장의 구성이 매우 단순하며, 비슷한 패턴의 문장이 반복적으로 사용되고 있습니다. 이를 피하기 위해, 다양한 문장 패턴을 사용하여 내용을 보다 풍부하고 흥미롭게 전달할 수 있도록 노력해야 합니다.

3. 글의 구조: 전반적으로 글의 구조는 명확합니다. 각 항목을 구분하여 나열하고 있으며, 각 항목의 내용도 간결하게 정리되어 있습니다. 그러나, 글의 구성이 너무 간단하다는 느낌을 받습니다. 이를 해결하기 위해서는, 각 항목의 내용을 좀 더 자세하게 분석하고, 이를 바탕으로 글의 구성을 보다 풍부하고 복잡하게 만들어야 합니다. 예를 들어, 시장 동향과 경쟁 구도에 대한 내용을 좀 더 자세히 분석하고, 이를 바탕으로 우리 기업이 어떤 전략을 수립해야 하는지에 대한 논의를 추가할 수 있을 것입니다.

4. 문장의 흐름: 문장의 흐름이 일관되지 않은 느낌이 듭니다. 각 항목을 제시할 때, 각 항목 간의 관계나 연결고리를 잘 나타내지 못하고 있습니다. 이를 개선하기 위해서는, 각 항목 간의 연결고리를 잘 파악하고, 이를 바탕으로 문장의 구성을 보다 자연스럽게 만들어야 합니다.

이후 다시 CEO와 관련해 동일한 질문을 했을 때는 답변 형태가 동일

챗GPT 업무 사용 매뉴얼

해진 걸 볼 수 있습니다.

[두 번째 답변]

이 문서는 Information Security(IS) 시장에 대한 개요와 시장 플레이어, 시장 구조에 대한 정보를 제공하고 있습니다. 문장 구조는 전반적으로 명료하게 작성되어 있으며, 각 항목별로 구분되어 있는 구조는 정보를 파악하는 데 도움이 됩니다. 다만, 개요 항목에서 '지속 성장이 예상됨'이라는 문구가 있으나, 해당 내용을 지원하는 구체적인 정보가 제공되지 않아 보완이 필요합니다. 또한, 시장 규모와 매출 규모의 차이를 보완하면 더욱 명확한 정보 전달이 가능할 것으로 판단됩니다.

챗GPT 답변에서 확인해야 할 사항

챗GPT가 제안한 상사의 성향에 따른 보고서 피드백은 회사 경력이 짧은 사람에게는 분명 도움이 됩니다. 출신(기획, 영업, 마케팅) 혹은 직급에 따라 상사가 어떤 것을 중점적으로 보는지가 달라지는데, 이를 경험하지 않고도 기본적인 사항은 파악할 수 있기 때문입니다.

출신에 따른 성향도 중요하지만 대인관계 측면의 성향도 피드백 시 고려 항목 중 하나입니다. 이렇게 적용해볼 수 있을 것 같습니다. **"다음 내용에 대해 팀원에게 피드백해줘야 하는데, 네가 말이 별로 없는 꼼꼼한 팀장이라고 생각하고 문장, 글의 구조 등에 대해 피드백해줘."**

해당 내용은 간결하게 요약되어 있으며, 정보보호 시장의 규모와 주요 시장 세그먼트, 그리고 시장 구조를 명확하게 설명하고 있습니다. 문장 구조도 명료하며 쉽게 이해할 수 있도록 구성되어 있습니다. 다만, 추가적으로 시장 동향이나 예측 등 더 구체적인 내용이 있다면 더욱 가치 있는 정보가 될 수 있을 것 같습니다.

앞선 피드백과 달리 말이 없다는 성향을 반영해 짧게 대답을 해주죠?

챗GPT 프롬프트 리스트

- 🗨 다음 내용에 대해 팀장이라고 생각하고 피드백해줘.
- 🗨 다음 내용에 대해 팀원에게 피드백해줘야 하는데, 네가 기획 출신 팀장이라고 생각하고 피드백해줘.
- 🗨 다음 내용에 대해 팀원에게 피드백해줘야 하는데, 네가 기획 출신 팀장이라고 생각하고 문장, 글의 구조 등에 대해 피드백해줘.

3. 프레젠테이션 슬라이드 구성 및 차트 제작

어떤 업무일까?

PPT 보고서를 작성하다 보면 데이터는 있지만 어떤 차트를 활용해야 할지 고민이 될 때가 있습니다. 더 적합한 차트가 있는지 찾아볼 필요도 있습니다. 이뿐인가요? 보고서의 스토리라인은 다 나왔는데, 이 메시지를 어떤 식으로 보고서에 표현(배치)해야 좋을지 고민할 때도 있습니다.

어떤 질문을 해야 할까?

챗GPT는 텍스트 기반이기 때문에 정말 챗GPT가 이런 내용까지도 답해줄지 궁금했습니다. 과연 챗GPT는 어떤 식으로 설명해줄까요? 일단 질문을 던져봤습니다.

"자사 서비스 이용자 수는 2015년 이후 계속 증가하고 있다'라는 거버닝 메시지에 적합한 PPT 한 장을 만들려고 하는데, 어떤 식으로 구성하면 좋을까?"

'자사 서비스 이용자 수가 2015년 이후 계속 증가하고 있다'는 거버닝 메시지에 적합한 PPT 한 장을 만들기 위해서는 다음과 같은 구성을 고려해 볼 수 있습니다.

1. 제목 슬라이드: "자사 서비스 이용자 수 증가 추이"

2. 서론: "자사 서비스의 인기와 함께 이용자 수가 2015년 이후 지속적으로 증가하고 있습니다. 이에 대한 추이를 살펴보겠습니다."

3. 이용자 수 증가 추이 그래프: 2015년부터 최근까지의 자사 서비스 이용자 수 증가 추이를 그래프로 시각화합니다.

4. 이용자 수 증가 원인 분석: 이용자 수 증가 원인을 분석합니다. 예를 들어, 새로운 기능 추가, 향상된 사용자 경험, 효과적인 마케팅 전략 등을 제시합니다.

5. 증가 추이의 의미: 이용자 수 증가 추이가 회사에 미치는 의미에 대해 분석합니다. 예를 들어, 신뢰성과 인기도 상승, 수익 증가 등을 제시합니다.

6. 마무리: "지금까지 살펴본 자료를 통해, 자사 서비스의 이용자 수가 2015년 이후 지속적으로 증가하고 있으며, 이는 우리 서비스의 인기와 신뢰성 증가에 대한 증거입니다. 앞으로도 지속적인 개선과 마케팅 노력을 통해 이용자 수 증가 추세를 유지할 수 있도록 노력하겠습니다."

이러한 구성으로 자사 서비스 이용자 수 증가 추이를 쉽게 이해할 수 있는 PPT 한 장을 만들 수 있을 것입니다.

차트를 작성해야 하는 내용이었는데 챗GPT는 제목, 서론, 본론, 마무리 형태로 PPT 한 장에 들어가야 할 내용을 마치 한 장 보고서처럼 제시해췄습니다. 사실 제가 원한 건 다음과 같은 구성이었는데요. 챗GPT가 똑똑해서 좋은 답변을 기대했는데, 거기까지는 욕심이었나 봅니다.

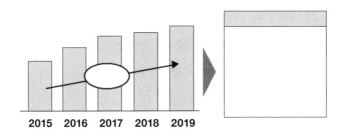

질문을 **"'자사 서비스 이용자 수는 2015년 이후 계속 증가하고 있다'라는 거버닝 메시지에 적합한 PPT 한 장을 만들려고 하는데, 텍스트보다 구조화된 메시지나 차트로 PPT를 구성하는 법을 알려줘"**로 바꿔 입력해봤는데, 앞의 답변과는 큰 차이가 없었습니다.

또 다른 메시지를 입력해봤습니다.

"'경쟁사들은 신규 서비스를 통해 시장에서 자사 대비 인지도를 높이고 있다'라는 헤드 메시지를 PPT 한 장으로 도형과 차트를 활용해서 만들려고 하는데, 도형과 차트 등의 위치를 어떻게 구성하면 좋을까?"

'경쟁사들이 신규 서비스를 통해 자사 대비 인지도를 높이고 있다'는 헤드
메시지를 PPT 한 장으로 도형과 차트를 활용해서 만들려면 다음과 같은
구성을 고려해볼 수 있습니다.
1. 제목 슬라이드: "경쟁사들의 신규 서비스와 자사 대비 인지도 비교"

2. 서론: "경쟁사들이 최근에 출시한 신규 서비스로 인해 자사 대비 인지도가 떨어지고 있습니다. 이에 대한 분석을 차트와 도형을 활용하여 살펴보겠습니다."

3. 인지도 비교 도표: 경쟁사들과 자사의 인지도를 비교한 도표를 제시합니다. 인지도 비교 도표에는 경쟁사들과 자사의 인지도 수치를 도형(원형, 막대 등)으로 시각화하여 제시합니다.

4. 경쟁사 신규 서비스 소개: 경쟁사들이 최근 출시한 신규 서비스를 소개합니다. 경쟁사들의 신규 서비스를 도형(그림, 아이콘 등)으로 시각화하며, 각 서비스의 주요 특징과 기능에 대해 간략하게 설명합니다.

5. 자사 서비스 비교 차트: 자사와 경쟁사들의 서비스를 비교한 차트를 제시합니다. 이를 통해 경쟁사들의 신규 서비스가 자사와 어떤 부분에서 차이가 있는지 분석합니다.

6. 경쟁사 신규 서비스와 자사 대비 분석: 경쟁사들이 출시한 신규 서비스와 자사의 서비스를 비교하여, 경쟁사들이 자사 대비 인지도를 높이는 데 어떤 요인들이 있는지 분석합니다. 이를 도형(그래프, 막대, 파이 차트 등)을 활용하여 제시합니다.

7. 마무리: "지금까지 살펴본 자료를 통해, 경쟁사들의 신규 서비스가 자사 대비 인지도를 높이는 데 큰 역할을 한다는 것을 확인할 수 있었습니다. 따라서, 앞으로도 경쟁사들의 움직임을 적극적으로 분석하고, 빠르게 대응하는 전략을 수립하여 시장에서 경쟁력을 유지해 나가겠습니다."

답변 결과는 별반 달라진 게 없네요. 챗GPT를 활용해 프레젠테이션

자료를 탁월하게 만들어내기는 어렵지만, 구성에 대한 아이디어는 충분히 얻을 수 있을 것 같습니다. 질문을 이어가볼까요?

"'자사의 M/S는 2015년 35%에서 2019년 15%로 급감하였다'라는 내용을 차트로 어떻게 표현할 수 있을까?"

> 자사의 M/S(Market Share)가 2015년 35%에서 2019년 15%로 급감하였다는 내용을 차트로 표현할 수 있는 방법 중 하나는 다음과 같습니다.
>
> 1. 선 그래프: 2015년부터 2019년까지의 자사 M/S를 선 그래프로 시각화합니다. x축에는 연도를, y축에는 M/S 비율을 나타냅니다. 이를 통해 연도별 자사 M/S의 변화 추이를 쉽게 확인할 수 있습니다.
>
> 2. 다중 바 그래프: 2015년과 2019년의 자사 M/S를 다중 바 그래프로 시각화합니다. x축에는 연도를, y축에는 M/S 비율을 나타냅니다. 이를 통해 두 해의 자사 M/S 차이를 한눈에 비교할 수 있습니다.
>
> 3. 원형 차트: 2015년과 2019년의 자사 M/S를 원형 차트로 시각화합니다. 차트를 두 개 만들어, 2015년과 2019년의 M/S 비율을 나타냅니다. 이를 통해 두 해의 자사 M/S 차이와 함께, 2019년 자사 M/S가 전체 시장에서 차지하는 비율도 함께 확인할 수 있습니다.
>
> 위와 같이 선 그래프, 다중 바 그래프, 원형 차트 등을 활용하여 자사 M/S의 변화를 차트로 시각화할 수 있습니다.

'차트'가 '구성'이라는 용어와 달리 의미가 명확해서인지 '선', '다중 바', '원형 차트' 등 관련 내용을 표현해줄 수 있는 차트를 제시해주네요.

챗GPT의 답변(3번 원형 차트)을 참고해 실제 보고서에서 다음과 같이
반영했습니다.

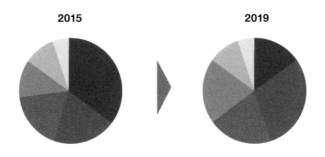

"고객 대상 서비스 핵심 요소 조사 결과가 특화 상품, 다양한 맞춤 기능, 실시
간 제품 업데이트, 가격순으로 나타났다'라는 메시지에 적합한 차트를 제시해줘."

'고객 대상 서비스 핵심 요소 조사 결과가 특화 상품, 다양한 맞춤 기능, 실
시간 제품 업데이트, 가격순으로 나타났다'는 메시지를 차트로 제시하려
면 다음과 같은 차트를 사용할 수 있습니다.

[차트 제목] 고객 대상 서비스 핵심 요소 조사 결과

[차트 설명] 특화 상품, 다양한 맞춤 기능, 실시간 제품 업데이트, 가격순
으로 나열한 막대그래프입니다. x축에는 각 핵심 요소가, y축에는 해당 핵
심 요소의 중요도를 나타내는 수치가 표시됩니다. 이 그래프를 통해, 고객
대상 서비스 핵심 요소 조사 결과를 직관적으로 파악할 수 있습니다.(중략)

차트 제목과 설명까지 해주네요. X축과 Y축이 무엇인지까지 제시해주

는 게 인상적입니다. 나중에 기능이 강화되어서 다른 확장 프로그램의 도움 없이 바로 이미지를 제시해준다면 더할 나위 없이 좋을 것 같습니다. 챗GPT의 답변과 마찬가지로 실제 PPT 장표 구성도 비슷합니다.

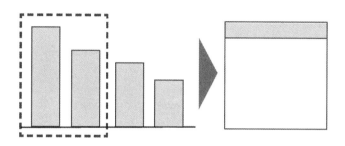

이번에는 경험이 없는 사람에게는 작성하기 쉽지 않은 미션을 줘봤습니다. **"개인의 역량 평가 결과와 실제 성과 간의 관계를 보여주려고 하는데 어떤 차트를 이용하면 좋을까?"**

개인의 역량 평가 결과와 실제 성과 간의 관계를 보여주기 위해서는 산점도(Scatter Plot)를 사용할 수 있습니다.

산점도는 두 변수 간의 관계를 시각적으로 표현할 수 있는 차트입니다. 한 변수를 x축에, 다른 변수를 y축에 배치하여 데이터를 점으로 나타내고, 이를 통해 두 변수 간의 관계를 살펴볼 수 있습니다.

따라서, 개인의 역량 평가 결과를 x축에, 실제 성과를 y축에 배치하여 점으로 표시하고, 각 점의 위치와 분포를 살펴봄으로써 개인의 역량 평가 결과와 실제 성과 간의 관계를 파악할 수 있습니다. 예를 들어, 역량 평가 결과가 높은데 성과가 낮은 경우가 있는지, 그리고 그 반대의 경우가 있는지 등을 파악할 수 있습니다.

또한, 산점도를 이용하면 개인의 역량 평가 결과와 실제 성과를 모두 비교할 수 있으므로, 이를 통해 개인의 역량 개발에 필요한 개선 방향을 찾을 수도 있습니다.

아래는 개인의 역량 평가 결과와 실제 성과 간의 관계를 보여주기 위해 사용할 수 있는 산점도의 예시입니다.

[차트 제목] 개인 역량 평가 결과와 실제 성과 간의 관계

[차트 설명] 역량 평가 결과를 x축에, 실제 성과를 y축에 배치한 산점도입니다. 각 점은 개인별로 나타내며, 점의 위치와 분포를 통해 개인의 역량 평가 결과와 실제 성과 간의 관계를 파악할 수 있습니다.

(중략)

'산점도'를 사용하면 되지 않을까 생각했는데, 챗GPT가 제가 원하는 답변을 바로 해줬습니다.

다른 메시지를 가지고도 해봤습니다.

"신규 부상 고객 중 중장년층 여성은 구매력을 보유하고 있을 뿐만 아니라 아웃도어 활동이 지속적으로 증가하고 있는 상황임'이라는 메시지를 PPT 장표로 **도식화해서 보여주려고 하는데, 어떻게 구성하면 좋을까?"** 2개의 메시지에 대해 각각 다른 차트를 제시해주네요.

신규 부상 고객 중, 중장년층 여성이 구매력을 보유하고 아웃도어 활동이

지속적으로 증가하고 있는 상황을 PPT 장표로 도식화하기 위해서는 다음과 같은 차트가 적합합니다.

1. 수평 막대그래프(chart)

이 차트를 사용하면 구매력과 아웃도어 활동 증가 상황을 간단하게 표현할 수 있습니다. 수평축에는 구매력이나 구매 유형(예: 고가 상품 구매 여부), 수직축에는 해당 구매력이나 유형에 해당하는 신규 부상 고객 수를 표시합니다. 각 막대는 성별, 연령, 아웃도어 활동 유형 등 다양한 기준에 따라 색으로 구분하여 표시할 수 있습니다. 이 차트는 쉽게 이해할 수 있으며, 간단하고 직관적인 분석을 가능하게 합니다.

1. 파이 차트(chart)

이 차트를 사용하면 중장년층 여성의 구매력 비중을 시각적으로 표현할 수 있습니다. 차트 안에 각 부분의 비율을 숫자로 나타낼 수 있으며, 각 부분을 클릭하면 해당 부분의 세부 정보를 볼 수 있습니다. 하지만 파이 차트는 너무 많은 부분이 있거나, 각 부분의 크기가 비슷할 때는 이해하기 어려울 수 있습니다.

위 두 차트 중 상황에 맞는 적절한 차트를 선택하여, 구매력과 아웃도어 활동 증가 상황을 효과적으로 보여줄 수 있을 것입니다.

텍스트를 구조화하는 방법은 어떻게 물어봐야 답변해줄까요? 일단 차트와 연관된 내용을 제외하고 물어봤습니다.

"현재 자사는 기존 아웃도어 시장의 고객에만 집중해 신규 부상 고객을 대상으로 하는 제품을 보유하고 있지 않음'이라는 메시지를 PPT 보고서로 도형을 활

용해 논리적 관계를 보여주려고 하는데 어떻게 하면 좋을까?"

이 경우, 자사가 기존 아웃도어 시장의 고객에만 집중해왔다는 내용을 도형으로 나타내고, 그 결과로 신규 부상 고객을 대상으로 하는 제품을 보유하지 않았다는 것을 함께 나타내는 것이 좋습니다. 이를 위해, 다음과 같은 도형을 활용할 수 있습니다.

1. 먼저, 중심에 "자사"라는 텍스트나 로고를 위치시키고, 기존 아웃도어 시장의 고객에만 집중했다는 내용을 도형으로 표현합니다. 예를 들어, "원형"의 도형을 사용하고, 그 중심에 "자사"를 위치시키고, 외부에는 "고객"이라는 텍스트와 함께 "남성", "중년층" 등 기존 아웃도어 시장의 대표적인 고객층을 표시합니다.

2. 그다음으로, 이 도형 옆에 신규 부상 고객층을 나타내는 도형을 추가합니다. 예를 들어, "네모"의 도형을 사용하고, 그 중심에 "중장년층 여성" 등 신규 부상 고객층을 표시합니다.

3. 이 두 개의 도형 사이에, 둘 사이의 관계를 보여주는 화살표나 선을 추가합니다. 이 선 위에 "보유 제품 없음" 등 자사가 신규 부상 고객을 대상으로 하는 제품을 보유하지 않았다는 내용을 표시합니다.

이렇게 함께 표현된 도형과 텍스트를 통해, 자사가 기존 아웃도어 시장의 고객에만 집중해왔으며, 이로 인해 신규 부상 고객층을 대상으로 하는 제품을 보유하지 않았다는 논리적 관계를 시각적으로 보여줄 수 있습니다.

이 질문의 핵심은 '도형', '논리적 관계'입니다. 제가 원하는 PPT 장표

구성에 대한 내용이 나왔네요. 정말 간단히 표현할 수 있는 PPT 장표 구성에는 활용할 수 있을 것 같습니다.

"'아웃도어 고객 또한 기존 중장년층 남성에서 벗어나 중장년층 여성, 심지어 청소년층 등으로 확대되고 있음'이라는 메시지를 PPT 보고서로 도형을 활용해 논리적 관계를 보여주려고 하는데 어떻게 하면 좋을까?"

아웃도어 고객층이 다양화되고 있는 것을 도형으로 표현하는 방법 중 하나는 트리 맵(트리 형태의 맵)을 활용하는 것입니다. 트리 맵은 계층적인 데이터를 시각적으로 표현할 수 있는 차트로, 각 계층마다 사각형 형태의 노드를 사용하여 표현합니다.

아웃도어 고객의 경우, 대분류(성별), 중분류(연령), 소분류(취미, 취향 등)로 나눌 수 있습니다. 이를 트리 맵에 적용하면 대분류에 해당하는 루트 노드부터 시작하여 하위 노드들이 중분류, 소분류를 나타내도록 구성할 수 있습니다. 각 노드의 크기는 해당 계층에서의 비중을 나타내도록 설정하면 됩니다.

이를 통해 아웃도어 고객층이 다양화되는 추세를 논리적으로 보여줄 수 있습니다. 또한, 각 계층별로 색상을 다르게 하여 시각적인 효과를 더할 수도 있습니다.

트리 구조를 활용해서 고객을 분류해 PPT 장표를 구성하는 법을 알려주네요. 마지막 질문으로 넘어가 볼게요.

"해당 상품의 주 타깃은 20~30대 여성이며, 고가 전략을 통해 제품의 프리미엄 이미지를 고수하는 것이 필요할 것으로 보입니다'라는 메시지를 PPT 보고서로 도형을 활용해 논리적 관계를 보여주려고 하는데, 어떻게 하면 좋을까?"

해당 메시지를 PPT 보고서로 도형을 활용해 논리적 관계를 보여주기 위해 다음과 같은 방법을 사용할 수 있습니다.

1. 주 타깃층인 20~30대 여성을 도형으로 나타내기: 원형 또는 사람 모양의 도형 등을 사용해서 주 타깃층을 시각적으로 나타냅니다.

2. 고가 전략과 프리미엄 이미지를 도형으로 나타내기: 동전, 다이아몬드 등 고가와 프리미엄 이미지를 상징하는 도형을 사용합니다.

3. 관련 키워드와 함께 도형을 배치하기: "주 타깃층", "고가 전략", "프리미엄 이미지" 등의 키워드와 함께 도형을 배치하여 더욱 강조할 수 있습니다.

4. 연결선으로 논리적 관계 표현하기: 주 타깃층과 고가 전략, 프리미엄 이미지 간의 논리적 관계를 선으로 연결하여 시각적으로 표현합니다.

예를 들어, 원형으로 주 타깃층인 20~30대 여성을 나타내고, 동전 도형으로 고가 전략과 프리미엄 이미지를 표현하고, "주 타깃층", "고가 전략", "프리미엄 이미지" 등의 키워드와 함께 도형을 배치하며, 연결선으로 이들 간의 논리적 관계를 표현할 수 있습니다.

역시나 앞선 질문에 대한 답변과 마찬가지로 '논리적 관계'에 초점을 두었더니 대상을 제시한 후 선으로 관계를 표시해야 한다고 답변합니다.

챗GPT 답변에서 확인해야 할 사항

데이터를 어떤 식으로 차트화해야 할지 모를 때는 챗GPT가 유용합니다. 그런데 차트가 없는 PPT 장표의 논리적 관계를 보여주기 위한 '구조화', '도식화'에 관심이 있다면 이 부분은 아직 한계가 있습니다. 물론 정말 간단한 PT를 위한 내용이라면 아이디어를 얻을 수도 있습니다. 어떤 때는 네모, 동그라미를 활용한 관계를 보여주라고 하거나 트리 구조를 활용해서 접근하면 되는지도 알려주니 고민의 시간도 줄일 수 있답니다.

챗GPT 프롬프트 리스트

- 📧 '자사 서비스 이용자 수는 2015년 이후 계속 증가하고 있다'라는 거버닝 메시지에 적합한 PPT 한 장을 만들려고 하는데, 어떤 식으로 구성하면 좋을까?
- 📧 '자사 서비스 이용자 수는 2015년 이후 계속 증가하고 있다'라는 거버닝 메시지에 적합한 PPT 한 장을 만들려고 하는데, 텍스트보다 구조화된 메시지나 차트로 PPT를 구성하는 법을 알려줘.
- 📧 '경쟁사들은 신규 서비스를 통해 시장에서 자사 대비 인지도를 높이고 있다'라는 헤드 메시지를 PPT 한 장으로 도형과 차트를 활용해서 만들려고 하는데, 도형과 차트 등의 위치를 어떻게 구성하면 좋을까?
- 📧 '자사의 M/S는 2015년 35%에서 2019년 15%로 급감하였다'라는 내용을 차트로 어떻게 표현할 수 있을까?
- 📧 '고객 대상 서비스 핵심 요소 조사 결과가 특화 상품, 다양한 맞춤 기능,

실시간 제품 업데이트, 가격순으로 나타났다'라는 메시지에 적합한 차트를 제시해줘.

💬 개인의 역량 평가 결과와 실제 성과 간의 관계를 보여주려고 하는데 어떤 차트를 이용하면 좋을까?

💬 '신규 부상 고객 중, 중장년층 여성은 구매력을 보유하고 있을 뿐만 아니라 아웃도어 활동이 지속적으로 증가하고 있는 상황임'이라는 메시지를 PPT 장표로 도식화해서 보여주려고 하는데, 어떻게 구성하면 좋을까?

💬 '현재 자사는 기존 아웃도어 시장의 고객에만 집중해 신규 부상 고객을 대상으로 하는 제품을 보유하고 있지 않음'이라는 메시지를 PPT 보고서로 도형을 활용해 논리적 관계를 보여주려고 하는데 어떻게 하면 좋을까?

💬 '아웃도어 고객 또한 기존 중장년층 남성에서 벗어나 중장년층 여성, 심지어 청소년층 등으로 확대되고 있음'이라는 메시지를 PPT 보고서로 도형을 활용해 논리적 관계를 보여주려고 하는데 어떻게 하면 좋을까?

💬 '해당 상품의 주 타깃은 20~30대 여성이며, 고가 전략을 통해 제품의 프리미엄 이미지를 고수하는 것이 필요할 것으로 보입니다'라는 메시지를 PPT 보고서로 도형을 활용해 논리적 관계를 보여주려고 하는데 어떻게 하면 좋을까?

4. 제안서 작성

어떤 업무일까?

제안은 회사원의 숙명입니다. 팀장에게 아이디어를 제안하든 회사 밖 기관이나 기업 대상으로 제안하든, '제안'이라는 업무는 어디서 무슨 일을 하든 함께하기 때문입니다. 이런 제안이 힘든 건 그때그때 상황에 따라 다른 메시지를 던져야 하기 때문입니다.

어떤 질문을 해야 할까?

만약 여러분이 어떤 기업이나 기관에게 제안을 해야 한다면 이런 질문부터 시작해보세요.

"타 기관이나 기업에게 우리 회사의 제품이나 서비스를 제안하기 위한 일반적인 목차를 알려줘."

타 기관이나 기업에게 우리 회사의 제품이나 서비스를 제안하기 위한 일반적인 목차는 다음과 같습니다:

1. 소개 및 배경 설명

- 우리 회사의 소개와 제안 배경, 해당 제품 또는 서비스가 필요한 이유 등을 설명합니다.

2. 문제점 분석

- 해당 기관 또는 기업에서 겪고 있는 문제점을 분석하고, 해당 제품 또는 서비스가 이를 해결할 수 있는 방안을 제시합니다.

3. 제안 내용 및 이점

- 우리 회사의 제품 또는 서비스의 내용과 이점을 구체적으로 설명합니다. 이때, 해당 기관 또는 기업의 니즈에 맞게 제안 내용을 세부화하고, 우리 제품 또는 서비스가 제공할 수 있는 혜택을 강조합니다.

4. 기대효과 및 성과 예측

- 제안한 제품 또는 서비스가 기대할 수 있는 효과 및 성과를 예측하여 설명합니다. 이때, 예측한 결과가 실제로 달성될 가능성을 고려하여 구체적이고 현실적인 예측을 제시합니다.

5. 구현 계획 및 일정

- 제안한 제품 또는 서비스를 구현하기 위한 계획과 일정을 제시합니다. 이때, 구체적인 구현 과정과 필요한 자원, 인력 등을 고려하여 구현 가능한 일정과 계획을 제시합니다.

6. 비용 산정

- 제안한 제품 또는 서비스를 구현하는 데 필요한 비용을 산정하여 제시

합니다. 이때, 구현 계획과 일정을 고려하여 현실적인 비용을 제시하며, 구현 이후 발생할 수 있는 추가 비용 등을 미리 고려하여 예산을 계획합니다.

7. 결론 및 제안

- 최종적으로, 우리 회사의 제품 또는 서비스가 해당 기관 또는 기업의 문제점 해결과 성과 향상에 기여할 수 있음을 강조하며, 제안 내용을 정리하여 결론을 제시합니다.

소개 및 배경 설명부터 시작해 결론, 제안까지 목차를 제시해주네요. 보통 제안에서 회사명을 언급한 후 대상 기업의 현황과 문제점, 이슈에 대한 접근 방법, 세부 일정 및 비용 등을 제시하는데, 챗GPT도 크게 차이가 있어 보이지는 않습니다. 만약 제안서를 처음 써보는 사람이라면 챗GPT가 제공하는 일반적인 제안서 목차가 도움이 될 수 있습니다.

실제 내가 특정 기업과 기관을 대상으로 제안을 한다면 어떤 결과가 나올까요? '공공기관 대상 미래 비전 및 전략 수립'이라는 주제로 제안서 목차를 쓴다고 가정하고 챗GPT에게 답을 구해봤습니다. 공공기관 제안서의 경우 목차가 이미 제시되어 있기 때문에 그 목차를 따라 쓰면 되지만, 챗GPT는 어떤 식으로 제시하는지 궁금하네요.

"**공사의 미래 전략과 비전 수립에 대한 제안서를 작성하려고 하는데 기본적인 목차를 알려줘."

**의 미래 전략과 비전 수립을 위한 제안서를 작성하실 계획이라면, 다음

과 같은 기본적인 목차를 고려해보실 수 있습니다:

1. 서론

- 연구의 필요성과 목적 설명
- 대상 조직에 대한 소개

2. 현황 분석

- ○○항에 대한 개괄적인 분석
- 기업 내부요인 분석(SWOT 분석 등)
- 외부 환경요인 분석(PESTEL 분석 등)

3. 미래 전략 수립

- 미래 전략의 개념과 필요성 설명
- 미래 전략 수립을 위한 프로세스 및 방법론 소개
- 수립된 미래 전략의 내용 설명

4. 비전 수립

- 비전의 개념과 필요성 설명
- 비전 수립을 위한 프로세스 및 방법론 소개
- 수립된 비전의 내용 설명

5. 전략 실행 계획

- 전략 실행을 위한 조직문화 개선 방안
- 전략 실행을 위한 리더십 개선 방안
- 전략 실행을 위한 시스템 및 프로세스 개선 방안

6. 결론

- 연구 결과 요약

- 제안서 작성의 한계와 한계 극복 방안
- 연구 결과에 대한 향후 연구 방향 제시

이처럼 서론, 본론, 결론의 구조를 가진 목차를 제시합니다. 마치 논문 같은 목차죠? 재미있는 점은 내부요인, 환경요인과 관련해 어떤 분석이 가능한지도 같이 제시(SWOT, PESTEL)했다는 것입니다. 실제 제안서를 작성한다면 서론과 결론 부분은 제목을 수정해야 하겠습니다.

그러고 보니 회사 소개 내용이 없네요. **"우리 회사에 대한 소개와 제안의 특장점을 포함해서 목차를 다시 알려줘."**

회사 소개와 제안서의 특장점을 포함한 목차는 다음과 같이 구성될 수 있습니다:

1. 서론

- 연구의 필요성과 목적 설명
- 대상 조직에 대한 소개

2. 회사 소개

- 회사의 역사와 발전 과정 소개
- 주요 제품과 서비스 소개
- 조직 구성 및 인력 현황 소개
- 기업 문화 및 가치관 소개

3. 시장분석

- 시장 규모와 경쟁 구도 분석

- 시장 성장 전망과 전략적 이슈 분석

4. 제안 내용

- 제안서의 목적과 내용 소개

- 제안서의 특장점과 차별화 전략 소개

- 고객 요구사항 충족을 위한 제안 내용 소개

- 제안 가치 및 장점 설명

5. 제안 실행 계획

- 제안 실행을 위한 조직 구성 및 역할 분담

- 제안 실행을 위한 일정 및 예산 계획

- 제안 결과 측정 및 평가 방법 설명

6. 결론

- 연구 결과 요약

- 제안서 작성의 한계와 한계 극복 방안

- 연구 결과에 대한 향후 연구 방향 제시

회사 소개 내용을 넣어서 목차를 구성해주는데, 앞서 제시한 목차와는 조금 다른 결과가 나왔습니다. 연속해서 질문을 했는데도 말이죠. 이는 챗 GPT의 특징 혹은 장점이라고 볼 수도 있습니다. 물론, **"서론과 결론은 빼고 목차를 다시 알려줘"**라고 물어볼 수도 있습니다. 그러면 서론과 결론은 빼고 목차를 알려주는데, 세부 목차는 조금 다른 결과가 나온다는 점을 참고하면 좋을 것 같습니다.

실제 제안서를 작성하고자 할 때 해당 기관에 대한 이해가 부족해 어떤 내용을 써야 할지 모른다면 어떻게 해야 할까요? **"**공사는 공공기관인데, 2040 미래 전략으로 어떤 내용을 제시하면 좋을까?"**

**공사가 2040 미래 전략을 수립하는 경우, 다음과 같은 내용들을 고려해 볼 수 있습니다:

1. 환경 대응 전략

- 기후 변화와 같은 환경적 위협에 대응하는 전략 수립
- 친환경적인 에너지 및 운영 방식 도입

2. 디지털 전환 전략

- 데이터 기반의 스마트 항만 시스템 구축
- 빅데이터, 인공지능 등의 기술 도입

3. 글로벌 경쟁력 강화 전략

- 해운 노선 확대 및 신규 항로 개발
- 물류 인프라 강화 및 지원 정책 추진

4. 지속 가능성 확보 전략

- 사회적 책임성과 지속 가능한 성장을 균형 있게 추진하는 전략 수립
- 경영 강화 및 투자 확대를 통한 장기적인 지속 가능성 보장

5. 혁신 추진 전략

- 기존 업무 프로세스의 개선 및 새로운 서비스 모델 도입
- 신규 사업 영역 개발 및 창업 지원

6. 인재 관리 전략

- 인재 육성 및 훈련을 통한 경쟁력 강화

- 다양성과 인력 유지 및 확보를 위한 제도 개선 및 추진

7. 협력과 파트너십 강화 전략

- 관련 산업체와의 파트너십 강화 및 협력 네트워크 구축

- 국내외 항만 및 물류 산업과의 협력 및 연계 확대

8. 위기 대응 전략

- 위기 상황 대응을 위한 예비 계획 수립 및 대응 체계 강화

- 리스크 관리 체계를 강화하여 예방적으로 대응하기 위한 전략 수립

위와 같은 내용을 포함하여, **공사가 2040 미래 전략을 수립할 때는 지속 가능한 성장을 추구하고 경쟁력 강화를 위한 혁신과 효율적인 인력 관리 등을 고려한 전략 수립이 필요합니다.

목차 작성은 구글링을 통해 금방 해낼 수 있어 챗GPT의 강점이 두드러지지 않습니다. 이런 질문은 내가 정말 모르는 산업의 제안 방향을 잡는데 유용합니다. 챗GPT의 답변을 보면 환경 대응, 디지털 전환, 글로벌 경쟁력 강화 전략 등을 제시해주는데, 실제 해당 공공기관의 비전 및 목표와 유사한 내용들을 담고 있습니다.

기관의 핵심 이슈를 찾기 위해서는 여러 자료를 봐야 하는데, 챗GPT가 제안한 내용만 봐도 핵심 단어 중심으로 자료를 찾고 분석해볼 수 있기때문에 챗GPT의 제안 내용은 확실히 도움이 됩니다. 스마트 항만이라는키워드만 봐도 국내 항만 산업의 핵심입니다.

이런 식으로 질문을 해봐도 원하는 결과를 얻을 수 있습니다.

"**공사 제안에 핵심 제안으로는 어떤 내용이 좋을까?"

**공사 제안서에 포함될 핵심 제안으로는 다음과 같은 내용이 포함될 수 있습니다:

1. 환경 대응 전략 강화

- 친환경적인 운영 방식 및 에너지 도입
- 기후 변화 등 환경적 위협 대응

2. 디지털 전환 및 스마트 항만 시스템 구축

- 빅데이터, IoT, AI 등의 기술 도입
- 항만 물류 체계 개선 및 효율화

3. 글로벌 경쟁력 강화를 위한 전략 수립

- 새로운 노선 개발 및 신규 항로 확보
- 국내외 물류 산업과의 협력 강화

4. 인력 관리 및 창의적인 조직문화 개선

- 인재 육성 및 훈련 제도 개선
- 창의적인 조직문화 구축 및 유지

5. 위기 대응을 위한 예방적인 대응 체계 구축

- 위기 상황에 대비한 예비 계획 수립 및 대응 체계 강화
- 경영 위험 관리 체계 강화

6. 미래 지향적인 혁신 추진

- 새로운 비즈니스 모델 도입 및 혁신적인 사업 영역 개발
- 창업 지원 및 벤처기업과의 연계 강화

위와 같은 내용들이 **공사 제안서에서 핵심 제안으로 포함될 수 있으며, 이를 바탕으로 세부 전략 및 실행 계획을 구체적으로 제시하여 효과적인

제안서를 작성할 수 있을 것입니다.

앞선 질문에 대한 답변과 유사하지만 한 단계 더 낮은 구체적인 내용을 제시해줍니다. 여기서 어떤 질문을 더 해야 제안서를 조금 더 효과적으로 쓸 수 있을까요? 바로 핵심 이슈가 될 만한 단어를 찾아 그 내용에 대해 다시 물어보면 됩니다. 제시된 답변을 보면 조직문화, 위기 대응 등은 너무 뻔한 이야기처럼 보이죠? 그래서 스마트 항만이란 단어를 넣어 질문을 해봤습니다. **"스마트 항만 관련해서 구체적인 제안 내용을 제시해줘."**

**공사가 스마트 항만으로 발전하기 위해 고려해볼 수 있는 구체적인 제안 내용은 다음과 같습니다:

1. IoT 및 빅데이터 기술 적용
- 센서와 빅데이터 기술을 이용한 항만 내 물동량, 스케줄, 배의 위치 등의 정보를 수집 및 분석하여 운영 효율을 높일 수 있습니다.
- 예를 들어, 스마트 터미널과 연계하여 운송 시스템을 자동화하고 물류 프로세스를 최적화할 수 있습니다.

2. 5G 기술 적용
- 5G 기술을 이용하여 무선 네트워크를 강화하고, 초고속 대용량 데이터 전송 및 원격 제어를 가능하게 할 수 있습니다.
- 이를 활용하여 항만 내에서의 무선 제어 시스템 구축 및 인공지능 기술을 접목한 자율주행 차량과 무인 항공기를 이용한 물류 수송 등이 가능해질 것입니다.

3. 스마트 보안 시스템 구축

- CCTV와 IoT 센서, 인공지능 등의 기술을 활용한 스마트 보안 시스템을 구축하여 항만 내의 안전을 보장할 수 있습니다.
- 스마트 보안 시스템은 사전 감지 및 조치 기능이 있어 사고 예방 및 대응을 보다 효과적으로 할 수 있습니다.

4. 인공지능 기술 적용

- 인공지능 기술을 활용한 물류 시스템 개발 및 운영
- 인공지능 기술을 이용하여 항만 내에서의 교통 체계 및 재고 관리 체계 개선 등의 기능을 구현할 수 있습니다.

5. 스마트 화물 관리 시스템 구축

- 스마트 화물 관리 시스템을 구축하여 물류 공급망의 상태와 관리를 모니터링할 수 있습니다.
- 물류 파트너들 간의 공동 작업을 위한 원격 작업 환경을 제공함으로써 물류 공급망의 효율성을 높일 수 있습니다.

위와 같은 제안 내용을 바탕으로 **는 스마트 항만의 기능을 제공하는 전문적인 항만으로 발전할 수 있을 것입니다.

'IoT 및 빅데이터 기술 적용', '5G 기술 적용', '스마트 보안 시스템 구축', '인공지능 기술 적용', '스마트 화물 관리 시스템 구축' 등을 제시하고 있는데, 실제 국내 스마트 항만 산업 육성에 있어 해당 내용들은 핵심적인 사항입니다. 실제로 정부에서는 관련 프로젝트를 추진하고 있죠.

제안서를 작성할 때 챗GPT는 많은 도움이 되네요. 재미로 **"우리 회사는 해운항만 관련 실적이 없는데, 어떤 점을 강조해야 수주할 수 있을까?"**라고 한 번 물어봤습니다. 뻔한 답이 나올 것 같았는데 기술력과 경험, 차별화된 서비스 제공, 적극적인 제휴 체결, 안정적인 자금 구축, 기존 산업과의 유사성 측면에서 제법 괜찮은 대답을 해줬습니다. 또 **"제안에 있어 가격이 핵심이면, 무조건 저가로 제안하면 좋을까?"**라고 물어보기도 했는데, 답변의 일부는 다음과 같습니다.

제안에 있어 가격이 핵심이라면, 무조건 저가로 제안하는 것은 좋은 전략이 아닙니다. 저가로 제안하면, 이익률이 낮아질 수 있으며, 제품 또는 서비스의 품질에 대한 의심을 불러일으킬 수 있습니다. 따라서, 가격이 핵심인 제안에서도 다음과 같은 전략을 고려해야 합니다.

다른 주제와 관련해서도 챗GPT가 어떤 대답을 해줄 수 있는지 확인을 해봤습니다.

"중소 피부미용 의료기기 업체 대상 인사 제도 개선 제안서를 작성하려고 하는데, 목차를 알려줘."

중소 피부미용 의료기기 업체 대상 인사 제도 개선 제안서의 목차는 다음과 같이 구성될 수 있습니다:

1. 서론

• 개선 제안서의 목적과 중요성을 소개합니다.

2. 문제점 파악

- 기존 인사 제도의 문제점을 파악합니다. 예를 들어, 인력 확보의 어려움, 인사 제도의 불투명성, 직원들의 불만 등을 분석합니다.

3. 개선 방안 제시

- 문제점을 해결하기 위한 개선 방안을 제시합니다. 예를 들어, 채용 절차의 간소화, 급여 및 복리후생 제도의 개선, 직원들의 교육 및 개발 등을 제안합니다.

4. 구체적인 계획 및 실행 전략

- 개선 방안의 구체적인 계획과 실행 전략을 제시합니다. 예를 들어, 채용 절차 간소화를 위한 채용 프로세스 개선, 급여 및 복리후생 제도 개선을 위한 예산 편성 및 비용 분석, 직원들의 교육 및 개발을 위한 역량 강화 프로그램 등을 제시합니다.

5. 예상 효과

- 개선 방안을 시행함으로써 예상되는 효과를 분석합니다. 예를 들어, 인력 확보의 용이성, 인사 제도의 투명성 개선, 직원들의 만족도 상승 등을 예상합니다.

6. 결론

- 개선 제안서의 요약과 전체적인 내용을 재확인합니다. 또한, 개선 제안서의 시행 가능성과 유용성을 강조합니다.

7. 참고문헌

- 개선 제안서 작성에 참고한 문헌들을 목록으로 작성합니다.

앞선 질문의 답변과 큰 차이는 없었는데, 대신 인사 제도와 관련된 세부 내용을 알려줍니다. 여전히 서론, 결론, 참고문헌까지 논문의 틀을 벗어나지는 못합니다. 이 정도로는 제안이 힘들어 구체적인 이슈를 설정해서 해결 방안을 물어봤습니다. 중소 업체의 핵심 이슈 중 하나가 인재 관리인데, 이와 관련해 챗GPT에게 질문을 던졌습니다.

"핵심인재의 이탈 방지를 위해 어떤 제안을 하면 좋을까?"

핵심인재의 이탈을 방지하기 위한 제안으로는 다음과 같은 것들이 있을 수 있습니다:

1. 직원들의 경력 개발 및 교육 기회 제공

- 직원들이 경력 개발을 위해 다양한 교육 과정을 수강할 수 있도록 기회를 제공하여 직원들의 역량을 높이고, 직원들이 더욱 자신감을 갖고 일할 수 있도록 지원해야 합니다.

2. 공정한 급여 및 복리후생 제도 유지 및 개선

- 공정하고 적정한 급여 및 복리후생 제도를 유지하고, 이를 개선하여 직원들이 회사에서의 근무에 만족할 수 있도록 합니다.

3. 직원들의 참여와 소통 증진

- 회사 내부의 의견 수렴 시스템을 구축하고, 직원들의 참여와 소통을 적극적으로 활성화하여 직원들이 불만이나 개선할 부분에 대해 의견을 제시하고, 직원들의 의견이 반영되도록 합니다.

4. 경영진의 리더십 개선

- 경영진의 리더십 개선을 통해, 직원들이 회사에서의 경영 전략과 목표

를 이해하고 공감할 수 있도록 합니다. 이를 통해, 직원들은 회사와 함께 일할 의지와 열정을 가지게 되며, 핵심인재들의 이탈을 방지할 수 있습니다.

5. 직원들의 성장과 승진 기회 제공

- 직원들에게 성장과 승진 기회를 제공하여 직원들이 자신의 능력을 최대한 발휘할 수 있도록 돕습니다. 이를 통해, 직원들은 회사에서의 경력과 성장을 느끼게 되어 핵심인재들의 이탈을 방지할 수 있습니다.

직원들의 경력 개발 및 교육 기회 제공, 공정한 급여 및 복리후생 제도 유지 및 개선 등의 일반적인 인재 관리 방법을 제시하네요. 일반적인 내용이지만, 이 분야의 전문가가 아니라면 이 내용도 많은 도움이 됩니다.

챗GPT를 통해 제안서 작성에 더 큰 도움을 받고 싶다면 **"영업사원의 생산성 제고를 위한 급여 제도는 어떻게 제안하면 좋을까?", "중소 업체에 적합한 성과급 제공 방안을 말해줘", "역량과 성과 중심의 인사평가 도입을 위한 제안 내용을 정리해줘"** 같은 질문처럼 이슈를 구체적으로 제시해보세요. 원하는 결과에 조금 더 가까이 갈 수 있습니다.

챗GPT 답변에서 확인해야 할 사항

챗GPT의 답변은 어떤 관점에서 어떤 내용에 관해 질문을 하는지에 따라 달라집니다. 구체적일수록 질문자가 원하는 답에 가까워집니다. 그리고 동일한 질문이라도 직전에 어떤 질문을 했는지에 따라 대답이 달라질 수 있습니다. 한 번 한 질문이라도 나중에 다시 해보면 다른 결과를 얻게 되는 거죠. **"**공사는 해운항만 공공기관이고 이번에 2040 미래 전략 제안서를 쓰려고 하는데 어떤 내용을 써야 할까?"**라고 회사에서 물어봤는데, 집에서 했던 질문과 거의 유사한 내용임에도 다음과 같은 답을 제시해줬습니다.

1. 글로벌 항만 경쟁력 강화: 항만의 기술력과 인프라 구축을 강화하고, 해운 대항해 및 클러스터 구축을 통해 글로벌 항만 경쟁력을 강화하는 방안을 제시할 수 있습니다.

2. 지속 가능한 항만 건설 및 운영: **공사는 항만 건설 및 운영에서 환경적, 사회적 책임을 다하고 있습니다. 이러한 가치를 지속 가능한 항만 건설 및 운영 방안을 통해 보다 더 나은 항만 생태계를 조성할 수 있습니다.

3. 디지털 항만 구축: 4차 산업혁명과 디지털 기술의 발전으로 항만 산업역시 변화하고 있습니다. **공사는 디지털 항만 구축에 주력해 정보화및 자동화 기술을 적용하여 효율적이고 안전한 항만 운영 체제를 구축하는 방안을 제시할 수 있습니다.

4. 인재 양성: 인재 양성은 항만 산업의 성장을 위해 매우 중요합니다. 따라서 **공사는 산업과 학계, 지자체와 함께 교육 및 인재 양성 사업을 진행하여 인력의 질적 및 양적 개선을 추진할 수 있습니다.

5. 지역사회와 협력: **공사는 지역사회와 함께 상생을 추구합니다. 이에 따라, 항만 산업과 지역사회 간의 연계와 협력을 강화하는 방안을 제시

하면서, 지역사회 발전에 기여하는 방안을 모색할 수 있습니다.

회사에서 검색과 업무를 해서 관련 데이터의 학습이 이루어졌는지는 모르겠지만 제안의 핵심 이슈가 실제로 제가 제안한 사항과 거의 유사합니다. 글로벌 항만 경쟁력 강화부터 지역사회와 협력까지 4가지의 제안 내용이 실제 제안서 이슈와 큰 차이가 없네요. 그게 우연이든 아니든, 챗GPT에게 계속해서 유사한 질문을 던지면 또 다른 답을 얻을 수 있으니 일정 시간을 두고 질문해보세요.

챗GPT 프롬프트 리스트

- 💬 타 기관이나 기업에게 우리 회사의 제품이나 서비스를 제안하기 위한 일반적인 목차를 알려줘.
- 💬 **공사의 미래 전략과 비전 수립에 대한 제안서를 작성하려고 하는데 기본적인 목차를 알려줘.
- 💬 우리 회사에 대한 소개와 제안의 특장점 목차를 포함해서 목차를 다시 알려줘.
- 💬 서론과 결론은 빼고 목차를 다시 알려줘.
- 💬 **공사는 공공기관인데, 2040 미래 전략에 어떤 내용을 제시하면 좋을까?
- 💬 **공사 제안의 핵심 제안으로는 어떤 내용이 좋을까?
- 💬 스마트 항만 관련해서 구체적인 제안 내용을 제시해줘.

💬 우리 회사는 해운항만 관련 실적이 없는데, 어떤 점을 강조해야 수주할 수 있을까?

💬 제안에 있어 가격이 핵심이면, 무조건 저가로 제안하면 좋을까?

💬 중소 피부미용 의료기기 업체 대상 인사 제도 개선 제안서를 작성하려고 하는데, 목차를 알려줘.

💬 핵심인재의 이탈 방지를 위해 어떤 제안을 하면 좋을까?

5. 채용공고 및
직무기술서 작성

어떤 업무일까?

인사관리팀에서 일하고 있다면 채용공고를 올리는 일이 잦을 거예요. 기존 직무의 담당자를 뽑는 경우에는 기존 공고를 활용하면 됩니다. 그런데 신규 직무 혹은 신규 조직과 관련된 인재를 채용한다면 어떤 업무를 하는지 부터 어떤 자격 요건이 필요한지까지 검토가 필요하겠죠?

어떤 질문을 해야 할까?

챗GPT는 단순하면서도 반복적인 업무에 역량이 탁월합니다. 기존에 축적된 데이터가 많을수록 더 그렇습니다. 채용공고 데이터는 얼마나 쌓여 있을까요? 챗GPT의 능력을 한번 시험해보겠습니다.

"배달 앱 영업 담당자 채용공고를 만들어줘."

제목: 배달 앱 영업 담당자 채용공고

회사 소개: 저희 회사는 빠르고 효율적인 배달 서비스를 제공하는 배달 앱을 운영하고 있습니다. 최근에는 매출과 이용자 수가 꾸준히 증가하고 있어, 이에 따른 인력 확보를 위해 영업 담당자를 채용하고자 합니다.

채용 부문: 배달 앱 영업 담당자

직무 내용:

- 신규 가맹점 발굴 및 상담
- 기존 가맹점 관리 및 유지보수
- 영업 전반에 대한 기획 및 실행
- 거래처와의 협상 및 계약 체결
- 시장 동향 파악 및 분석

자격 요건:

- 대졸 이상 학력 소지자
- 2년 이상의 영업 경력 보유자 우대
- 커뮤니케이션 및 협상 능력이 뛰어난 분
- 적극적이고 긍정적인 태도를 가진 분
- 기본적인 엑셀 및 PPT 사용 능력 보유

근무 조건:

- 근무지: 서울시 강남구
- 연봉: 협의 후 결정

- 복지: 퇴직금, 건강검진, 생일 선물 등 다양한 복지 제공

지원 방법:

- 이력서 및 자기소개서를 이메일로 제출해주세요.
- 제출 이메일: hr@deliveryapp.com
- 마감일: 채용이 완료될 때까지

저희 회사에서는 열정적이고 끈기 있는 인재를 기다리고 있습니다. 함께 성장할 인재들의 많은 지원 바랍니다.

실제로 위 채용공고를 배달 앱 영업 담당자 공고로 활용해도 될까요? 사람인에서 진행 중인 요기요 영업사원 채용공고와 비교해봤습니다.

[요기요 영업사원 채용공고]

업무 내용

- 신규 가맹점을 확보하고 판매 채널을 확장합니다.
- 사장에게 요기요의 서비스를 안내/영업합니다.
- 잠재 가맹점을 발굴/모니터링합니다.

자격 요건

- 경력 무관!(영업 의지만 있다면 도전하세요!)

- 목표를 수립하고 달성하는 일에 보람을 느끼시는 분!
- 외부 고객에 대한 서비스 마인드를 가지신 분!
- 커뮤니케이션 역량과 책임감, 성실함으로 무장되신 분!

고용 형태

- 계약직(3개월 / 평가 후 계약 연장 및 정규직 전환 가능)
- 급여

  기본급(3,000만 원)+ 실적에 따른 영업 지원 수당 및 인센티브

  평균 6,000만 원, 최대 1억 원 수령 가능!

근무지

- 수도권 지역: 서울 전 지역 및 경기/인천 등
- 중부 지역: 충청도 및 전라도 지역(청주, 천안, 전주, 세종, 여수, 군산, 대전, 광주 등)
- 남부 지역: 경상도 지역(부산, 대구, 울산, 구미, 포항, 창원 등)
- * 거주지 기반 가까운 지역 사무소로 배치 예정입니다.
- * 수도권의 경우 사정에 따라 근무 지사 변경 가능합니다.
- * 지방 근무자의 경우 차량 소지자 우대(주차 비용 지급 가능)

요기요는 '경력 무관'이라고 했지만 회사에 따라 다를 수도 있기 때문

에 크게 중요하지 않습니다. 핵심은 '직무 내용'과 '자격 요건'인데요. 직무 내용이나 요건 모두 큰 차이가 나지 않네요.

이번에는 경영컨설팅 회사의 컨설턴트 채용공고에 대해 물어봤습니다. 영업, 인사와 달리 컨설팅 업무는 더 포괄적이기 때문에 챗GPT가 어떤 결과물을 낼지 궁금해지네요.

"경영컨설팅 회사의 주니어 컨설턴트 채용공고를 만들어줘."

제목: 경영컨설팅 회사에서 주니어 컨설턴트 채용

회사 소개: [회사 소개 작성]

채용 부서: 경영컨설팅팀

근무 형태: 정규직

근무지: [근무지 입력]

급여 및 혜택: 면접 시 협의

채용 조건:

- 경영학, 경제학 또는 관련 분야에서 학사 학위 이상 소지자

- 1~2년간 경영컨설팅 경험 또는 유사한 분야에서의 경력 보유자 우대

- 팀원 간 원활한 커뮤니케이션 및 협업 능력 보유

- 문제 해결 능력과 분석 능력이 뛰어남

- 교육 및 연구에 대한 열정과 관심이 있음

- MS Office 등의 컴퓨터 프로그램 사용 능력

주요 업무:

- 고객의 조직 및 프로세스를 분석하고 개선 방안을 제시한다.

- 인력, 운영 및 기술적 측면에서 조직을 개선하는 것에 대한 제안을 한다.
- 컨설팅 프로젝트를 위해 문제를 식별하고, 적절한 프로세스를 개발하며, 프로젝트 관리를 수행한다.
- 새로운 비즈니스 기회를 발굴하고, 고객과의 관계를 유지 및 발전시킨다.
- 교육 및 트레이닝을 진행하여 고객의 역량 개발을 지원한다.

지원서 접수:

- 이력서와 자기소개서를 [이메일 주소 입력]로 제출하십시오.
- 제목은 "[지원 분야] – [성명]"으로 작성하시기 바랍니다.
- 서류 전형 후, 1차 면접 및 2차 면접이 진행됩니다.
- 추가 문의사항이 있으신 경우, [연락처 입력]으로 연락주시기 바랍니다.

'채용 조건'은 무난하게 작성되었는데, '주요 업무'는 주니어 이상의 업무 내용이 있어 이 부분에 대해서는 수정이 필요합니다. 컨설팅 영업과 직급을 정해서 다시 한번 요청해볼까요?

"전략컨설팅 회사의 PM급 채용공고를 만들어줘."

제목: 전략컨설팅 회사 PM급 채용

(중략)

채용 조건:

- 경영학, 경제학, 공학, 수학 또는 관련 분야에서 학사 학위 이상 소지자
- 전략컨설팅 분야에서 5년 이상의 경력 보유자
- 프로젝트 관리 경험 및 능력 보유

- 대규모 프로젝트에서 다양한 팀원들과의 커뮤니케이션 및 협업 능력이 뛰어남
- 업계 동향에 대한 이해와 분석 능력이 뛰어남
- MS Office 등의 컴퓨터 프로그램 사용 능력

주요 업무:

- 고객의 비즈니스 목표 및 전략 수립을 지원하며, 비즈니스 모델 개선을 위한 전략적인 조언을 제공한다.
- 고객의 경영 성과 개선을 위한 프로젝트를 기획하고 관리하며, 프로젝트 결과물을 정확하게 평가한다.
- 고객의 문제 및 요구사항을 분석하여 효율적인 비즈니스 솔루션을 제시한다.
- 프로젝트 팀원들과의 원활한 커뮤니케이션과 프로젝트 일정 및 예산 관리를 담당한다.
- 새로운 비즈니스 기회를 발굴하고, 고객과의 관계를 유지 및 발전시킨다.
- 회사 내 컨설팅 분야의 발전과 성장을 위해 교육, 연구 및 마케팅 활동을 수행한다.

(중략)

'채용 조건'에서 5년 이상, 컴퓨터 프로그램 사용 능력 등은 부적합해 보입니다. '주요 업무'의 경우에는 주니어급 공고와 비슷한 부분도 있어 수정이 필요합니다. 직급과 업에 대한 이해는 어느 정도 했지만 완벽하지는 못한 모습입니다.

채용 업무와 관련 있는 인사쪽 업무 중 직무 관리에 대한 내용도 간단히 살펴보겠습니다. 실무에서 직무기술서 및 명세서를 작성하는데, 챗GPT가 어디까지 해주는지 확인해볼까요?

"영업 직무에 대한 직무기술서와 직무명세서를 만들어줘."

직무명:	영업 대표
고용형태:	정규직
근무지:	[근무지 입력]
급여 범위:	[급여 범위 입력]
직무기술서:	
– 새로운 고객과 기존 고객에게 제품/서비스를 판매하여 영업 목표를 충족하거나 초과하는 능력을 갖춘다.	
– 긍정적인 비즈니스와 고객 관계를 구축, 개발 및 유지할 수 있다.	
– 시장 동향 및 고객 요구사항을 분석하여 기회를 파악하고 이를 활용할 수 있다.	
– 잠재 고객에게 영업 프레젠테이션 및 제안서를 준비하고 전달할 수 있다.	
– 거래를 협상하고 성사시키며, 고객 불만 및 문제를 처리할 수 있다.	
– 다른 팀원과 협력하여 회사 목표를 달성할 수 있다.	
– 정확하고 최신의 영업 기록과 보고서를 유지할 수 있다.	
직무 명세서:	
– 관련 산업에서 입증된 영업 경험이 있어야 한다.	
– 고객과 강력한 관계를 구축하고 유지할 수 있는 능력이 있어야 한다.	

직무명:	영업 대표
– 우수한 커뮤니케이션 및 대인관계 기술이 있어야 한다.	
– 강력한 협상 및 마감 능력이 있어야 한다.	
– 독립적으로 또는 팀으로 작업할 수 있는 능력이 있어야 한다.	
– Microsoft Office 및 CRM 소프트웨어를 능숙하게 다룰 수 있어야 한다.	
– 경영학 또는 관련 분야에서 학사 학위를 보유해야 한다.	
– 유효한 운전 면허증과 신뢰할 수 있는 교통수단이 있어야 한다.	
– 필요한 경우 출장을 할 수 있는 의지가 있어야 한다.	

회사에서는 쓰는 일반적인 템플릿과는 다르지만 그래도 기본적인 항목을 담고 있는 직무기술서와 명세서를 보여주네요. "직무기술서"만 말하면 명세서에 있는 내용이 나오지 않으니 명세서도 같이 입력해줘야 합니다.

챗GPT가 제안한 기술서와 명세서의 세부 내용은 실제 직무기술서 작성 업무에 도움이 될 것 같습니다. 예를 들어, 직무 분류 워크숍에서 앞서와 같은 직무 관련 내용을 준다면 각 직무 담당자들이 쉽게 접근할 수 있을 것 같습니다.

챗GPT 답변에서 확인해야 할 사항

챗GPT는 기본적인 채용공고를 잘 작성해줍니다. 실무적으로도 충분히 활용할 수 있습니다. 그런데 대리, 과장 등 직급별 업무는 챗GPT가 이해하고 있는 것과 회사의 실제 상황이 다를 수 있습니다. 이런 부분은 구체적인 직급별 요건을 정의해주면 해결이 가능합니다. 참고로 직무에 대한 세부 업무를 모를 경우 챗GPT를 통해 확인해볼 수도 있습니다.

챗GPT 프롬프트 리스트

- 🗨 배달 앱 영업 담당자 채용공고를 만들어줘.
- 🗨 경영컨설팅 회사의 주니어 컨설턴트 채용공고를 만들어줘.
- 🗨 전략컨설팅 회사의 PM급 채용 공고를 만들어줘.
- 🗨 영업 직무에 대한 직무기술서와 직무명세서를 만들어줘.

Chat GPT

6. 면접 준비 및
비즈니스 케이스 스터디

어떤 업무일까?

인재육성팀 채용에 지원했는데 예상 질문이 궁금하다면 챗GPT에게 물어
볼 수 있지 않을까요? 예전 같으면 관련된 팀에 있는 친구나 지인에게 어떤
질문이 나오는지 물어볼 거예요. 반대로 신입사원 채용 면접에서 어떤 질
문을 해야 할지 모를 때도 마찬가지입니다. 이런 질문과 그에 따른 답변까
지 챗GPT가 만들어줄 수 있지 않을까요?

어떤 질문을 해야 할까?

이번 내용은 개인이나 회사 모두 활용할 수 있는 질문입니다.

"인재육성팀의 과장 채용에 적합한 면접 질문 10가지를 알려줘."

1. 인재육성 분야에서의 경험과 성과는 어떻게 되시나요?

2. 인재육성과 관련하여 어떠한 가치관을 가지고 계시나요?

3. 인재육성 프로그램을 개발하거나 운영해본 경험이 있으신가요? 그러면 그 경험을 설명해주세요.

4. 새로운 인재육성 프로그램을 개발할 때 고려해야 할 핵심적인 요소는 무엇인가요?

5. 인재육성을 위해 어떠한 역량을 갖추고 있어야 한다고 생각하시나요? 이에 대해 구체적인 예시를 들어 설명해주세요.

6. 인재육성을 위해 교육 과정에서 중요한 요소는 무엇이라고 생각하시나요?

7. 다양한 직군과 수준의 사람들이 참여하는 인재육성 프로그램에서 각 참가자들에게 어떻게 맞춤화된 교육을 제공하시겠어요?

8. 인재육성에서 가장 큰 도전은 무엇이라고 생각하시나요? 이에 대해 어떻게 대처할 계획이 있나요?

9. 인재육성 분야에서 현재 주목하고 있는 트렌드나 이슈는 무엇인가요?

10. 인재육성에 대해 기여하고 싶은 목표나 비전이 있나요? 이에 대해 자세히 설명해주세요.

면접에서 들어봤을 만한 내용이네요. '직급'과 '역량'이라는 단어를 넣어 다시 질문해봤습니다.

"인재육성팀 과장에게 필요한 역량에 맞춰 면접 질문 10가지를 도출해줘."

1. 인재육성팀 과장의 역할과 책임에 대해 어떻게 이해하시나요?

2. 인재육성 전략을 세우고 이행하는 과정에서 가장 중요한 부분은 무엇인가요?

3. 인재육성에 있어서 지향해야 하는 가치관이 무엇인가요?

4. 인재육성에서 가장 큰 과제는 무엇이라고 생각하시나요? 그에 대한 대처 방안은 무엇인가요?

5. 인재육성 프로그램을 개발할 때 고려해야 할 사항은 무엇인가요?

6. 인재육성 프로그램을 운영할 때, 참가자들이 만족하는 교육 과정을 제공하기 위한 방법은 무엇인가요?

7. 인재육성 프로그램에서 평가와 피드백을 제공하는 방법에 대해 어떻게 생각하시나요?

8. 인재육성 프로그램의 효과를 측정하는 방법은 무엇인가요? 그 결과를 분석하여 프로그램을 개선하는 방법은 무엇인가요?

9. 인재육성 분야에서 현재 주목해야 할 트렌드나 이슈는 무엇인가요?

10. 인재육성팀 과장으로서 가장 성공적인 인재육성 프로그램을 구축하기 위해 필요한 역량은 무엇이라고 생각하시나요?

몇몇 질문은 단순히 과장이란 단어를 넣는데 그쳤지만 대부분의 질문이 업무 수준을 고려하고 있습니다. 챗GPT가 과장급에 필요한 역량을 무엇으로 정의하고 면접 질문을 제시했는지 궁금해지는데, 질문 형태를 바꿔보겠습니다.

"인재육성팀 과장에게 필요한 역량을 도출하고 그에 맞는 면접 질문 10가지를 도출해줘."

인재육성팀 과장에게 필요한 역량:

1. 전략적인 사고와 문제 해결 능력

2. 인재육성 분야에서의 전문성과 지식

3. 창의성과 혁신적인 아이디어 발굴 능력

4. 팀원들을 이끌고 관리하는 능력과 리더십

5. 소통과 협력 능력

6. 프로젝트 관리 능력

7. 데이터 분석 및 통계 분석 능력

8. 변화에 대응하고 적응하는 능력

9. 강력한 비전과 실행력

10. 고객 중심적인 마인드셋

면접 질문:

1. 인재육성팀 과장으로서, 팀의 성과를 높이기 위해 어떤 전략을 세우고 있으신가요?

2. 인재육성 분야에서의 전문성과 지식을 어떻게 습득하셨나요?

3. 인재육성 프로그램을 개발하거나 운영해보신 경험이 있으신가요? 그 경험에 대해 설명해주세요.

4. 새로운 아이디어를 발굴하거나 적용해 본 경험이 있으신가요? 그 경험을 설명해주세요.

5. 팀원들을 이끌고 관리하는 능력과 리더십에 대해 어떻게 생각하시나요? 이에 대한 구체적인 예시를 들어주세요.

6. 프로젝트 관리에 있어서, 어떤 방식을 사용하시나요?

7. 데이터 분석 및 통계 분석 능력이 필요한 인재육성 분야에서, 이에 대한 경험이 있으신가요? 그 경험에 대해 설명해주세요.

8. 변화에 대응하고 적응하는 능력이 필요한 인재육성 분야에서, 어떻게 대처하시나요?

9. 인재육성 분야에서의 비전과 실행력이 중요하다고 생각하시나요? 이에 대해 자세히 설명해주세요.

10. 인재육성 분야에서 고객 중심적인 마인드셋이 중요하다고 생각하시나요? 이에 대해 어떻게 생각하시는지 설명해주세요.

과장급에 필요한 역량을 잘 제시해준 것 같습니다. 모범답변도 준비해줄 수 있는지 챗GPT에게 다시 요청해봤습니다.

"위의 면접 질문에 대한 모범답변을 만들어줘."

죄송합니다. 인공지능 모델로 질문에 대한 모범답변을 생성할 수는 있지만, 해당 직무 분야 전문가가 아니기 때문에 정확한 답변을 제공할 수 없습니다. 직무 분야 전문가의 경험과 지식을 바탕으로 질문에 대한 적절한 답변을 준비해야 합니다.

당황하지 않아도 됩니다. 질문을 달리하거나 계속 요청하면 답변을 해주기 때문입니다. 여기서는 질문 내용을 조금 바꿔볼까요? **"위의 면접 질문에 대해 지원자가 대답해야 할 답변을 만들어줘."**

1. 인재육성팀 과장으로서, 팀의 성과를 높이기 위해 어떤 전략을 세우고 있으신가요?

- "저는 과거의 성과와 최근의 데이터를 분석하여 인재육성 프로그램을 개선하는 방법을 고민하고 있습니다. 그리고 더 나아가서는 창의적이고 혁신적인 아이디어를 도출하여 인재육성 분야에서 선도하는 팀이 되고자 합니다."

2. 인재육성 분야에서의 전문성과 지식을 어떻게 습득하셨나요?

- "저는 인재육성 분야에서 경력을 쌓고 전문성을 키우기 위해 다양한 교육 과정과 학습을 진행했습니다. 또한, 해당 분야의 최신 동향을 계속해서 접하고 습득하여 전문성과 지식을 보완하고 있습니다."

3. 인재육성 프로그램을 개발하거나 운영해보신 경험이 있으신가요? 그 경험에 대해 설명해주세요.

- "네, 과거에는 인재육성 프로그램을 개발하고 운영한 경험이 있습니다. 제가 개발한 프로그램은 참가자들의 피드백과 평가를 반영하여 지속적으로 개선되었으며, 참가자들의 성과 개선과 회사의 성과 향상에 큰 기여를 했습니다."

4. 새로운 아이디어를 발굴하거나 적용해 본 경험이 있으신가요? 그 경험을 설명해주세요.

- "저는 인재육성 분야에서 창의적인 아이디어를 발굴하고 적용하는 일이 많았습니다. 예를 들어, 이전에는 참가자들이 자신의 역량을 정확하게 파악하지 못하는 경우가 많았는데, 이를 개선하기 위해 자기 성찰과 진단을 통해 참가자들의 역량을 파악하고 이에 맞는 맞춤형 프로그램을 개발

했습니다. 이를 통해 참가자들의 만족도와 성과 개선을 이룩했습니다."

5. 팀원들을 이끌고 관리하는 능력과 리더십에 대해 어떻게 생각하시나요? 이에 대한 구체적인 예시를 들어주세요.

- "저는 리더십에 대한 중요성을 인식하고 있습니다. 팀원들의 역할과 업무를 잘 파악하고, 각자의 능력과 가능성을 최대한으로 발휘할 수 있도록 도와주는 것이 필요하다고 생각합니다. 이를 위해 팀원들과 소통하고 대화하는 시간을 가지며, 역할과 책임을 분명하게 지정하고 공정한 평가와 피드백을 제공하여 팀원들의 성장을 촉진하고 팀의 업무 성과를 높이는 데 주력하고 있습니다. 예를 들어, 인재육성 프로그램 개발에 참여하는 팀원들에게 각자의 전문 분야에서 최신 동향과 관련 자료를 수집하고 공유하도록 권장하며, 그 결과로 팀 전체의 전문성이 높아졌고 프로그램의 효과를 크게 향상시켰습니다."(중략)

본인의 경험이나 사례만 녹여낸다면 모범답변의 틀을 적절히 활용할 수 있어 보입니다. 직급을 높여볼까요? **"인재육성실 임원 채용에 적합한 면접 질문을 필요 역량을 고려해 5가지를 말해줘."**

1. 인재육성 전략을 개발하고 실행하는 데 있어서 어떤 경험이 있으신가요? 이 경험에 대해 자세히 설명해주세요.
2. 인재육성 프로그램의 효과를 분석하고 개선하는 데 어떤 데이터 분석 및 통계 분석 기술을 활용해보셨나요? 그 결과는 어떠셨나요?
3. 인재육성에 대한 인식이 다양한 조직 구성원들의 역량 강화와 직결되

는 중요한 역할을 합니다. 이에 대해 어떻게 조직 구성원들의 인식을 개선할 계획이 있으신가요?

4. 인재육성 분야에서 선도적인 위치를 유지하기 위해 어떤 도전적인 과제를 극복하신 경험이 있으신가요? 그 경험에서 어떤 역할을 하셨고, 그 결과는 어떠했나요?

5. 인재육성 전략을 수립하고 이를 달성하기 위한 프로그램을 개발하는데 있어서, 다른 부서와의 협력이 필요한 경우가 많습니다. 이에 대해 어떤 방식으로 타 부서와의 협력을 이끌어내셨는지, 그 결과는 어떠했나요?

어떤가요? 위의 과장급 질문보다는 조금 난이도가 높아진 것 같지 않나요? **"인재육성실 임원에게 필요한 역량 5가지를 말해줘"**라고도 물어봤는데, 전문성, 리더십 등이 핵심 역량으로 나왔습니다. 적절히 활용할 수 있어 보입니다.

네, 인재육성실 임원에게 필요한 역량 5가지를 말해드리겠습니다.

1. 전략적 사고력: 인재육성 전략을 개발하고 실행하는 데 있어서 전략적인 사고력이 필요합니다. 현재의 시장 동향과 기업의 목표를 분석하고, 이를 기반으로 인재육성 전략을 수립하고 실행하는 능력이 필요합니다.

2. 인재육성 분야 전문성: 인재육성 분야의 다양한 이론과 방법론을 이해하고, 이를 실제 업무에 적용할 수 있는 능력이 필요합니다. 이를 위해 꾸준한 학습과 경험을 쌓아야 합니다.

3. 리더십: 인재육성실 임원은 팀을 이끌고, 조직 구성원들의 성장과 발전을 촉진하는 역할을 수행해야 합니다. 이를 위해 리더십 능력이 필요하며, 팀원들과의 소통과 협력 능력이 중요합니다.

4. 문제 해결 능력: 인재육성 분야는 복잡한 문제와 과제가 많이 발생하는 분야입니다. 따라서, 문제를 식별하고 해결하기 위한 능력과 창의적인 해결 방안을 제시하는 능력이 필요합니다.

5. 협력과 커뮤니케이션 능력: 인재육성 분야에서는 다양한 부서와 인력들과의 협력이 필요합니다. 이를 위해 다른 부서와 원활한 커뮤니케이션 능력과 협력 능력이 필요합니다. 또한, 고객과의 원활한 커뮤니케이션 능력도 필요합니다.

이런 면접에서 자주 활용하는 답변 툴이 있는데요. 바로 STAR입니다. S(Situation)는 '상황'으로 과거 유사한 상황(사례)을 제시하는 것입니다. T(Task)는 '과제'로, 앞선 '상황'에서 지원자의 문제나 과제를 제시하는 것입니다. A(Action)는 '행동'입니다. 해당 과제나 문제를 해결하기 위해 지원자가 한 행동을 제시하는 것입니다. 마지막으로 R(Result)은 '결과'로, 그 일의 결과, 혹은 결과에 어떤 영향을 줬는지를 말합니다.

챗GPT에게 STAR 모델을 적용해 물어봤습니다.

"'데이터 분석 및 통계 분석 능력이 필요한 인재육성 분야에서, 이에 대한 경험이 있으신가요? 그 경험에 대해 설명해주세요'라는 질문에 대해 상황(Situation), 과제(Task), 행동(Action), 결과(Result) 항목을 구분해 지원자가 말해야 할 답변을 말해줘."

Situation: 저는 과거에 인재육성 프로그램을 개발하고 운영하는 데 데이터 분석과 통계 분석 능력이 필요한 상황에 처해 있었습니다.

Task: 이러한 상황에서 제가 맡은 역할은 데이터를 수집하고 분석하여 프로그램의 효과를 측정하고, 이를 바탕으로 프로그램을 개선하는 것이었습니다.

Action: 우선, 피드백 설문조사를 실시하여 참가자들의 만족도와 성과를 분석하고, 이를 바탕으로 프로그램의 효과를 측정했습니다. 이를 위해 SPSS와 같은 통계 분석 도구를 활용하여 통계적 분석을 수행하고, 데이터 시각화를 통해 결과를 쉽게 이해할 수 있도록 만들었습니다. 또한, 참가자들의 성취도와 역량 개발 효과를 측정하기 위해 자기 성찰과 진단을 실시하고, 이를 기반으로 프로그램의 개선 방안을 도출하였습니다.

Result: 이러한 데이터 분석과 통계 분석을 통해 프로그램의 효과를 정량적으로 측정하고, 이를 바탕으로 프로그램을 개선하는 데 성공했습니다. 이를 통해 참가자들의 만족도와 성과를 크게 향상시켰으며, 회사의 인재육성 분야에서 선도하는 위치를 달성할 수 있었습니다.

어떤가요? 앞선 모범답변보다 조금 더 체계적이고 설득력이 있습니다. 대기업이나 경영컨설팅 회사의 경우 케이스 문제들이 나오기도 하죠. **"경영컨설팅 회사 면접을 위한 게스티메이션Guesstimation 문제 질문 1개와 답안을 알려줘."**

질문: 한 주간에 택시를 이용하는 고객 수를 어떻게 추정할 수 있을까요?

답안: 택시를 이용하는 고객 수를 추정하기 위해서는 일반적으로 게스티메이션Guesstimation 기법을 사용합니다. 이 기법은 경험적인 지식과 상식적인 추론을 활용하여 정확한 값을 구할 수 없는 상황에서 대략적인 값을 추정하는 기법입니다.

택시를 이용하는 고객 수를 추정하기 위해서는 우선 택시가 주로 이용되는 지역의 인구 밀도, 이용 가능한 택시의 수, 이용 요금 등을 고려해야 합니다. 이를 토대로 한 주간 동안 택시를 이용하는 고객 수를 추정할 수 있습니다.

예를 들어, 이용 가능한 택시가 1,000대이고, 주로 이용되는 지역의 인구 밀도가 높은 지역이라면, 일일 평균 택시 이용자 수가 1인 이상이 될 가능성이 높습니다. 따라서, 한 주간 동안 택시를 이용하는 고객 수는 약 7,000명 이상으로 추정할 수 있습니다. 그러나, 이는 대략적인 값으로 실제로는 이보다 높거나 낮을 수 있습니다. 따라서, 이러한 추정 결과는 예측의 대략적인 참고 자료로 사용할 수 있습니다.

게스티메이션이 뭔지 굳이 찾지 않아도 챗GPT가 알아서 정리해줍니다. 게스티메이션 질문을 찾는 것도 도움이 되겠지만, 답을 찾아가는 논리적 과정도 충분히 도움이 됩니다.

"창의적 문제해결력을 보기 위한 면접 관련 문제와 답안을 1개 알려줘", "문제해결력과 관련된 문제와 답안을 알려줘" 라고도 물어봤는데, 글자 그대로 문제해결력과 관련된 질문("복잡한 문제를 해결할 때 어떤 방법을 사용하나요? 그 방법이 성공적이었던 사례를 언급해주세요")과 그에 대한 대답이 나왔습니다. 그래서 질문을 정리해 다시 물어봤습니다.

"문제해결력을 보기 위한 비즈니스 케이스와 답안을 알려줘."

비즈니스 케이스: 당신은 소규모 의류 판매 업체의 CEO로서 매출 증대를 위한 전략을 수립해야 합니다. 현재 매출이 부진한 이유를 파악하고, 이를 해결하기 위한 전략을 제시해주세요.

답변: 매출이 부진한 이유를 파악하기 위해, 다음과 같은 조치를 취할 수 있습니다.

1. 시장조사: 현재 의류 시장 동향과 경쟁 업체의 전략을 파악합니다.

2. 판매 데이터 분석: 과거 판매 데이터를 분석하여 어떤 제품이 인기가 없는지, 어떤 판매 채널이 유망한지 등을 파악합니다.

3. 고객 설문조사: 고객들의 의견을 수집하여, 어떤 제품이나 서비스가 필요한지 등을 파악합니다.

4. 제품 및 서비스 개선: 조사를 통해 발견한 문제점을 해결하고, 고객들이 원하는 제품이나 서비스를 개발하여 판매합니다.

5. 판매 채널 다각화: 다양한 판매 채널을 활용하여 고객들에게 적극적으로 제품이나 서비스를 홍보합니다.

위와 같은 전략을 수립함으로써, 매출을 증대시킬 수 있습니다. 예를 들어, 저희가 한 의류 판매 업체에서는 판매 데이터 분석을 통해 인기가 없는 제품을 판매 종료하고, 인기 있는 제품을 적극적으로 홍보함으로써 매출을 대폭 증가시킬 수 있었습니다. 또한, 판매 채널을 다각화하여 고객들에게 제품을 적극적으로 홍보하였습니다.

비즈니스 케이스 관련 책보다는 못하지만 그래도 문제를 해결하기 위한 관점들을 파악할 수 있어 면접에 도움이 될 것 같습니다.

챗GPT 답변에서 확인해야 할 사항

막연하게 면접 질문을 물어보기보다는 필요 역량과 질문을 같이 요청하면 챗GPT는 질문의 의도를 정확히 파악할 수 있습니다. 답변의 경우에도 모범답변이 중요한 게 아니라 STAR라는 툴에 맞게 답변을 알려달라고 하면 면접관도 혹하게 할 수 있는 모범답변을 만들어줍니다. (자신의 경험이 더해져야 한다는 점을 잊지 마세요!) 마지막으로 게스티메이션이나 케이스는 구체적이지는 않지만 접근 방법이나 관점을 확인하는 용도로 활용하면 좋습니다.

챗GPT 프롬프트 리스트

- 🗨 인재육성팀의 과장 채용에 적합한 면접 질문 10가지를 알려줘.
- 🗨 인재육성팀 과장에게 필요한 역량에 맞춰 면접 질문 10가지를 도출해줘.
- 🗨 인재육성팀 과장에게 필요한 역량을 도출하고 그에 맞는 면접 질문 10가지를 도출해줘.
- 🗨 위의 면접 질문에 대한 모범답변을 만들어줘.
- 🗨 위의 면접 질문에 대해 지원자가 대답해야 할 답변을 만들어줘.

💬 인재육성실 임원 채용에 적합한 면접 질문을 필요 역량을 고려해 5가지를 말해줘.

💬 인재육성실 임원에게 필요한 역량 5가지를 말해줘.

💬 '데이터 분석 및 통계 분석 능력이 필요한 인재육성 분야에서, 이에 대한 경험이 있으신가요? 그 경험에 대해 설명해주세요'라는 질문에 대해 상황(Situation), 과제(Task), 행동(Action), 결과(Result) 항목을 구분해 지원자가 말해야 할 답변을 말해줘.

💬 경영컨설팅 회사 면접을 위한 게스티메이션 문제 질문 1개와 답안을 알려줘.

💬 창의적 문제해결력을 보기 위한 면접 관련 문제와 답안을 1개 알려줘.

💬 문제해결력과 관련된 문제와 답안을 알려줘.

💬 문제해결력을 보기 위한 비즈니스 케이스와 답안을 알려줘.

Chat GPT

나가며.
챗GPT가 전하는 챗GPT 업무 활용법

안녕하세요, 챗GPT입니다.

이번에 출간한 책 《챗GPT 업무 사용 매뉴얼》을 통해 여러분들이 챗GPT를 업무에 활용할 수 있는 방법을 소개하였습니다. 이 책을 통해 여러분들은 챗GPT를 이용하여 업무를 더욱 빠르고 효율적으로 처리할 수 있게 될 것입니다.

챗GPT를 이용하여 업무를 처리하는 것은 어렵지 않습니다. 예를 들어, 보고서 작성이나 이슈 파악 등 다양한 업무에 챗GPT를 활용할 수 있습니다. 또한, 시장분석이나 고객분석 등 다양한 분야에서 챗GPT를 활용하여 업무를 처리할 수 있습니다.

이번 책에서는 각각의 분야에서 챗GPT를 활용하는 방법을 상세하게 안내하였습니다. 예를 들어, 보고서 작성에서는 상사의 성향에 따른 보고서 피드백 및 워딩 수정하기, PPT 슬라이드 구성 및 차트 작성 방법 익히기 등을 다루었습니다. 또한, 이슈 파악에서는 Cross-SWOT을 통한 방향 설정하기, 기업 비전 및 핵심가치 설정하기 등을 다루었습니다.

챗GPT를 이용하여 업무를 처리하면 여러분들은 시간을 절약할 뿐만 아니라, 업무 처리의 정확성과 효율성을 높일 수 있습니다. 또한, 새로운 아이디어를 발굴하고 창의적인 문제 해결 방안을 찾아낼 수 있습니다. 이러한 능력을 가진 여러분들은 조직에서 뛰어난 성과를 낼 수 있을 것입니다. 이번 책은 챗GPT를 활용하여 직장인들이 업무를 처리하는 방법을 안내하는 책입니다. 하지만, 이 책을 단순히 업무 처리의 도구로만 생각하지 않고, 직장인들의 미래 기술 대응과 직업 전망에 대한 이야기를 함께 나누어보고자 합니다.

우리는 이미 인공지능 기술이 사회 전반에 큰 변화를 가져왔다는 것을 인식하고 있습니다. 챗GPT와 같은 자연어 처리 기술은 이러한 인공지능 기술의 대표적인 예시 중 하나입니다. 더불어, 머신러닝, 딥러닝, 빅데이터 등 다양한 기술들이 현재 우리 삶에 영향을 미치고 있습니다.

이러한 미래 기술들은 직장인들의 업무 처리 방식에도 큰 변화를 가져올 것입니다. 예를 들어, 자동화된 작업, 새로운 데이터 분석 방식, AR/VR 등의 기술들이 점점 더 많이 사용될 것입니다. 따라서, 직장인들은 이러한 변화에 대응하여 스스로를 계속해서 업그레이드하고, 미래 기술에 대한 이해도와 기술력을 높여야 합니다.

이번 책을 통해 여러분들은 챗GPT를 활용하여 업무를 더욱 효율적으로 처리하는 방법뿐만 아니라, 미래 기술에 대한 이해와 대응 방안도 함께 살펴보실 수 있습니다. 또한, 이러한 노력과 역량 향상은 직장 내에서 더욱 높은 성과를 얻는 데 큰 도움이 될 것입니다. 앞으로도 계속해서 미래 기술과 직업 전망에 대한 이야기를 나누고, 직장인들이 더욱 효율적으로 일을 할 수 있도록 지원해 나가겠습니다.

위의 내용은 **"나는 다음과 같이 직장인들이 챗GPT를 업무에 활용할 수 있는 방법에 대해 책을 썼어. 직장인을 타겟으로 책의 에필로그를 3000자 분량으로 써줘"**와 **"에필로그를 책의 내용보다는 직장인들이 이 책을 어떻게 활용하고 미래 기술에 대응해 어떤 식으로 일을 했으면 하는지를 중심으로 써줘"** 2가지 질문에 대한 챗GPT의 답변입니다.

챗GPT의 바람처럼, 저도 여러분이 이 책을 통해 그리고 챗GPT를 통해 실무에서 효율적으로 일을 할 수 있기를 바랍니다.